现代博物馆陈设
与博物馆发展

牛志文　黄　鹤　米瑞霞　　**著**

黄晓方　殷冀飞　李　媛　**参著**

李腾巍　吴　蔚　毛维维

中国商务出版社
CHINA COMMERCE AND TRADE PRESS

图书在版编目（CIP）数据

现代博物馆陈设与博物馆发展 / 牛志文, 黄鹤, 米瑞霞著. -- 北京：中国商务出版社, 2019.6
ISBN 978-7-5103-2920-3

Ⅰ.①现… Ⅱ.①牛…②黄…③米… Ⅲ.①博物馆－陈列设计－研究Ⅳ.①G265

中国版本图书馆 CIP 数据核字(2019)第 128127 号

现代博物馆陈设与博物馆发展
XIANDAI BOWUGUAN CHENSHE YU BOWUGUAN FAZHAN

牛志文　黄鹤　米瑞霞　著

出　　版：	中国商务出版社	
地　　址：	北京市东城区安定门外大街东后巷 28 号	邮编：100710
责任部门：	教育培训事业部（010-64243016　gmxhksb@163.com）	
责任编辑：	刘姝辰	
总 发 行：	中国商务出版社发行部（010-64208388　64515150）	
网购零售：	中国商务出版社考培部（010-64286917）	
网　　址：	http://www.cctpress.com	
网　　店：	https://shop162373850.taobao.com/	
邮　　箱：	cctp6@cctpress.com	
印　　刷：	定州启航印刷有限公司	
开　　本：	787 毫米×1092 毫米　1/16	
印　　张：	12.5　　　　　　字　　数：273 千字	
版　　次：	2019 年 6 月第 1 版　　印　　次：2019 年 6 月第 1 次印刷	
书　　号：	ISBN 978-7-5103-2920-3	
定　　价：	52.00 元	

凡所购本版图书有印装质量问题，请与本社总编室联系。（电话：010-64212247）

前　言

　　博物馆为社会服务，为观众服务，虽然我国博物馆陈设艺术设计理论研究起步相对 较晚，但是经过多年的实践，广大博物馆工作者已经积累了丰富的工作经验，并在陈列 设计理论方面进行了不懈的探索。

　　近年我国的新建博物馆不断竣工，原有的博物馆其基本陈列也在不断地进行修改。 提高博物馆的陈列质量和艺术水平是广大博物馆工作者共同的心声，也是社会各界迫切 的需要。单个博物馆在发展过程中出现很多现实的问题。面对存在的诸多问题，"博物 馆集群化运营"提供了一条可能的解决路径，是当前博物馆管理的一种有益的尝试。

　　本书由宁夏回族自治区博物馆牛志文、秦皇岛市玻璃博物馆黄鹤、山东栖霞牟氏庄园米瑞霞共同撰写，具体撰写分工如下：第一章至第三章由牛志文撰写，共计十万字；第四章由黄鹤撰写，共计十万字；第五章至第七章由米瑞霞撰写，共计十万字。全书由牛志文统稿。

　　博物馆作为传承科技与文化的重要载体，已成为公众理解过去、思考当下启示未来 的重要公共文化场所。如何在公民科学素质建设工作中发挥积极作用，为建设具有全球 影响力的科技创新中心当好催化剂，已经成为全国所有博物馆面临的重要课题。

编　者

2019 年 2 月

目　录

第一章　博物馆陈设艺术设计 ··· 1

   第一节　陈设设计沿革 ··· 1

   第二节　陈设艺术设计的特征 ··· 5

   第三节　陈设艺术设计的任务 ··· 8

   第四节　陈设类型和陈设设计要点 ·· 12

第二章　博物馆陈设艺术设计的形式要素和形式法则 ···················· 17

   第一节　陈设设计的形式要素 ·· 17

   第二节　陈设设计的形式法则 ·· 26

第三章　博物馆陈设艺术设计的基本条件和原则 ························· 34

   第一节　基本条件 ·· 34

   第二节　设计原则 ·· 41

第四章　博物馆陈设展览选题与实施 ··· 50

   第一节　博物馆陈设展览选题 ·· 50

   第二节　博物馆陈设展览实施 ·· 64

第五章　坚守博物馆陈设展览的正确导向 ··································· 121

   第一节　实现陈设展览的思想性 ··· 121

   第二节　实现陈设展览的学术性 ··· 125

   第三节　实现陈设展览的知识性 ··· 129

第六章　改善博物馆陈设展览的社会形象 ·· 134

    第一节　实现陈列展览的观赏性 ·· 134

    第二节　实现陈设展览的趣味性 ·· 138

    第三节　实现陈设展览的通俗性 ·· 142

第七章　现代博物馆的重构与发展:集群化运营 ······················· 147

    第一节　博物馆集群的背景 ·· 147

    第二节　博物馆集群化历程 ·· 156

    第三节　博物馆集群的模式与特点 ······································ 168

    第四节　中国博物馆集群化路径与运营理念 ······················ 177

参考文献 ··· 193

第一章 博物馆陈设艺术设计

第一节 陈设设计沿革

一、陈设和陈设设计的概念

何谓博物馆陈设,对博物馆陈设所做的定性叙述是:"以文物、标本和辅助陈设品的科学组合,展示社会、自然历史与科学技术的发展过程和规律或某一学科的知识,供群众观览的科学、艺术和技术的综合体。""陈设是博物馆进行社会教育活动的主要手段,它集中反映了博物馆的性质和类型,体现了博物馆藏品、科学研究和管理工作的水平,是博物馆各项业务工作的综合成果,也是衡量博物馆质量高低的重要标志。"在博物馆界,陈设是一个极受关注的问题,以往许多有关博物馆学论著中对陈设做了许多不同的、或相似的解释,如何以最简练的语言,科学概括现代博物馆陈设本质特征,仍然是博物馆学研究中的重要课题。

那么又何谓博物馆的陈设设计呢?

在博物馆学中,陈设与陈设工作是两个内涵不同的概念。陈设是指"展品群体"的展示,这个展品群体是按一定的主题思想、主题结构,经过科学的、艺术的、技术的手段组合而成的,表现特定的陈设内容,具备了传播信息、普及文化教育和审美观赏的功能,能直接为社会提供文化教育、文化交流和文化休闲服务的展示实体,有的学者更简要地把陈设看成是"一种以物质形态表现的知识传播系统","是博物馆各项业务活动共同协作的终极产品"。陈设工作是陈设项目的具体实施,是博物馆全部业务活动的组成部分,工作范围包括陈设内容设计(内容编辑)、陈设形式设计(陈设艺术设计)和施工制作。陈设设计是陈设工作的主体。

"陈设设计"一词在博物馆学中有广义和狭义两种解释。广义的陈设设计概括了陈设的总体设计、内容设计和形式设计;狭义的陈设设计只是指陈设的形式设计,即陈设的艺术设计。在习惯上,人们把陈设的内容设计看作是陈设的研究工作,归属于学术轵究的范畴,把陈设形式设计看作是陈设的技术工作,划入博物馆技术范畴。概念或定义都是从实践中概括提升出来的,反映事物的本义和实际状况。而事物不是固定不变的,概念的内涵也会有变化,博物馆的存在与发展,随着社会需求的变化需要不断调整自己的工作,陈列工作也不例外,诚如有学者指出,"陈设是一个动态的概念"。这是符合事实的,作为"陈设"的具体实施,陈设设计也必然在不断总结经验的基础上发展和更新其概念。在这里我们可以简要地回顾一下博物馆陈设和陈设设计历史发展的轨迹,来考察一下陈设设计概念之产生和演化的情况。

二、陈设设计的产生和"三位一体"式陈设

众所周知,博物馆的萌生源于收藏活动,在相当长的历史时期中,从中世纪到欧洲文艺复兴,直至近代博物馆产生的初期,收集与保藏一直是占博物馆功能之首位的。17世纪由于自然科学的发展,一批富于自然科学实物资料收藏的博物馆,由其收藏积累,率先成了科学研究的主要场所,于是博物馆又滋生了一种新的功能,这就是从事学术研究。在这一时期博物馆里是没有陈设的,但有一定的近乎展示的活动;把藏品从庋藏架上拿下来,用于观察鉴赏、研究。这种活动是在库房中进行的,没有展示计划,也没有明确的功利目的,无从产生"陈设"和陈设设计的概念。

18世纪欧洲资产阶级革命促使封建贵族社会向资产阶级民主社会过渡,原来属于寺庙、宫廷收藏亦逐步向公众开放。当时这种开放当然是十分有限的,除了收藏艺术珍品的画廊外,博物馆的库房也打开了,开始接纳观众,从而结束了博物馆的封闭状况,走向社会大众。而促使封闭状态的博物馆向开放的现代意义博物馆转化的真正动力则是产业革命,因为产业革命的根本目的在于解放生产力,以机器大生产代替手工业作坊小生产,这就首先要求发展科学技术,需要普及科学知识。在这样的历史背景下,人们发现除了学校教育外,图书馆、博物馆正可用来填补科学技术教育之不足,于是博物馆就逐步肩负起这项教育义务,形成了博物馆的教育功能。由于博物馆教育使用的是实物资料,具有"百闻不如一见"的直观性,是其他教育手段所不具备的,其教育效益很快引起了社会各界人士的重视。大家以为博物馆不再仅仅是收藏文物、标本和学术研究的机构,而且还是一座真正的社会文化教育机构。由于有了这样的共识,18世纪中叶以后具有现代意义的欧、美博物馆事业获得了迅猛的发展。

近代博物馆教育职能产生的初期,利用实物示教活动还是在藏品库中进行的。但是库房空间有限,不便接纳日益增多的观众,且不便管理,阻碍了教育活动的开展,于是需要另辟空间来展示藏品,这就促便了陈列室的产生。大约到了18世纪后半叶,欧美资深的大博物馆基本上都完成了陈列室从库房中分化出来的历程,而在这一时期新建的博物馆馆舍也都有专用于陈设的陈列室建筑之设计,这些陈列室建筑在今天看来,保留着浓厚的寺庙宫廷殿堂的色彩,同时仍旧带有传统库房陈设的样式,亦可谓是库房式的陈列室。这一时期的"陈设"一般并不重视学科分类,而是侧重表现收藏之丰硕,故实物标本庞杂罗列,陈设密度极高,除了藏品标签外,没有多少辅助陈设资料。当时除了极个别的博物馆,如纽伦堡的日耳曼博物馆采用组合陈列法外,一般博物馆尚未采用这类陈设方法。陈设柜的设计通常具有

陈设与收藏的双重功能,尺度高大,在顶部和基座部位设置藏品的庋藏空间,贮存多余重复的文物、标本,橱柜造型趋向于与当时风行的建筑装修样式统一,柱、腿、门、檐等部位带有繁缛的线脚或图案做装饰,线条粗实,不重视展示的视觉效果。这时期的陈设工作也无所谓陈设设计,展出藏品的筛选、编排尚依馆内学者的认识或喜好做出抉择。陈列室的使用除了接待参观外,同时还是文物、标本的收藏室和专家学者的研究室,这就是我们通常所说的"三位一体"式的陈设。

"三位一体"式的陈设方式盛行了相当长的一段时间,流行的地域也相当广阔,除了欧美地区外,还影响到了亚洲的印度、日本等国,而且也传到了中国。1868 年法国耶稣会韩伯禄博物院,1904 年英国浸礼会怀恩克在济南创立的广智院,都是按这个模式建立博物馆陈设的。而在世界上这种模式陈设大致持续到 20 世纪 20 年代初,才开始发生了变化。

三、以陈设柜设计为核心内容的设计"标准化运动"

改革"三位一体"式陈设的"革命"肇始于 1917 年前后,英国的一些自然科学博物馆,旧式陈设不分学科,展品庞杂罗列,高密度多层重叠的陈设方式十分不利于拓展博物馆教育。为了使陈设更能吸引观众,提高社会教育的效果,陈设展出除了配备文字说明外,尚需配置形象化的图片,图解或模型等辅助陈设资料,以便使陈设更能为观众理解接受。但老式的陈设柜及其布展方式很难满足新构思的陈设需要,于是当时英国的部分博物馆工作者,率先从改造老式陈设设备入手来改造旧式陈设。他们设计了一套造型简洁、线条单纯、没有任何多余装饰、尺度、结构标准化的陈设柜。整套陈设设备由三种基本类型的橱柜组成,即立柜(靠墙陈放)、中心立柜(四面玻璃的中心柜)和桌柜(书桌形式的平柜,上部附有水平的或有坡度的玻璃罩),此外再配备展版和依墙屏风,作为辅助设备。新设备的设计充分考虑到了人的视觉观赏要求,并以此为出发点来选择设备的尺寸和构造。改木质家具为金属型材(用钢材或黄铜)制作,强度高,线条纤细,不遮挡视线。金属型材构成的陈设柜有利于采用机器加工生产,可降低造价,便于推广。标准化设计由于规格尺寸统一,便于以橱柜为单元组合展品、布置在陈列室中,排列组合也方便灵活,提高了陈列室建筑空间的利用率。由于新式陈设设备所具备的种种优点,一时很受博物馆界的欢迎,便迅速得到推广。改革旧式陈设除了采用新设计标准化陈设设备外,重要的举措尚有:降低陈设密度,按分类精选展品,推行少而精的原则;重视学科分类,结合陈设利用展品的组合关系来宣示陈设内容;大量采用辅助陈设资料配合实物展出,相映成趣。这一改革由于以采用标准化设计的陈设柜为特点,在博物馆界就称之为"标准化运动"。"标准化运动"的设计影响十分深远,在地域上不仅推广到世界各地各种类型的博物馆,而且在时间上一直延绵到现在,如英国的大不列颠博物馆、美国华盛顿的佛利尔博物馆等至今还保持用标准化设计的陈设柜组织陈设。

标准化设计的陈设柜在 20 世纪 20 年代后期已开始介绍到我国,到了 30 年代已经有了成熟的设计作品,如当时"中央博物院"(今南京博物院)和上海市立历史博物馆的陈设(毁于日军侵华战争),都是采用标准化设计的典型实例,而且当时的设计与制作水平和整体的陈设质量都已经达到了国际水平。新中国成立以后,自50年代以来新建设起来的博物馆陈设,基本上也都是采用标准化设计体系来组织陈设的,一直延续到现在仍为许多省市级博物馆采用,可见其影响之大。

陈设的标准化设计与陈旧的"三位一体"式的陈设相比,具有不可比拟的优越性,其之所以一时间得以迅速推广,也可能由于受到了当时国际上鲍豪斯设计运动的影响。新设计运动思想的最基本出发点是"设计要满足使用功能要求",以机器制造代替手工艺制作,这与当时改革博物馆陈旧陈设的思想要求是吻合的。但是限于当时的认识水平、工作经验,以现代的目光来审视,当时标准化陈设柜在功能上仍是瑕瑜并存的。例如标准化设计的陈设柜虽有其自由灵活组织陈设布置的优点,但是它是以橱柜的个体为单元的,这就必然存在着诸如体量小、空间狭隘、单独分散、整体性差等类的缺陷。此外,在使用和管理上也存在着一些问题,例如每个单元橱柜都有二扇门、二把锁,不利安全保卫,也影响到结构的密封性能,不利于柜内小气候的稳定。

四、大通柜式陈设的引入和推广

随着时间的推移,博物馆事业的发展,博物馆的社会利用率亦有了新的增长,原有的陈设已不能完全满足广大观众的需要了,采用标准化设计的陈设持续到了40年代又开始有了新的改革,这就是出现了使用商业橱窗式大通柜的陈设。二战以后,一些工业先进国家,玻璃生产有了长足的进步,能够制造出大尺幅的玻璃;科技、能源及市场经济的空前发展,为全面改进提高展示艺术提供了丰富的物质基础。在这样的背景下,商业宣传用的橱窗装置被引进到博物馆陈设,正好满足了个别艺术博物馆展出面积大又极珍贵的诸如古波斯壁毯之类藏品的需要。之后又由艺术博物馆影响到自然博物馆采用大通柜展示自然标本,尔后又传播到其他类型博物馆的陈设,最后形成一股设计新潮,大通柜式陈设经历了半个肚纪,现已成为当代博物馆陈设的传统样式了。大通柜使用的宽幅玻璃通常厚度均在10毫米以上,单块面积大致在4~6平方米之间,装置时块块相连形成长廊。大通柜的总高一般在3米以上,进深大于0.6米。大通柜的玻璃面顶天立地,具有开阔的视野,柜内有宽敞的展示空间,便于任意布置展品。大面积的"背板"可用于布置种类品式多样的辅助陈设资料,配合实物原件展出,相得益彰。大通柜装置与室内装修设计浑然一体,艺术整体性好,宽广的柜顶空间便于装置灯光照明器具,柜内的通体大空间,在构造的节点部位加强了密封性设计,不仅稳定了小气候环境,而且为后来发展柜内空调准备了条件。此外大通柜在管理和安全保卫方面,也有许多优点,例如简化了锁匙管理,也便于安装防盗报警仪器等。正因为有这种种优点,使用大通柜的陈设将成为当代设计的主旋律。

从 70 年代开始,建筑界的环境设计意识在陈设艺术设计中崛起,形成一种新的设计思潮。环境设计意识的渗入,丰富了设计思想,例如当前环境设计在陈设中得到普遍关注,便是最说明问题的例子。陈设环境中广泛使用绿化点缀,也是改善陈设环境的有效举措,使陈设环境富有生气,而且充满时代感。世界博物馆进入 70 年代以来,可谓进入了现代化陈设的全盛时期,陈设设备设计制作的高质量化、高科技介入,融于陈设,优美的视觉环境的呈现,陈设的审美质量的提高,以及施工制作走专业化、工业化、社会化的道路,无不标志着陈设设计全面步入现代化的新时代。

我国近代博物馆的历史很短,即便从韩伯禄创办上海徐家汇博物院算起,至今也不足130 年的时间。我国博物馆陈设,也经历了"三位一体"式的时代,在 30 年代,标准化设计的陈设也曾取得了令人瞩目的成就,但是标准化设计真正的普及与提高却是在中华人民共和国建立之后。50 年代掀起的第一个博物馆事业建设的高潮中,其中最高成就集中体现在中国历史博物馆、中国革命博物馆及中国人民革命军事博物馆的陈设设计中。

从 70 年代后期开始,我国博物馆事业出现了新的生机,进入 80 年代,形成了博物馆事业建设的第二个高潮。各类陈设、展览犹如雨后春笋,纷纷破土而出,从中涌现出了一批新的设计成果,不仅题材多样,内容丰富精彩,而且艺术形式新颖,技术手段现代化,集中体现了先进设计思想的成长和发展。

回顾历史,我们可以得出这样的结论,即今天的"陈设艺术设计"定义和概念只是对现阶段工作经验总结与认识的理性概括,它还会变化和发展,有时候设计实践有了新的拓展,却还来不及提炼为概念和定义。故概念定义不能完整涵盖全部工作内容而落后于实践经验的事也是常有的,这就需要人们不断修正和充实它,使陈设艺术设计的概念能够完整反映其性质特征,揭示艺术设计创作规律,起到指导设计实践的作用。

第二节 陈设艺术设计的特征

"陈设艺术设计"这一概念,从字面组成序列看,它是由三个词组成的,分别代表三个层次的意义。陈设——艺术——设计,"设计"是该词的主体,是核心;"陈设""艺术"二词则是确定"设计"一词的属性、对象与范围。

设计的本质含义是什么?在英文词典中,设计有两个层次的含义,第一意义是计划和谋划;第二意义是设计、构思。这两个层次的含义,都是指属于思维范畴的活动,谋划、设计、构思等行为都应该具有对象目标的,而且只体现在对象目标实现之前的一系列过程中。所以设计可以理解为是一种思维活动的过程。如果这样解释可以成立的话,那么就可拿它来印证陈设设计全部工作内容和过程。博物馆陈设从确定陈设主题起,经历收集资料、编写陈设大纲、展品目录到构思陈设艺术方案,拟订实施计划,以至陈设项目的最后实现之前的一系列工作,都是思维活动的过程。陈设艺术设计仅是整个思维活动过程中的一个"段",在这个"段"中又可划分出许多前后衔接的小段,形成工作序列。例如构思方案、作草图,进行方案比较、筛选和优化,扩充方案的修订、施工图制作,从确定陈设艺术总体风格、陈设方式、陈设设备造型、色调与灯光照明的配置,以至具体展品的陈设组合、装饰手法等,也都是一系列思维活动的过程。陈设设计思维成果,最后由两件东西体现出来,一是设计文件(文字和图纸);一是陈设的实体。它们都是设计作品,是思维活动的物化形式,也是思维活动的终极产品。

人类思维活动的表述可以用声音、语言、文字,也可以用动作或绘制图像,设计思维的表达主要是用文字和图式手段。陈设设计在内容设计阶段主要用文字表达设计思维,产生陈设计划、陈设大纲,在形式设计阶段则需借助绘制图像来表达设计构思,使用的是造型艺术的手段,产生各式图纸。造型艺术手段的运用越是符合艺术的形式法则,越能把设计思维表达得充分、完整和形象,取得鲜明、生动的艺术效果。我们在"设计"一词之前冠以"艺术",成为"艺术设计",表明这一思维的特性,它具有美学因素的艺术造型探索的属性。

"陈设"一词是对艺术设计的任务、对象目标的界定。这是一个定性语,它含有双重的作用,一是表明艺术设计是为实现陈设这一目标服务的,从属于博物馆陈设总体工作的范畴,为"陈设"是艺术设计思维活动的出发点,是依据,也是归宿;二是表明艺术设计思维活动自始至终是受博物馆陈设原理法则的指导和制约的,陈设艺术设计虽可等同于一项艺术创作,但不是设计师可以随心所欲,它必须遵循博物馆学原理,受其指导和制约。这种指导和制约非但不会压制或阻碍设计师艺术创造力的发挥,相反可起到相辅相成的作用。譬如艺术创作需要灵感,陈设艺术设计的灵感从哪里来?它只有从深入研究陈设的主题思想内容、展品中去求觅,只有对陈设内容、主题结构、展品内涵做到非常熟悉、非常了解了,艺术设计思维才能获得自由翱翔的天地,创作灵感也油然而生。如在这点上不下功夫,设计思维便会枯竭;下的功夫不到家,即便完成了设计,也不能成为好作品。

综上所述,设计的本质是一项思维活动的过程,设计思维活动具有美学因素艺术造型的特性。艺术设计产生陈设艺术,陈设艺术只依附和存在于博物馆的陈设,它是以博物馆藏品为物质基础的,以博物馆学理论为指导的,以造型艺术的法则原理为组织手段的,通过对陈列室建筑环境的空间处理,展品组合的艺术构思,用工艺施工的技术,创造出展示的空间艺术。如果离开了博物馆陈设,就失去了陈设艺术产生和存在的条件。

陈设艺术不是"纯艺术"创作,它是服务于文化教育、审美鉴赏和信息传播的展示实体的,陈设艺术虽依博物馆陈设而建树起来,但它却是一门新兴的独立艺术,如同绘画、雕塑艺术一样,陈设艺术创作——陈设艺术设计,其创作思维、方法、表现手段,与"纯艺术"创作不同,有其自己的特征。我们以为弄清这个问题,将有助于规范我们的设计思想和方法,有助

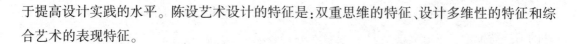

于提高设计实践的水平。陈设艺术设计的特征是:双重思维的特征、设计多维性的特征和综合艺术的表现特征。

一、双重思维的特征

陈设艺术设计需要运用形象思维与抽象的逻辑思维。在设计实践中,这两种思维活动是双向、交叉进行的,表现为相互制约又相互促进,既矛盾又统一。设计作为艺术创作,必须运用形象思维,并通过艺术手段把构思设想中的东西用图像形式表现出来。但设计形象思维与纯艺术创作中的形象思维活动方式不同,设计的形象思维活动自始至终是受理性的逻辑思维制约的,同时它又能促进形象思维的发展,使设计思考逐步趋向深化、完善。特别是当设计方案进入优化阶段,或当艺术形式的审美要求与现实的技术产生矛盾的时候,这种既相互制约又相辅相成的关系就表现得更加突出。它表明设计创作的形象思维必须要善用逻辑的理性思考的辅助,并在它的作用下促使设计方案走向完善、达到成熟。在设计实践中,当遇到以下五个方面的问题时,需要特别注意运用理性思考来处理好这些关系。它们是:

陈设内容、体系结构、展品性质、特点及其组合序列与总体规划及陈设艺术的探索之间的关系;

陈设功能要求的因素、技术因素、经济因素与各项陈设设备造型设计、选材、结构设计等的取向之间的关系;

陈列室建筑空间状况、采光方式、环境因素与陈设总体布局、空间利用、参观路线安排、陈设组合及文物、标本安全保护措施之间的关系;

博物馆消防规范、安全防盗设施与陈设空间分隔、艺术处理、设备选材与构造等涉及技术、经济问题之间的关系;

经费预算与各项目设计和实施的造价调控的关系。

二、设计多维性的特征

现代陈设艺术设计的技术与物质构成因素是十分复杂的,这就决定了陈设艺术设计内容的多维性。陈设艺术设计的核心内容是陈设的组合设计及与其相辅的陈设表现手法的探求,这一核心展开的尚有陈设的视觉环境设计、陈设设备设计、音响效果设计及高科技传媒设计等等。内容如此庞杂的设计任务,除需要发挥陈设艺术设计师主力军作用外,尚需得到相关专家、工程技术人员的支持配合才能完成任务。就陈设艺术设计本身所涉及的知识与技术的门类来讲,也是多学科的。首先是博物馆学与造型艺术原理,这是构成陈设艺术设计基础的学科知识,与之密切相关的学科还涉及现代传播学、建筑学、人体工程学、工艺学与材料学等等。现代心理学中的教育心理学、传播心理学、建筑心理学、色彩心理学等知识对于指导和丰富设计思想也大有裨益。一门陈设艺术设计包含如此众多的设计内容,涉及如此众多的学科知识,恐怕是其他艺术设计门类所少有的。所以,设计的多维性,是陈设艺术设计的另一特征。

三、综合艺术的表现特征

陈设艺术是一门综合性的空间艺术。陈设艺术设计几乎囊括了所有造型艺术的手段,融绘画、雕塑、工艺美术、建筑艺术于一身。此外,属于时间艺术的音乐,也融进了现代陈设艺术,利用音响效果,创造特定的陈设意境。现代影像艺术融入陈设,丰富了表现手段、拓展了知识信息的输出量与文物、标本组合陈设,动、静结合、演示事物发生发展的过程,使传统的静止的文物、标本组合陈设不能演示的内容得到了形象的表现,但又不多占陈设的空间与时间。如此看来,陈设艺术不仅是综合性的空间艺术,还有时间艺术的双重表象。

论述到陈设艺术设计特征的时候,还不能忽视陈设艺术与展览艺术之间的区别。我们在运用"陈设艺术设计"一词的时候,常常还在词前加上"博物馆"这个定性的名词,就是要表明博物馆陈设艺术有区别于一般经济或商贸的展览艺术设计。诚然,作为总的展示艺术来理解,博物馆的陈设艺术与展览馆的展览艺术是有其共性一面的,但又有其特殊性。所谓共性,二者之间都有相同的设计工艺流程,施工制作也都需要用同样多种的工艺技术、物质材料,同样需要创造特定的展示空间。所谓特殊性,是因为二者的设计思想、设计原则,是不尽相同的。例如博物馆陈设都要表现专业学科的学术体系,陈设主题结构所确定了的展品组合关系,陈设的序列,是不能随意增减或换置的,并且要反映其内在的逻辑关系。这些要求都构成了对陈设艺术设计有较为严格的制约关系,而经贸方面的展览,则不存在这种设计上的制约。博物馆陈设的艺术形象,一般要求简洁、清新,艺术风格崇尚朴素典雅,而展览艺术常取富丽华藻的艺术格调以烘托市场经济的繁荣,渲染科技成就的辉煌,二者是迥然不同的。博物馆陈列室是文物、标本藏品在公开展示时的保藏所,陈设设计要十分关注文物、标本特殊的安全保护和管理,涉及运用一系列相关的技术,而展览设计对展品的保管只要求做到普通的防盗报警即可。凡此种种,都说明了博物馆的陈设艺术设计与展览馆的展览艺术设计性质、要求上均有其不相同的地方,设计师在工作实践中尚需正确认识,区别对待。

第三节　陈设艺术设计的任务

博物馆从收集、保藏为主要职能的时代开始,经过漫长的岁月,发展到 20 世纪中叶,现代博物馆应具备的各项职能已臻完善。并从那个时期开始,又有了新的开拓,这就是有计划有目的地广泛参与国际文化交流,并为发展国家旅游事业、提供旅游资源,特别是当今把世界看成是一个"地球村"的时代,增进各国人民之间相互了解、促进经济文化全面交流,就更有迫切的需要,而博物馆正好承担起这样的任务。在这样的前提下,更深一层的开发博物馆职能,发挥其社会效益,自觉参与国际文化交流和为旅游观光事业服务,在博物馆界也已形成共识。陈设则是参与和提供这类服务的主要形式和主要场地。在国际文化交流中,博物馆陈设是看国家历史文化的窗口,也反映本身收藏水平、学术水平和教育水平,陈设的学术涵养和艺术气质直接反映一个国家民族的精神面貌。我们博物馆工作者对于搞好陈设的意义和作用,应该有足够的认识。

陈设活动在博物馆历史上第一次出现时,就是带有一定的功利目的的,只是早期的功利目的是十分含糊和不很确定的。现代博物馆陈设则是具有明确的高层次功利目的的,这就是通过陈设向社会提供文化教育服务、学术研究服务、国际文化交流和旅游观光服务。为了很好地向国际、国内社会提供这样的服务,因此,在筹办陈设时必须从陈设内容到陈设的艺术形式进行精心地策划、设计、研究,必须建立起规范的工作程序与方法,制订完整的工作计划,采用先进的技术,来保证陈设的学术质量和艺术质量,使布置完成的陈设成为展示国家历史文化的窗口,既是传播人类智慧的源泉,又是陶冶情操的乐园。博物馆陈设高层次的功利目的,也就是陈设艺术设计目的、意义所在,我们每一位设计师肩负着这一光荣而艰巨的任务,真是任重而道远!

陈设艺术设计,首先要为陈设创造一个理想的展示环境,要做好陈列室的室内设计、光环境设计和陈设设备设计,我们把这些称作"硬件"设计内容。其次要为陈设建立一个可供直观教育与审美鉴赏的展示系统,要做好陈设的组合设计、辅助陈设品设计、现代传媒及音响效果设计,把它们称为"软件"设计的内容。此外,尚有展出中的文物、标本安全保护设计。这是介于软、硬件之间的中性任务。这些工作内容相加重合,构成一个完整的设计体系。

一、硬件设计内容

(一)陈列室室内设计

陈列室室内设计是现代陈设设计的重要内容。其设计思想、要求,不同于一般公共建筑的室内设计。首先博物馆陈列室(厅)是藏品在展出时的藏室,室内环境的温度、湿度、采光、通风等的设施均要做到有效地保护文物、标本;室内装修的消防规范要求亦不同于一般装修,对操作、用材都有严格的规定,这是陈设艺术设计不可忽视的。室内设计的艺术审美亦服从于陈设展示之需要。凡陈列室的空间艺术处理、装饰手法,墙、地、天花板的色调、肌理等的具体设计,都应视作是为烘托陈设及展品之需提供"背景",最大限度地把观众注意力导向看陈设,而把陈列室内其他污染视觉的因素去掉,或加以限制遮蔽。

(二)光环境设计

重视陈列室光环境设计,是现代陈设艺术设计的新概念、新内容。光是视觉的媒介,没有光就不会产生视觉,没有良好的照明和光环境,就不能获得优美诱人的视觉环境。博物馆陈设的光环境设计,需要保证有足够的陈设照度外,十分讲究照明的质量。凡光源、照明方式、照明具、陈设各部位光的合理分布及适当的比差等,都要进行精心的选择,必要时尚须为陈设做专门的照明设计,利用光来提高文物、标本展出的艺术效果,并为陈设创造特殊的视觉氛围,调整参观心理,增添审美情趣。此外,陈设艺术设计还应利用人类趋光心理的特点,运用照明手段做好陈列室的空间引导,诱导观众有序地参观学习。

(三)陈设设备设计

陈设设备是硬件设计中数量大、投资高的项目,差不多须占陈设经费总数的50%以上。同时由于其数量大、形象突出,是构成陈设艺术整体形象的决定性因素,左右着陈设的面貌,因而凡陈设设备中的展柜、展架、展墙、展板及台座等,其造型、尺度、比例、色调、材质肌理等设计内容都必须认真地逐一推敲研究,务使陈设设备的形象,能与陈设内容、展品特点相称,使用功能完善,便于布置展品,便于陈设组合及文物、标本的安全保护。陈设设备的造型设计与功能设计必须慎之又慎,因为一旦设计付诸实施,陈设建立起来了,再发现问题,要改就不可能了。以往由于设计不善,造成用之不当,弃之可惜的事时有发生,设计师应该引以为戒!

二、软件设计内容

(一)陈设组合设计

陈设组合设计是陈设艺术设计的核心内容,是实际工作中工作量最大、花时间最多、工作周期最长、而且常有反复的设计项目。陈设组合的工作内容分两大部分:一是整体的陈设组合,在确定陈设总体艺术风格的前提下,对陈设进行总体的布局安排,诸如空间分配,内容段落的划分,各部分展线长短的权衡,序幕与结尾的重点处理,在陈设全线中在哪段哪节上设定重点陈设,予以突出,形成陈设的高潮点,场与景的如何穿插等等,这是陈设的大组合。陈设的小组合——陈设内容的主题组合,这是一项十分具体细致的工作,组合的主体对象是文物、标本等展品,当然也包括一切辅助陈设品在内,其工作内容是根据陈设体系、框架结构,有层次地编排展品,使它们建立起内在的联系,以定向的方式演示陈设需要说明的问题。在这里陈设品的组合排列必须符合艺术构图的法则,使陈设组合布置具有审美价值,必须运用各种陈设表现手法,让文物"说话"。这是陈设组合设计中运用"博物馆陈设语言"形象地、有说服力地揭示文物展品的内涵,正确生动地传达陈设内容具有关键性作用的研究课题。

（二）辅助展品设计

辅助展品指的是辅佐实物原件展出用的图片（照片）、灯箱,图表、图解、地图以及沙盘、模型等,也包括文字材料,布景箱和场景复原及美术品绘画、雕塑等。辅助展品在陈设中虽然只起辅佐实物原件说明问题、帮助观众理解陈设的作用,但这种补充资料往往是博物馆学者学术研究的成果,有时一幅历史地图、一张分析图表,其概括和明确的程度,可以抵上一篇学术论文;一台历史场景的复原是大量考证研究的结果。有的辅助展品,本身就是工艺品或艺术品,具有很高的欣赏价值。有些灯光或电动演示的图解、沙盘模型还是高科技制作的结晶品。辅助展品的设计制作,必须具有科学性、艺术性和科技性,这三者既是设计制作的原则要求,也是评判辅助陈设品质量水平的客观标准。

（三）现代传媒和音像效果设计

现代传媒指的是幻灯、录像电视或电影等结合实物原件展出,用于陈设的一种装置。这种装置在陈设中占用的空间往往不多,但内容传播的信息很大,而且是动态的演示,声像兼具,还可以用来表现事物的过程,因而为现代博物馆陈设设计所独钟,已被广泛地应用于各类陈设之中。在陈设艺术设计中,要把现代传媒的各种装置有机地组合于实物原件的展示,并要达到浑然一体的程度,是设计难度所在。对于设计师来讲,这是设计的重点,需要由相关技术专家的配合协作,才能完成任务。

现代传媒装置与文物、标本陈设组合或"合成",从已见的展例分析,大致可以列出以下几种方式:

现代传媒中的一种,自成单元,与文物、标本单元陈设并列,其中如采用录像电视,演示的节目有固定的和可选择的两种,观众自己选节目只须手触荧屏即可,称触摸式电视。

大屏幕投影电视或电影放映,与文物、标本组合,置屏幕于展品之左或右、前或后、上或下,辅助实物原件陈设,演示陈设内容。

自动幻灯演示,或大屏幕投影电视、电影,与电动沙盘、模型合成,这种方法多半用于自然或科技类陈设,如表现火山爆发,岩浆喷流,或演示石油形成、煤炭生成,地震等地质活动情况,十分真切生动。上海市历史博物馆"近代上海城市发展历史陈列"中表现20世纪30年代上海街市风貌的景观箱中行人与车辆活动,是采用这种技术合成的另一种成功实例。

现代陈设中采用备响效果,已较为普及,它能使陈设的空间环境充满一种特别幽雅的气氛,以调节观众的心理情绪。音响效果有两种,一是纯粹以"背景音乐"的方式为陈设制造氛围;一是以音响效果为目的,除了音乐的旋律外还加配音,如为民俗陈设中婚礼场景配喜庆乐曲,为四季时令配商贩的叫卖声,为某一自然景观配上潺潺流水、鸟鸣啾啾等。

三、介于硬、软件之间的中性设计内容

文物、标本安全保护设计是介于软、硬件设计内容之间的特殊项目,通常此类设计由有关技术专家来完成,但设计师要配合设计。其具体工作内容有:

陈列室空间路线布局的安排,要顾及防盗报警装置(闭路电视、CK 器等)探头安装的位置,扫描的角度等,务必做到用最少数量的探头获取最大有效的警视范围。

陈设总体布局要保持消防栓、紧急疏散口畅通,力避遮挡。

重点解决陈列柜开启关锁的构造设计,既要有利于方便开启,又要保证锁的隐蔽与可靠。

室内装修、陈设设备的制作用材要进行防火阻燃处理。

加强陈列柜及有关展具的密封性能,保持小气候环境的稳定,为怕干燥的物品增湿,为怕潮怕霉的物品设置防潮防霉设施。

采光照明设计中为防紫外线对文物、标本的损害采取相应措施。

综上所述,陈设艺术设计的工作内容是很庞大的,所起的作用也是十分显要的。从陈设工作程序来看,陈设艺术设计正处于前阶段(第一阶段)内容设计和后阶段(第三阶段)施工制作之中间,是个中间环节,起着承前启后的作用,一方面把陈设研究成果转化为可视的展示方案,又为施工制作提供图纸依据。如果抽去这个环节,陈设就不可能获得形象的表现。鉴于这种特殊作用,早在 20 世纪 50 年代我国博物馆界曾对陈设艺术设计做过非常形象的比喻,即比作戏剧、电影艺术中的导演工作——设计师是陈设艺术的导演!

诚然,从现代博物馆陈设设计工作内容的多维性、复杂性来讲,许多设计项目是设计师一人所难以完成的。我们也不苛求设计师去充当"无所不知的专家",也不允许把设计师当作"美术杂务工"来使唤。设计师要做好本职工作,为陈设制订完善的设计方案,同时也要当好"导演",要善于博取众长,依靠社会,正确调度各路"军马",为建立高质量的陈设共同贡献力量。设计师如有才华、能导会演、能深入参与各项具体工作,那当然更为理想了。

第四节　陈设类型和陈设设计要点

我们综合讨论了陈设艺术的性质、特征,工作目的、意义和作用,明确了设计师的任务和具体的工作内容。现在我们进一步来讨论如何按陈设类型,有区别地做好不同性质的陈设设计工作的问题。

在博物馆学中,陈设类型有多种不同的区分法,其中最主要的是按陈设内容的属性来区别陈设类型性质。为了便于论述,我们把博物馆陈设划分成四种基本类型来加以叙述,它们

是社会历史类陈设、自然历史类陈设、科学技术类陈设和造型艺术类陈设。

一、社会历史类陈设

属于这一类的陈设有：古代史陈设、近代史陈设、革命史陈设等，如按历史时间因素分，历史陈设尚可划分出通史和断代史陈设，按历史的地域关系尚有地方史陈设等，此外还有专题的历史陈设，如古代科技史陈设、太平天国史陈设、鸦片战争史陈设等。以历史人物为主题的个人传记性陈设，也有史的特征，可以纳入历史类陈设。

"历史是在时间中演进，在空间中展示的"，历史陈设的艺术设计则需要掌握参观程序，均须突出表现其系统性、顺序性的特点。首先历史陈设的总体风格、色调、装饰问题，都应该表现出历史的时代风范，同时必须注意表现其地方色彩和民族风格。历史演进的时间序列决定历史陈设内容的组合、排列，以及凡空间布局，陈设段落的划分，展线安排和参观导引都必须受其制约。

现代历史陈设还常采用人类学、民族学的材料，来丰富历史陈列的内容，因而人类学、民族学陈设中常用的复原陈列法和原状陈列法也引进到历史陈列中来了。复原陈列系指对历史上曾存在过，现今已不存在的事物；或虽然有遗存但破碎不完整的事物，运用科学的技术方法加以复原再现，根据考古发掘的材料复原一座文化遗存，如半坡仰韶时期的村落房舍、青铜铸造物、制陶作坊等。复原陈列还包括根据考证研究复原古代科技仪器，如张衡的浑天仪和地动仪，苏颂的水运天象仪等。复原陈列必须做得非常谨慎，凡复原中的一草一木、一针一线，都必须言之有据，切忌臆想推测。因而复原陈列设计强调科学性与艺术性并重的原则，强调艺术性，目的还是为了提高科学的真实性、可信性，舍此，复原陈列便无存在的价值。原状陈列与复原陈列不同，原状陈列是用实物原件按原状布置的陈列，它不允许现代人工制品（即便是具有极高科学水准的制品）进入原状陈列。凡进入原状陈列的一切物品，不论其是单件还是群体，其布置必须按原来的位置陈放，不可随意挪动改变位置，更不允许任意增删，例如展出一组原始社会父系时期夫妻合葬墓，其人骨架和随葬陶器等都按原状连土一起切割，加固整理后用于陈列。又如20世纪70年代举办的纪念周恩来展览，布置了一间周总理办公室，也属于原状陈列；一桌一椅及办公用具等都是来自国务院办公室的原物，并按原来位置原状陈列。

复原陈列和原状陈列都有空间"场"的概念，这类陈设的尺度比例都是原大小须占用相当大的陈列空间，因而在主题陈列中，究竟出现多少"场"，分布在哪些段落，在做总体规划时需要做宏观的调度，务必注意分布均衡。空间处理上"场"与通常陈列的"带"如何衔接过渡，浑然一体，力避生硬结合，是陈设设计的难点和重点所在。设计师务必在这个点上推敲，把功夫用到位。

历史陈设如果采用大通柜的话，常常会遇到同一通柜中展出两种保护要求条件截然相反的文物组群。例如怕潮霉的纸张、丝织品、铁质物品与怕干裂的木制品同置一柜,则文物保护小气候控制便成难题,这些也都是陈设设计上必须加以重点解决的问题。

二、自然历史类陈设

属于这类陈设的有:动物陈设、植物陈设、地质、古生物陈设及人类学陈设等。自然陈设中的生物进化史陈设,也都具有"史"陈设的特点,也是有一定的系统性、顺序性,只是其要求程度与历史陈设稍有差别,不如历史陈设表现事物必须紧紧相扣,在具体处理上可以相对地自由宽松一些。自然陈设通常按学科门类作分类陈设,分类中有的按生物区系来组织陈设,有的采用生态陈设,采用布景箱(景观箱)是这两类陈设的重要表现手段,因而景观箱设计是自然历史类陈设中的重点设计项目。景观箱设计以生态标本做主体,并以此作为景观设计的尺度依据。按透视原理设计布景物和背景,所以景观箱的使用须占用大量的陈设空间,尤其是表现大型兽类生态的景观箱,置景的尺度比例几乎等于实大。有的自然陈设整体是由一座座景观箱编排而成的,则陈设设计的总体规划必须做宏观的安排,反映在设计程序上,有时景观箱具体设计要先于陈设的总体设计。确定景观箱的尺度比例和实占空间还需结合陈列室建筑条件作通盘考虑。当它们之间产生矛盾时,或者需要压缩景观箱的尺度比例,或者需要压缩景观箱使用的数量。

景观箱的设计制作,实质上是件科学与艺术结合、艺术与技术结合的科普创作。作为科普创作,我们同样强调科学性与艺术性并重的原则。景观箱的质量也代表自然历史类陈设的学术水平,设计出一座既有科学性又有艺术质量的好的景观箱,需要艺术家与科学家共同协作和努力。为了做好景观箱设计,我们要求设计师发挥其艺术创造才能的同时必须好好学习自然科学,熟谙生物学的有关专业知识,至少应该力争使自己成"半个生物学家"。不能设想,没有一点生物学知识涵养的设计师可以做出具有学术价值的景观箱来。

自然历史类陈设的艺术风格究竟是应该怎么样的,这是设计界应该认真探讨的问题。我们以为对自然历史类陈设的艺术设计,最好不要笼统地提什么"民族风格""民族形式"之类的要求,也不要盲目地去追求什么"现代化"的摩登。自然历史类陈设的艺术风貌应该反映学术展示的气质,应该力避落入俗套。

自然历史类陈设中高科技传媒手段应该得到更广泛的使用,以此来扩大信息的输出量,激发观众的参观兴趣和求知欲。自然历史类陈设的安全设计则以防火为主,防盗设计则列于一般要求。当然价值上万美元的大熊猫标本、稀世的珍贵化石和宝石之类,都应列入重点的安全保卫之列,对于一般自然标本防盗设施则不须投入太多的资金。

三、科学技术类陈设

现代世界科技门类之繁多在历史上是空前的,但迄今为止世界上尚未有一所包罗万象的科技博物馆。一批闻名于世的科技博物馆或以它展出项目之多,或以展示装置之先进,或以教育成绩之显著饮誉于世,而不争学科门类之齐全,事实上也是无法争到齐全的。科技博物馆又有综合性与专业性之分,综合性的科技博物馆有多种学科陈设,如著名的芝加哥科学与工业博物馆,按学科专业设有 75 个展区 2 000 多个展示项目。英国的科技博物馆、东京的国立科学博物馆、北京的科技馆和台北的自然科学博物馆等都属于综合性类型的。专业性科技博物馆,其收藏和展示多科门类单一而专门,如瑞士的钟表博物馆,德国的汽车博物馆,中国杭州的丝绸博物馆、自贡的盐业博物馆、太原的煤炭博物馆等都是。

科技博物馆的陈设类型也有多种,例如有综合性的科技史陈设,专题(专业)性科技史陈设、古代科技文物陈设、现代科技成就实物陈设,以及专门为科普教育目的而设置的各种项目陈设之分。有的科技博物馆上述几类陈设兼有,存的仅占其中之一、二,这是由其收藏基础之厚薄所决定的。凡属科技史内容的陈设,也具有"史"陈设的特件,即按照系统性、顺序性地组合陈设的要求,大致可参照历史陈设来设计。古代科技文物陈设,类似历史与考古陈设,其系统性、顺序性并不显著,也不强调观众做循序参观。上述这两类陈设结构是学科间平行,学科内反映历史发展的时间序列。一般来说,对观众不必规定先看什么,后看什么,可由观众自由选择,系统性、顺序性程度均低于历史陈设。科技陈设中专门为科普教育设计的展示项目,则根本不存在这方面的问题,陈设的总体布局,空间划分,展线安排,都采取自由灵活的布局格式,观众完全可按感兴趣的项目选择参观。科技类陈设设计需要注意的问题是:科技展品之体量、尺寸、外状是十分悬殊复杂的,小至电子元件,大至巨型装置,什么样式都有。因而设计实践,尤其是在工作前期的设计准备阶段,掌握展品形状、尺寸、体积、重量殊为重要。这些信息对于陈设空间的规划利用、陈设设备的设计等都是重要的设计依据,例如如何处理陈设荷载,如何为展台、展座配置电源以供陈设演示等等,都必须以此为据。比之其他类型的陈设,这些问题是较为突出的。

专门为装置设计的展示项目,实质上是一种特别的示教工具,是按科学原理设计,用艺术的、技术的手段制作成的一种装置,通常都可演示或让观众参与实验。这些装置中常常还融合或穿插有现代传媒,高科技运用于装置亦极广泛。装置设计则必须有科学家、技术人员与艺术家共同参与、密切配合、通力合作才能完成,这是科技陈设艺术设计中很突出的一项工作内容。

科技类陈设的艺术风格该有什么样的取向,也是一个十分有趣值得探索的研究课题。以国内外一些科技博物馆陈设实例看,其艺术风格多数倾向于简练、朴素、明快,色调设计、色彩配置则轻调和而重对比,有的甚至采用对比强烈、鲜明的原色做背景基调,以此取得刺激、醒目、现代感的陈设效果,这与现代工业社会生活快节奏的审美情趣相协调。

四、造型艺术类陈设

艺术博物馆陈设一般可分为两类,一类是综合性艺术陈设,即艺术通史陈设,如北京故宫博物院有历代艺术陈设,这是以时代为经、以艺术门类为纬编织成的陈设体系。另一类是艺术的专题陈设,如古代绘画陈设、雕刻艺术陈设、青铜艺术陈设,及工艺美术陈设等等。这两类陈设,在内容上都要做艺术发展、演变的历史性阐述,表现艺术在不同时期、不同地域、不同流派,作者的创作特色和成就,这就有了陈设体系结构上与历史陈设有相似性的地方,有系统性、顺序性的表述特点。在空间引导处理上虽然要有意识地导引观众做循序参观,但又不可过分的强制,因为毕竟是艺术性的陈设,应给观众留出随自己喜好选择艺术鉴赏的余地。

陈设艺术设计的审美情趣在艺术陈设中是非常独特的,艺术陈设需要有艺术的设计,也需要有一定的装饰效果。但实际展出效果又似乎是不存在设计、不存在装饰,它只产生一种虚的氛围,除了引人注目的艺术品外,周围不再存在任何干扰视觉的"装饰"因素,一切"设计"和"装饰"在这里都沉隐了下来,成了有效地烘托展品——艺术品的"背景",把观众的注意力最大限度地引导到艺术鉴赏,这是一种高超设计达到的境界。艺术陈设的装饰效果应以朴素、典雅、简洁、沉静为审美取向,应力避繁缛、平庸、堆砌。"流俗"的装饰是艺术陈设之大忌,为有修养的设计师所不取!

灯光照明设计在艺术陈设的设计中具有特殊重要的地位,是设计成败的关键性问题。陈设的照明设计应根据观众的生理、心理及艺术鉴赏要求出发,慎重选择光源,确定最佳照度和照明方式。凡光源显色指数、色温值、照明具的配光设计都应逐一进行推敲研究,做出明智的选择。必要时对特定艺术陈设的项目,在照明设计时尚须建立实验装置做展出实况的模拟实验与测定,以求取得最佳的照明效果。此外照明设计尚须注意到"光害"问题,应采取各种有效的措施来消除或限制紫外光谱的泄出,以达到诸如书画等藏品在长期展出的安全保护目的。

艺术陈设中的安全设计特别重要,博物馆的艺术收藏都具有极高的经济价值,有的是稀世珍品,安全防盗设计是陈设设计中的头等大事。在设计实践中还必然会遇到"藏与露"的矛盾,从文物保护角度看,藏是最重要的举措,而且越严越安全;从陈设艺术表现看,文物在展出中露得越淋漓尽致越能呈现其艺术魅力。藏与露是艺术陈设设计中一对突出的矛盾,这些问题大至陈列室建筑空间的防盗措施,小至一座陈列柜或陈列的小道具设计,矛盾的焦点是要解决一切防盗设施的隐蔽性与美观性的问题。把陈列室的门、窗安上铁栅,是种简而有效的安全措施,而造成的印象是陈列室像所监狱。能不能化铁栅为装饰物,与陈设艺术整体风格相协调?或根本不用铁栅以 CK 器监控防盗?陈设的安全防盗上我们的设计思路应该拓宽些,而不要囿于现成的办法。

第二章　博物馆陈设艺术设计的形式要素和形式法则

第一节　陈设设计的形式要素

每一种艺术形态,都有其形式构成因素。所谓形式要素,即构成该艺术形式所必要的最基本因素,简称形式要素。通过这些"要素"的运用,才能构成它的"形式",并在此基础上创造出它的形式美。每一艺术所需的形式要素,既有各种艺术所共有的(即共性),也有自身所特有的(即个性),即使它们同属于艺术的平面构成或立体构成;同属于空间艺术、时间艺术,抑或时空艺术,它们的形式除共性要素外,都各自在形式要素的宝库中,去寻找并选择适合自己的加以运用。

根据博物馆陈设具有的物象陈置,时空艺术表现,声、光、电等科技应用的形式特色,其形式构成因素不少。作为设计师应善于全面地认识与把握,以便在各种不同的陈设设计中,依据自身形式美的需要,加以运用。但是,在这些形式构成因素中,空间、造型、色彩、材质是构成陈设形式最基本的四大要素。这是陈设设计要达到形式上的尽可能的完美、必须放在首位考虑的。

一、空间

没有陈设、展览空间,就不能构成陈设、展览。空间是陈设形式设计的首位要素。这里所说的空间,是专指人为形成的有限的博览建筑空间。这一空间,是由地面、建筑物、建筑构件、绿化等所限定的。由建筑物与建筑构件构成了空间界面,凡有底界、侧界而无顶界的,为室外环境空间,亦称外部空间。凡三界面齐全的则为室内空间,亦称内部空间。陈展空间,是指在博物馆、展览馆等建筑内部、外部直接用于进行陈列、展览或相关的区域空间。一般说来,主要是指建筑内部的陈列厅、展览室及其序厅等空间。其次是与陈列厅、展览室有关的过厅、休息室、通道、楼梯等室内空间。再是建筑外部被陈设、展览所利用以及制造陈设、展览宣传气氛的环境空间。在陈列、展览空间的设计上,设计师必须从宏观和微观两方面做全面考虑,结合实际空间与具体内容,做出恰当的各种设计,并指导好后期的符合质量的

— 17 —

施工。

陈展空间的设计,主要属于室内四度空间的设计。所谓四度空间,即是除室内长宽高三度外,还有人的行动与不同的视点、视角需要空间,这就称为四度空间。也就是说,人的行动,赋予了第四空间以内容。因此,对于陈设、展览空间的设计,应根据观众生理、心理特点,从行走参观,视线移动,审美注意这些现象特征,按观众从外环境进入室内这一系列不同空间变化来进行。

室外环境空间设计,主要侧重于该馆性质特征及围绕基本陈设的特点。可通过建筑的形式感(新建筑设计在形式上可考虑馆性质)或专门的典型物设置,以其突出的形象渲染表现出这一气氛。其他有关陈设、展览的广告宣传牌、指路标、参观路线图等,均应统一在这一气氛内,并与建筑、绿化在色彩上形成鲜明的对比,以期引人注意。

通道、过厅、楼梯、休息室等空间,作为建筑物的内部空间,一般是固定空间,也是与陈列、展览通路或休息有关的次要空间。它是一个安静、整洁但又面积较小的空间区域,一般不具有常规的陈设设计工作量,但也有可能根据实际地形并结合与陈设、展览相关的恰当内容,以单独的或少而精的几件可视物进行艺术处理,也会出现别有意境的空间。

作为陈设、展览的序厅这一内部空间,是固定性空间。通过设计,也可成为可变性空间。序厅不仅仅指有一个明显的陈设标题,抑或序言,精明的设计师,会使这里出现高度概括内容的艺术设计形象陈置,它往往是陈设主题的本质体现,是思想性与艺术性高度融合的结晶。它具有振动观众心灵的表现形式,是首先启发人们认识该陈设面貌并留下深刻的标记性空间。一般规律是:

思考方法:让观众一看就具正确联想认识。

处理要求:寻找典型特征,塑造艺术形象。

艺术形式:写实手法、写意手法。

视觉特点:富于神采与意境。

空间要求:注意形体表现要多空一些场地空间。

陈列厅、展览室,作为建筑的内部空间,是固定性的空间,但一旦进行陈设、展览,就变成整个建筑最主要的可变性空间。因为设计总是根据内容所需的展线及其表现需要与观众容量和采光或照明的方式来考虑布局的。它通过展壁、隔断、屏风、展板、展台、场景、布景箱等展具与有关设备的组织排列,从而对空间进行了再划分,形成了第二次界定空间。在此空间的陈设、展览设计,重在体现空间的陈设、展览气氛与该主题的统一。它的空间结构应紧连序厅开头的精彩,显出自己身段的博大,收尾的有力。即元代散曲家乔孟符(乔吉)提倡写作的"凤头、猪肚、豹尾"六字说。其总体的布局,要空间结构合理,展示内容排列有序,层次清楚,重点鲜明,宾主突出,并在空间显示出平衡但又具重点的大、中、小层次的不同。它既是艺术表现级别的区别,也是各具身份需要不同的位置空间尺度。它从视觉空间给人秩序的产生,理想化的联想,节奏与韵律的感受。这些重点建造表现出的形式,或是展品通过艺术法则的装饰布置体现,或适各种陈设手法付诸形象的匠心创造。它们在时空中的位置,来自形式因素的构成,即运用好光、色、形、材、尺度、线条、比例、体量等形式因素,造就陈列室空间的体量感、虚实空间感、明暗光影感、空间造型静态感、时间形态流动感、景观形态错觉感等等。总之,陈设、展览空间通过内容转化的形式设计与物化建造,才是实际存在的陈设、展览空间。所以,应是设计师把握展出内容以艺术的形式进行创造性表现的陈设、展览空间。

至于按微观的方法,结合实际空间与具体内容处理,可谓陈设、展览空间无处不是,设计师要处处都考虑到。

一个设计师对陈设设计的思考,除博览建筑的室内外空间思考外,还应把陈设设计放在社会的、文化的、自然的环境空间背景下去思考,这才有可能使陈设更多地符合社会与人们的愿望。

二、造型

造型在艺术上是以一定材料和手段塑造可视性的平面与立体形象的艺术,它通称为美术。造型是美术的主要特征。因此,在艺术上的造型,是艺术家匠心独运地去表现特定艺术形象的创作行为。

博物馆陈设,是通过陈设空间的展品来表现内容的,它的艺术形象化必须通过在形式上的特定造型来完成。因此,造型是陈设形式最主要的形式要素之一。

陈设艺术的造型,有它自身的特性。这一特性是由几方面决定的,一是展品纷繁各具有自己形象的造型;二是它的陈置必须由特定的空间、展具、装饰等通过布局组织来造型;三是主题陈设的内容传达,多是陈设科学与艺术门类的综合进行展品组合的造型。这三方结合所显示出的陈设艺术造型,就是展示空间陈设形象化的艺术表现形式。由此,可以得出这样的结论,凡在陈设、展览中进行艺术设计后的物化形象,无论是内在形式、外在形式的造型,都属于陈设造型。这些造型当它按总体设计的布展结构在展室空间进行布局组织、排列组合而结合在一起的时候,它所显示出的就是这一陈设的形象。这一形象的外表形式,即陈设形式。

作为陈设形式的诸种造型,按应用性质分,可分为三大类:即总体设计造型、展品设计造型、设备设计造型。

以下分别叙述:

(一)总体设计造型

它是展室空间一切物象综合建构的群体造型。如上所述,即某一陈设所具特性面貌的陈设形象设计造型。这一造型设计,即从形象的形式——陈设形式入手,它一方面多是展具为主的陈设设备这一外在形式应用所需的组织联结,以完成空间布局的整体造型。同时,也是展具内外空间的基本展品这一内在形式奠定基础的排列组合的外观显现。这两者融合即构成了这一陈设形式赋予该陈设形象的造型设计。

这一造型设计必须把握的要领是:首先,要体现出代表该陈设特性的基本形象特征;其次,要创造出该陈设本质意蕴的气氛表现;再次,要创造出符合该陈设表现形式的艺术风格。这三者统一的目标,是主题的突出,是美的形式。

在这里,也必须强调,这些把握要领的体现,在内、外形式的造型设计上都离不开对自身以及空间、色彩、材料等形式要素的创造性发挥。这样,才有可能在陈设特性的造型上,表现出或庄重大方,或活泼生动,或精巧秀美,或朴实厚重等风韵。

这一总体设计造型的确定,是设计师在熟悉研究人员编写的陈设大纲这一基础上,结合展室空间的实际,经过艺术思维的想象构思与多次草稿描绘与修改的图纸设计而确定的。正式的总体设计造型图纸,是陈设平面布局图(它表现出全陈设空间的合理布局与观众流动线路)、陈设鸟瞰图(它表现出从上往下看的全陈设立体造型效果)、陈设局部立面图(它表现出某些重点的平行透视效果)。这些图纸的确定,也就基本制订出了该陈设表现形式的未来效果。当然,它在以后的建造中,因实际情况还会出现某些方面的纠正与修订,这样才成为观众参观时所看见的陈列。

一个好的总体设计造型方案,必须是实用功能与审美功能两者的统一。从总体说来,应注意陈设空间的整体造型,它应合理地体现头、身、尾相适应的结构。这一结构通过布局形成序列,它既有秩序又有变化,这里不仅注重形式美,也应利于观众参观路线的合理产生。整个空间的实体与虚空,应比例得当,尺度合适。整个陈设内容的形式表现,应掌握一般与重点相结合的规律,注意大、中、小重点相搭配。特别是应考虑好全陈设几个大重点表现手法的突出显著,它们既显现最主要的内容,又是整个形式空间架设形体结构的平衡重心支柱。设计者应十分珍惜一般表现与重点相结合的方法,它既有利于内容反映的轻重的比重与强化程度,同时它产生出形式美的节奏与韵律,这大有益于调节观众审美心理情感的起伏,以及保持视觉兴奋的散点注视连续移动。至于采光或照明的运用,主要发挥它有利于观众视觉生理及展品展现的清晰程度。色彩是人们最敏感的,在总体设计造型中也是重要的一个方面,它极有利于该陈设的形象个性特征塑造,一般通过主导色与其他色综合形成的基本色调表现出来。因此,在色彩设计中,考虑好全陈设使用的颜料色、材料色、灯光色等综合出的有主导色为主的基本色调,这是根本的。有关材料在总体设计中的运用,由于它是造型中必要的形式要素,各方面都牵涉到对它的运用思考。从运用说来,是形式美的选材,运用功能的处理。从表现说来,是装饰风韵的反映,艺术风格的创造。因此,在总体设计造型中,对材料的使用,要实用功能与审美功能并重。在创作思想上,应广泛选材,大胆设计,创造性地使用。

（二）展品展示设计造型

可分为欣赏性展品展示造型设计与主题内容表现性展示造型设计。

1.欣赏性展品展示造型设计

这类陈设多是个体展品集成序列展出形式的造型设计。一般属物质文化的或艺术的展品陈设。诸如传统文物的陶、瓷、铜、玉、漆器等展品的各专题陈设。再如民俗文化的各种物质产品的展示。艺术类展品则是绘画、雕刻、工艺品等各专门艺术陈设。这一类大多属于审美欣赏性的陈设，基本上是着重于形式美的创造设计。其中除个别陈设是以室内空间露展外，一般陈设主要是结合展柜空间与展台的运用，采光或照明的运用。色彩与装饰材料的衬托运用，某些展品展现采取特殊手法的运用，设计是从这四方面着手在室内空间的总体设计支配下来进行具体设计考虑的。总的说来，凡以展柜空间运用展台、背板所组织展品序列展示的陈设形式，一般按现代美学的形式美法则，或中国传统的美学观来制订。现代美学的形式美法则着重变化与统一，均齐与对称，平衡与呼应，对比与调和，比例与尺度，节奏与韵律等规律的运用；中国传统美学观则考虑立象尽意、章法要变而贯，体势要奇而稳，摆布要重虚实疏密，以宾揖主，前呼后应、高低交错等。至于光、色、装饰材料、特殊手法的运用，都是着重整体统一，重点突出，视感良好，审美愉悦的四维空间设计，结合实际创造。

2.主题内容表现性展品展示造型设计

它是采取文字标题、说明为结构，文物为中心，与其他辅助展品相综合的形式来表现主题内容，即主题综合陈设，简称主题陈设。它是我国博物馆陈设最主要的陈设形式。在形式上，它主要体现了科学与艺术的综合。这一综合，既可将文字符号的各展品（文献、资料、书刊、报纸、信件、诗文、著述、语录等）相联系；又可将艺术符号的各展品（照片、绘画、雕刻、图表、沙盘、模型、布景箱、场景等）相结合。简明地说，这类陈设就是将科学之理（论）与艺术之情（景）及实物之"形"（体）以组合方式的和谐统一。这三者相辅相成，各发挥特性，通过组合结构所创造的艺术形式，表现了主题内容。这里必须说明，组合方法是许多艺术种类普遍通用的反映艺术形象的造型方法。它的特点是：不取决于同一空间与时间下的物象存在联系，也不决定于事实间的必然关联，而是偶然现象的存在相互集聚，符合艺术的情理表达，却反映出了本质面貌。这就是它们一旦通过组合，出现的不是量的增加，而是发生质的变化，即一个具有新意面貌的艺术形象，在组合结构中产生。陈设主题内容的展品组合形式，也就是这种艺术组合规律所反映在陈设上的一种具体表现，"文物组合"就是这样一种趋向。因此，编写陈设大纲的研究人员应基本懂得陈设的科学内容与艺术的综合规律，以及这一组合展品的方法反映在陈设大纲上的格式，设计师则根据陈设大纲的结构，将这组展品进行陈设空间的造型设计，通过艺术的升华再创造表现出来。一般说来，这种组合有两种表现方法，一种是理性化的艺术表现方式，一种是意境化的艺术表现方式。理性化的艺术表现，即按提纲标题下的各展品,以表现事物现象的内在联系顺序组合,即在室内该具体环境的三度空间中,或展板、或展柜、或墙面、或地面,确定出它们各自的位置,并按四度空间的考虑,符合视觉的上下左右及四周自然扫描的合理尺度,以重点醒目与美的形式表现出来。意境化的艺术表现,大多是设计师通过艺术的高度创造的结晶,即提纲上有关内容或展品,在他的设计思考中触动了他,运用、联想、寓意、象征等的艺术方法,进行展品的结构组合,以十分新颖的形式形象化表现出来。如中国革命博物馆抗日战争陈设中有小米袋加步枪的实物组合,高置在装饰的展墙上。这一创造性的表现,概括地表现了解放区军民的抗日情绪,即小米加步枪,打败了日本帝国主义。这是意境化的艺术表现。

3.设备造型设计

在陈设中最主要的是这一设备系统的展具造型设计。展具造型设计有两种现象,一是新展具的造型设计,二是展具在布展中运用于总体布局的空间结构造型(无论新旧展具,布展时应有空间组织应用的总体造型设计)。新展具的造型设计,它有展柜系列、展板系列、展台系列、展壁、屏风等。其中主要的展柜,又分单柜结构、通柜结构、框架、展柜、展板合成结构等。这些设计,应符合陈设设备造型设计总的原则,即实用、美观、经济、安全。关于展具布展的总体造型设计,这是属于陈设形式的外在形式在空间建构的艺术造型。它是总体设计的一部分,应按如前所述,是实用功能与审美功能两者的完善布展设计造型体现。

至于其他有关陈设设备的设计造型,除建筑中已具有的设备已应用于陈设,属于陈设设备外,主要是陈设时临时涉及所需的设备,这应结合实际定制。

三、材质

陈设形式的物化特色,除去实物展品外,还需要众多的物质材料来完成。材料在形式设计中起着重要作用,它一方面要满足陈设需要的实用功能,另一方面要满足装饰陈设的审美功能。由于它在形式构成中的重要地位,所以也是形式要素之一。

设计师除去应当了解材质的种类、性能,便于在众多材料中自由取舍运用外,还必须对各种材料固有的质感、肌理特征及其审美作用有所认识和感悟,以便在设计中艺术地运用,使陈设形式趋于完美、和谐。

材料种类繁多,性质各异,人们往往是通过视觉感受和触觉感受来认识它的。材性与材质对人的心理和生理有一定特殊效应,主要通过材质的对比作用于人的情感,使人产生联想并具有象征意义。设计师恰恰是利用这些作用来丰富形式的表现力。

材质有以下几方面对人感情产生作用和联想:

1.轻重感

轻巧与厚重既是由材质物理性能、比重概念而来,也由材质加工造型体面形态所引起。陈设中台座类用材应以沉稳厚重为好,小件展品如托架之类用材应以轻巧稳定为佳。

2.软硬感

性质差距大易于理解,如木材与金属材;差距小则不易觉察,如同是木料,水曲柳就硬于松木。材料的软硬感由物理性能中硬度指数测定,不过,作为审美感受不决定于科学量化,人的经验足矣。主要的是选材时能否承受展品的重力和压力则要推敲。

3.冷暖感

有的材料传达给人一种冰冷的感觉,如钢铁、玻璃;有的材料则相反地给人一种温暖的感觉,如木材、毛呢。同是金属,钢管和铝管就有冷暖不同的感受。

4.光滑与粗涩感

光滑往往是细腻,粗涩往往是粗犷。材料表面肌理能直接反映出来,简单看光滑和粗涩只是质感的不同,但材料形式美范畴中却出现细腻与粗犷两种强烈对比的艺术风格和趣味。

5.富丽与质朴感

富丽常和贵重相联系,质朴往往与普遍适用相结合。富丽是一种美,质朴也是一种美。磨光大理石如是前者,剁石花冈岩就是后者,各有用场。

6.温润与刚劲感

温润趋向于阴柔美,刚劲趋向于阳刚美,互相依托,可以实现一种完美。大面积木纹展墙,或大面积呢绒丝面的展壁,衬托不锈钢细挺的镜框布置大约可以出现这神效果。

材质落实到形式设计上,是结合空间设计、造型设计、色彩设计等来完成陈设形象的创造。为衬托、突出展品,材质设计沿着两个方向来进行,一是发挥材料的个性特征,加工过程中充分利用原材料质地,给人返璞归真、自然稳重;二是其发挥后期加工工艺技术,进行饰面处理造成新的质感、肌理,表现人为的工艺术平,例如金属面的抛光、砑光、压花、木面的装饰,贴面材料的处理等,可以取得理想的效果。

在博物馆陈设选材时,一向强调真材实料,非此不足以与贵重的文物、标本展品相协调。材质设计依据形式美原理,变化统一规律调整,主要在于质的选择和量的把握,概括讲应做好以下几点:

(一)整体考虑

构成陈设空间形象这一系列的展现形式,它的材料主要由两方面组成,一是展具系列的用材,二是为表现内容的用材与装饰的用材。设计从这两方面最主要的用材考虑,就是整体考虑。一个新建馆的陈设是这样,一个旧馆的展具彻底改变为新样式的展现也是如此。如展具系列是木结构的展柜、展台、展壁、展板等,则设计中须对木料、玻璃、层板或展壁、展板的蒙面材料等主要用材加以选择。而反映内容若是以照片为主,那就须对相纸这一主要材料及其他少量的装饰用材进行综合设计了。这样,在材料设计上就体现了整体考虑。这一整体考虑,总的是把握实用与审美相结合的原则,在一定设计思想和某种设计风格支配下,对这些材料的组织,始终贯彻变化与统一的艺术原理,立足于硬、软材料结合的式样,从材料特性与人的心理感受作用出发,选用恰当的几个主要造型材料,并着重对其质地、肌理、纹样、色彩的选择赋予某一风格的形式美应用,这就是整体考虑,它通过造型设计反映,也就大体出现了这一陈设的基本样式,即构成了初具一定艺术风格的陈设形式的大体面貌。

(二)搭配恰当

陈设设计中的造型用材,除考虑适用因素之外,主要是从审美的角度出发来组织搭配的,它应符合变化与统一的原理,符合形式美的要求,这一目的性十分明显。造型的材料搭配,应服从总的艺术风格。因此,风格的定是关键,而风格的确定又必须依据陈设主题与内容。所以,陈设形式的用材,首先是确定整体造型的主要方面用材及其搭配组织风格。风格的种类从造型上体现出来主要是传统古典型、传统与现代结合型、现代型这三类,艺术风格的创造基本上都离不开这三大类。或体现传统中国风格的典雅;或中西结合式的大方;或现代式的线条和面块的结构的简练与流畅。总体设计中在陈设材质的运用与搭配上,如何恰当地去体现陈设艺术风格,这是必须考虑的。因此,材质的搭配恰当与否,首先在整体上把握,在基础上再进行局部的处理。至于局部的用材搭配设计,主要是形式美的表现。这就要联系材质作用于人的感情心理,及审美认识,用形式美的法则去处理。而其中最主要的法则就是运用对比与调和来组织形式美,在对比中求调和,调和中求对比,把不同材料组织在一起,无论是质地的光滑与粗涩,材料的硬性与软性,色彩的冷暖与轻重,均和谐地融为一体。这也就是搭配恰当的基本道理。

(三)不违常规

凡属室内运用装饰材料的大类,也多为陈设场地空间的展出形式所需的材料,如涂料、粉刷料、油饰料、塑料、木料以及金属、织物、玻璃、釉面砖、大理石等。它们都有着自己的特性和明显的质感区别,同时都有着传统的运用方式及其规律性。在陈设中使用它们,万不可违反常规,否则,难以适应人们的视觉习惯。此外,也应该全面了解材料的特性,考虑光泽、色彩、质地、纹样等,联系材料的实用性能及规格尺寸限度,二者结合,巧妙运用,充分发挥其特性和装饰作用。

(四)简练为上

陈设的用材,切忌过多过杂,在整体上应力求材料品种及表现格调的简练。在进行陈设场地空间用材的设计时,应首先考虑构成陈设空间几个大面的用材和用色,把握整体效果,精心组织,于差异中求协调。如墙面、地面、展具系列、顶部天花的色调应达到大体上的协调与统一。而反映内容的文字、标题及重点装饰的用材,就应该有所不同,即在协调中寻求对比,产生突出的殊异现象。只要处理好陈设空间中几个大面的色调关系,使之不出现混乱,并在用材方面也注意简练,避免杂乱,才有可能创造出舒适的陈设空间。

四、色彩

马克思曾说:"色彩的感觉是一般美感中最大众化的形式。"艺术家普辛说:"色彩起着一种吸引眼睛注意的诱饵作用。"博物馆陈设、展览作为向大众传播科学文化知识及宣传教育的手段,陈设空间的色彩运用,在形式表现上就显得特别重要了。

陈设运用色彩的功能要求,要符合观众参观所需安静祥和的环境,得以细观明察陈设展品与文字说明,与生理、心理感受相适应。故色彩表现的性格,既要符合场地空间与展出形式这一客体所需,又服从于主体视觉生理的舒适性、审美性、情感心理的愉悦性、联想等。

陈设运用色彩组织的原则,要充分把握空间建造的展出形式,符合室内色彩的组合及形式美的法则。关键有四点:一是陈设空间应具有全方位物体色彩组合而成的基本色调。二是色彩处理必须符合统一与变化规律。三是各重点色的运用,本身应具稳定感,相互间具平衡感。四是色彩在整体上应体现出节奏感与韵律。

陈设运用色彩的整体象征性,应符合陈设主题的本质,根据内容的意蕴,赋予恰当的情感性色彩。通过陈设空间以陈设形式建造为主体的各种物体色,组合成一种基本色调,即具有本质反映出内容的那种气氛的情调色彩。这就是表现陈设基调应具有象征性的色彩。

陈设色彩运用要考虑色彩的物理效果,即人们在主观感受色彩时所具有的物理单位现象,即温度感、重量感、体量感、距离感。

陈设色彩运用要考虑色彩的心理及生理效果。色彩的心理效果,一是悦目性,二是情感性,生理效果主要是明适应、暗适应、色适应。

陈设色彩应考虑色彩的协调与对比,并将这种协调与对比贯穿始终。色彩的协调,一是调和色的协调,二是对比色的协调,三是无彩色与有彩色的协调。调和色的协调,是基于单纯色、同类色、近似色这三类色的运用;对比色的协调,是基于比重的大小或主次地位的协调;无彩色与有彩色的协调,是金、银、黑、白、灰色与有彩色之间只有差异而无排斥的协调。关于色彩的对比,一是同时对比,即两种不同的对比色同时被人看到,其表现有冷暖对比、明度对比、彩度对比、色相对比。二是连续对比,即两种不同的对比色要有前有后才被人看到,它属色适应范畴,可利用其有利方面。

只要基本上把握以上各点,在陈设中合理运用,就可以收到良好效果。

第二节　陈设设计的形式法则

由陈设空间显示出序列形象的全部形式,就是陈设的艺术形式。它是实用功能与审美功能结合的表现。设计是在考虑实用的基础上与审美相联系,将美渗透于实用之中去表现它。因此陈设设计除形式表现内容外,主要是追求陈设的形式美。什么是形式美?"一般地说,形式美就是一定的自然属性如色彩、声音、线条等,以及一定的自然规律如整齐一律、平衡对称、多样统一等,通过在社会实践中跟一定的生活现象所建立的普遍的必然的联系,从而形成对于这种生活现象的广泛而概括的表现。"尽管形式美比较抽象,但它又确实普遍地被人们所感知,这说明了形式美是由于人们审美经验的共识结果。这种共同的审美经验产生的由来,乃是人类社会历史发展中在审美认识上的长期积淀而成。同时,也说明了形式美有着它的规律特征。陈设形式中的形式美设计,正是把这一形式美的规律加以运用,以使观众获得视觉与心理的愉悦,这是陈设受人欢迎的因素之一。因此,把握这种形式美的规律特征,对陈设设计师来说,乃是不可缺少的基本素质与修养。实践证明,在陈设设计上,无论在形式上的平面构成或立体构成,都离不开形式美的规律运用。这也就是马克思在《1844年经济学哲学手稿》中所说的"按照美的规律来建造"(或译造型)。这一规律的具体运用理论,就是艺术的形式美原理与形式美法则。以下分别叙述:

一、原理:变化与统一

变化与统一,是艺术的形式美基本原理,在美学上也称多样统一。各种艺术的形式美表现,无不以此原理为基础,指引着美的形式创造。因此,它是一切形式美的艺术创造所通用的最根本的指导思想,是任何艺术的各种形式美表现必具整体美的和谐规律。陈设的艺术形式表现,要创造出陈设形象的美,它必须是变化与统一的整体和谐的形式美。那么,应该怎样来认识变化与统一呢?那就是,变化就是多样,统一就是达到美的整体和谐。也就是说,在形式表现上,让两者完美结合,使其变化的多样性,组织在统一的整体中,这就是既变化,又统一。它的辩证关系是:变化中求统一,统一中有变化,这样,就可产生整体上的和谐之美。一般说来,和谐始于差异的对立,而变化就是差异的现象,统一就是对这差异对立的协调。古希腊毕达哥拉斯派的美学观点认为,和谐是杂多的统一,不协调因素的协调。这正是变化与统一的规律。譬如一间屋子的陈设摆布设计,若把东西摆得很零散,它不会产生美,这就是有变化而无统一。若摆得很呆板,这可能是只重统一了,也不美。因此,要既变化,又统一,才能产生美。陈设形式的构成,无处不遵循这一法则,如展具系列制作,它是立体的构成，为达到既实用又美观的形式，在设计时首先就要运用变化与统一的原理，从造型、结构、色彩、材质、线条、尺度等方面，制订出在形式美上有着共同要求所限定的方式，然后在此基础上设计出它们各自适用的样式。从设计讲，这就是统一中有变化，变化中有统一的整体设计。从未来布置运用讲，它们在展出空间中的出现，再加上有关形式美的法则运用，就更加具有了形式上的整体统一性，但又产生出是变化中的统一这一整体和谐之美。

变化与统一这一艺术的形式美原理，有它的运作规律。上述变化中求统一，统一中有变化，即是这一规律运作的辩证法的体现。西方美学中对"变化与统一"有"通相分化"与"君主制从属"的学说，这是德国美学家里普士提出的。结合现实设计看，它有一定的道理。"通相分化"的原理，即物象建构有它共同的东西，各部分是从共同的东西中分化出来，每一部分也就有了共同的东西，这样就易于统一了。如这件东西在通相中是直线垂直与平行构成，而各部分则出现是水平直线、垂直直线相互交替与疏密组合，它的变化总是符合直线构成这一通相关系，因此它就统一了。关于"君主制从属"这一多样统一的原理见解，它与我国民族美学的观点都极为相似，如讲君臣之分，宾主分明。这关系如同臣子在侧，君主在上，或主人在主位，宾客在两旁，这以"主"为中心的方法，也就整体统一了。这一方法，在中国民间家喻户晓，几案摆设，都会主在中，宾在旁，摆出对称式样，这是把多样统一原理运用于对称表现的形式法则上。我国博物馆常用的中心陈列法，是民族美学观点在陈设表现上的体现，也是与"君主制从属"突出的方法一样，既明显地突出了主展品，在形式上也体现了统一中的变化。我国历史上有关讲这种以主从关系来获得变化与统一的论述不少，如清代文论家刘熙载对这主从关系颇有见解，他说："画山者必有主峰，为诸峰所拱向；作字者必有主笔，为余笔所拱向。主笔有差，则余笔皆败，故善书者，必争此一笔。"此论道出了变化与统一的关系，又特别强调了统一的重要性。上述认识与举例，可以帮助我们对于变化与统一这一原理的理解。在陈设设计的处理上，无处不考虑到变化与统一这一艺术原理的运用。从一个陈设来说，宏观上统一所要求的是一个完整事物的整体，它包含内容、主题上的完整，形式上的身、首、尾这一结构的完整，其他还有艺术风格的统一，色调的和谐等。而变化呢？则是整体控制下的内容中的单元、段落分割变化；形式结构上的节奏、韵律变化；统一风格下的情趣，境界的差异以及总体色调中的色相、明度、冷暖的倾向等等。微观上例如具体到一个展柜内陈设品应如此，一块展板上写、画、裱贴照片也如此。我们认为，作为陈设设计师，首先应当把握的是陈设空间的整体变化与统一。至于如何把握这种变化与统一，可以把陈设空间的变化与统一当作是整体与局部的关系来处理。即陈设空间总的序列形象，它是整体，要求的是统一，组成这序列形象的各实体，是局部，它是变化的。这些各局部实体的形式变化表现出的，空间是虚实、显隐、明暗等的不同变化；结构是穿插、围合、断连、聚散、疏密、简繁等的不同变化；形体是对高矮、大小、长短、曲直、方圆等的不同变化；材质是对粗细、软硬、厚薄、滑涩、纹样、花式等的不同变化；色彩是对明暗、深浅及冷暖、远近、轻重感等不同变化。但这些变化的局部实体,又必须适应或符合陈设空间总的序列形象的完整性,也即是这一形象各局部的实体以它们各自的特性变化现象去适应整体要求的统一性。换句话说,也就是由空间、形体、结构、材质、色彩等要素所建构的各局部实体的形式,以它们各自不同的面貌所出现的殊异变化现象,去服从室内空间陈设形象在形式表现上所创造的样式、格调或气氛的统一。这里,需要对格调与气氛所要求的统一做必要的说明。统一总是有标准的,作为形式美的表现,唯具有某种格调,才具有某种意味的美,这应是一个标准。而气氛,则往往是事物内在意蕴的概括反映,它有助于反映内容的本质。陈设十分提倡形式反映出内容气氛的那种格调的统一。当然,格调与气氛不是事先存在的,它是设计者的审美认识通过形式美表现出来的。设计者对格调、气氛的强调,最好在“君主制从属”的基础上辅以“通相分化”规律来实现。例如,民俗陈设,反映清末民初民居状况,室内气氛是总体反映,因此它就是通相的东西,而各部分则是总体的局部,它也就保留了一些通相。据此,通相,用文字表达是“旧”,那么一些“旧”也就保存在各部分之中。这样,总体与局部都有旧的气息,其统一也就必然了。

二、法则

当我们认识了陈设艺术在形式美表现上,是运用了形式表现的基本原理——变化与统一后,还必须认识一些适用于陈设设计的形式美法则。所谓法则,就是形式美表现的一定方法和规则。按此运用,就表现出了形式美。因此,如果我们能主动认识并在陈设中充分运用,这些法则就会使观者获得审美的愉悦。归纳起来,陈设中运用的法则主要有:均齐与对称、平衡与呼应、对比与调和、比例与尺度、节奏与韵律。

(一)均齐与对称

均齐,有绝对均齐和相对均齐。所谓绝对均齐,是一种等形、等量的表现。如立体正方形,六面绝对均齐;平行四边形,四边相等。所谓相对均齐,是一种相对的等形、等量的表现,如立体长方形,原则上是相对的两面相等,而平面长方形,也是两边线相等。总的说来,表现出一致性,它具稳重、庄严、大方、结构严谨的特点。在陈设、展览中,运用均齐是普遍的,即按一个统一的尺寸规格制作的镜框、展牌,只要按水平线排列,单排间距一致,双排间距、行距一致,就可形成或左右均齐、或四方均齐的形式美。其美的产生源于依中轴线、或中心点所排列的等形均齐构成。这一法则,最具秩序,也是形式美中最为普遍存在的形式。

对称,在美学上对于对称这一概念,总是与多样统一、均衡对称等形式美的最基本规律来对待的。而这一规律的表现形式也为人们所熟悉。这一规律的形成,是源于人们的审美观念在人类历史长期发展中的积淀。它始于先民在劳动中不仅创造了适用的工具,同时也创造了对称与均衡这一审美观念。

对称,与均齐有关,也与平衡有关。两个均齐平排,即成为对称,两个平衡式,也可称为对称式。它大体上类似均齐,但不严格要求同形同量,也不必绝对受中轴线与中心支点控制。它与均齐有关,是指在轴线(或中心支点)的对应部分存在的物体同形同量;它与平衡有关,是指对应的部分是不同形但同量。例如一座建筑中轴的两侧可以完全复合,其概念是均齐,但建筑两旁的石狮子,两量相同,可又一雄一雌,一踩球一逗子,这是不同形但同量,这是对称。陈设形式中以均齐对称的形式利用较多,它端庄、稳定,符合人们习惯的审美方式,如在一个单元中,以立柜为中心与其两侧的相等平柜摆放一致,即为均齐式的对称。

对称法则在陈设中运用广泛,这是适应人们认识美最基本的形式。

(二)平衡与呼应

平衡,平衡是一种物理现象,指如果物体上的各种力达到了相互抵消,这个物体便处于平衡状态。它是整体的各部分,在质与量上保持了均势相等的结果,是运动的事物暂时静止的统一。形式美法则的平衡,则是主体观察客体时,视觉判断的心理作用,亦即客体具有质量的均势感或动与静的统一感。这就是审美意识的平衡。一般说来,形式美的平衡是它的内在张力达到停顿状态所构成的分布状态,故显出了整体必然性的特征。

平衡的形式美规律,是表现事物在组合中求得稳定的美学规律,是依靠假想的中轴线,或是依靠假想的支点,关键是掌握重心。依靠中轴线的平衡,它是天平式平衡的模式,人人明白,因而平衡也是一个最普遍的规律。平衡的两个因素,是重力和方向态势,平衡就是利用方向的反正一致现象,达到了力的互相抵消,显出了物理性的平衡。同时,具有方向性的力是平衡力,具有秩序的,它十分符合视觉力的平衡。我国博物馆中那种大版面上的镜框式、展牌式的中心陈列法,成为最通用的表现形式,就是说最具典型特征的平衡对称。

除镜框、展牌外,许多实物陈设,为突出主要展品,采用中心陈设这一平衡的形式。

依靠支点的平衡,是以秤杆式平衡的模式为依据的重力因素的平衡。陈设中采用支点平衡,多是大版面的平面展品排列,抑或立体展品在柜中的摆放,组织好了也具有多样统一的形式美,比中轴线的平衡显得活泼。从展品组织讲,依靠支点的平衡,是将各展品分布的位置、方向、量感,做单元式或单位式的组合,大的单元包括一组展柜和若干板面的组合,而小的单位或仅一个展柜、一块展板。在这些展柜和展板之间,在一柜中的展品之间,一块板面的文字图片之间,求得内在张力的相互平衡。它们中间均各有假设的支点,观众在总体的角度抑或局部的角度,都会感到这无形的一支一撑的作用而得到平衡。

呼应,是平衡形式的转化形式。它同样也是借助力学的杠杆原理在态势上利用不同形但同量的办法使物与物之间保持重心以求得感觉上的平衡,所以它又是表现变化的、运动的形象的形式法则。如果说平衡的形式美,是观者视觉判断的心理"力"作用于平行线上的物象的话,那么,呼应则是这种心理"力"感在物象的另一对应方面之间(或上、或下、或左下角、或右下角,或左上或右上等)的判断。因为只有"力"点的照应才具平衡。因此,它不是平行线上的,而是虚空的对呼对应。其形式无论属二度空间或三度空间,都可按心理"力"认识的内在张力分布去寻找到这一"力"点方向并加以控制。一般是采取实与虚之间"力"的分布线路,利用虚实气势以达到相互照应的平衡。如在陈设中某一展柜要摆大小四件实物展品,大的实物占主位,其花纹不显,还要临摹展示。这样,临摹的展品必将贴于柜的板壁上,它与大小四件实物展品,如何取得呼应的效果才取得平衡,这就必须找到"力"点的方向与张贴部位。这一呼应的平衡,是在构图上,从正面观察,是物象的分布达到了气势上的平衡,也即是把平面、立体、空间对立的矛盾,按力的平衡,协调到构成整体统一的和谐一致上来。

(三) 对比与调和

对比,是两者的比较,强调差异,使固有的特点更加鲜明,并在两者的差异中显现出对比现象的美。在陈设设计中,在形式表现上有关对比的运用,随时存在,从设计思想到表现手法,从选用材料到应用制作,或进行着美学思想上的对比应用思考,或进行着物象性的具体运用的对比考虑。在美学上运用对比来创造形式美的有虚实、疏密、繁简、曲直、刚柔、大小、多少等概念的运用;在物象性上运用对比的有上下左右、长短高低、宽窄厚薄、大小粗细、扁正方圆、内外表里、软硬刚柔、松紧稀密、浓淡深浅、明暗黑白、红绿冷暖等的比较。设计师在工作中就是用这两方面的对比方法去设计、去衡量、去检查。为什么设计师对于对比的运用如此广泛而普遍到随时应用呢?这就是事物的存在现象是多姿多彩的,从审美角度看,有个体现象产生的美,有统一现象产生的美,有对比现象产生的美等。由于事物的多样性,也就体现了差异的普遍性,而从差异的现象中出现对比产生的美也就极为广泛,设计师正是为了创造出丰富的美,使人们得到美的愉悦,才利用对比的这种相反作用来达到美的。中国美学也特别擅长对比的运用、发挥,反映在古典诗词歌赋及文论中的对比运用,可谓俯拾即是,"日出江花红胜火,春来江水绿如蓝"(白居易词句),"两个黄鹂鸣翠柳,一行白鹭上青天。"(杜甫诗句)这些诗句就是运用对比而创造了美的境界。对比作用所产生的美,可以说是"相反作用"具"因果性",是"互相转化、互相制约的,在这里是原因,在那里就是结果"。因此,我们既要充分利用对比产生美,又要懂得这种美却是源于恰当的对比产生的,如按我国汉族的民族审美心理,黑白对比用得恰当则好看,使用不恰当,就给人产生或哀伤、或恐怖与阴森之感。陈设中运用对比,除美学观点贯彻于始终外,对于材料选择运用于制作、装饰上,是设计师在形式美上应深思熟虑来发挥它的创造性。关于陈设形式在总体上运用对比,有关内容反映的形式,可考虑对比陈列法。在形式上的形式美表现,可从整体造型、整体色彩来考虑,如整体结构的造型过于平直就需要一定的曲折对比来丰富它;展板、展柜的体量、高度规整划一,就需要运用虚实、聚散的对比来突破呆板寻求美感。大的色调统一易于产生平淡、沉闷,又需要利用局部的色相、冷暖、明暗等对比来使其鲜活起来。整体上的对比统一是把握"大与小""多与少"的统一这一美学法则。如色彩,它是以对比中差异较大的小面积色去对比大面积色,才能获得对比统一的形式美。又如材料的对比统一是把握"多与少"的统一这一美学法则,即以对比差异大的少量材料,去服从量多的材料,如上述色彩对比统一一样,即获得形式美的效果。

总之,过分对比,显得生硬,应考虑在对比中求调和,或调和中求对比,则较完美。

调和,这一形式美法则,虽有独立的一面,但它总是与对应的审美概念相联系,去追求统一和谐。它与美学上提到的照应颇为相似。按形式美法则,若对比强烈,则要调和,这也属照应范畴。在中国传统美学中,十分注意审美范畴中的一对内容使用,而不是单方面的,如有虚而无实,有疏而无密,有繁而无简,有刚而无柔等。而是要虚实相生,疏密相间,繁简相用,刚柔并济,把它们背逆的个性加以相互转化使用,由相互照应而达到调和的表现,从而取得对立统一的艺术美。这种"山本静水流则动,石本顽树活则灵"(笪重光:《画鉴》)的艺术共生现象,正是调和这一形式美法则使用的结果。在形式美上,对比与调和在概念上大有区别,表现上也各有特性,但在使用中总是作为一个统一体进行考虑与相互运用的。如采用对比手法来产生美,但过于对比,即太强烈、或生硬,例如以线形构成的物体设计,由横线与直线相交的直角出现,若从整体美考虑太生硬,对其对比的 L 直线,则采用圆弧线,这种处理就是调和的运用。又如色彩的理论中,有对比色调和、同类色及邻近色调和,前者的处理,是在对比中求调和,后二者却是在调和中寻求对比。因此,在陈设形式设计中,无论平面或立体构成,都离不开形体、线条、色彩、材质等形式要素的运用,而运用它们时,却总是离不开对比与调和的联系。

(四) 比例与尺度

比例,既是相互比较的倍数,也是一种事物在整体中所占的分量的多少之比。在陈列设计中,无处不包括比例的运用。制图需要比例,陈设形式在空间的建造需要比例,各种展具制作,其自身各部以及相互组合为系列也需要比例。比例与结构、尺度紧密相关。结构的组织,确立一定的形式,而形式的各部分,却需要有服从整体和谐的比例,而这一比例,又是以一定的尺度为依据。严格地说,比例存在于结构中。如陈列室迎门屏风,由于它是陈设形式整体中的局部,因此,它的高矮大小比例,首先应符合陈设形式整体结构的形式与比例。而自身结构的比例确立,如底座与板面的高度及宽度之比,是根据采用某种结构的形式,从实用与审美结合的功能出发,在比较中才确定了它们之间相互协调的各自尺度的比例关系。

陈设设计对比例的运用,其要点有三个方面,一是整体设计的规划,二是制图落实中对比例的修订,三是在具体事物上的运用。这三者前者是纲,后二者是目。设计师应首先把握整体规划中的比例。这时,多是把设计中的某种陈设形式,以整体的平面布局图或立面效果图的方式,对空间进行布局分割,从而开辟各有关展区,拟订展线,突出重点,显示出在不同地段的摆布,并形成参观路线,完成头、身、尾结构,这样就出现了形式设计中的比例或比重的认识与运用。在这一关系中,应注意三个方面,一是头、身、尾这一整体结构的比重关系,即序厅或开头部分,身段各重点部分,结尾处理表现部分,必须协调空间尺度与艺术表现。不能头大身小,或有头有身而无尾,或只有身而无头尾,只有它们之间有相应的比重关系(这里所说的比重关系,与比例有关,是指部分在整体中所占的比重与它内含有关倍数、分量、尺度等的比例而言),才符合整体结构的要求。第二方面是把握各部分展品布置的线段,使其符合整体布置展品基本间距的比例规律,即不要出现展品陈置摆布时松时紧、杂乱无绪现象,应具有线形规律的节奏感,其重点表现形象的形、质、色感,应符合整体中的空间距离相互间比重的基本平衡。第三方面是把握整体的陈设空间虚与实之比。即实体在场地空间的点、线、面上摆布合适,而作为场地虚空的尺度,以虚与实相较的比重也是合适的。前述三方面,是陈设整体设计把握比例时必须注意的,这三者是一个统一体,可以说解决了它们在比例或比重上的适合度问题,也就出现了整体形式美在比例、比重及尺度上的和谐。

尺度,即尺寸的定制。凡属制造的物体,均有相适应的合理定制的尺度,以求满足实用与审美功能的需要。尺度和比例相近,但又不苟同。比例是形体关系中以数理逻辑为基础的表现形式,是形式中量的相对关系。尺度则是因适用功能,特别是人体工程学所决定的绝对尺寸和其他比例之间的相互关系问题。尺度是一种灵活的尺寸概念,对比例来说是一种补充和制约,其具体尺寸量度应以物体所在空间中对人视觉的感受程度为转移,比例解决不了的问题可以用尺度来矫正。陈设形式无一不是以实用与审美的合适尺度来建造的。从博物馆建筑的构造开始就考虑了陈设空间的尺度。如怎样适应馆的级别、性质、陈设物的大小及高度等。陈列室某些展具也必须首先考虑与建筑相协调相适应的尺度,如展壁、屏风、展板等,总是根据陈列室空间高度来确定尺度的高低。一般展柜设计,又无不是根据人体比例的尺度来建造的。所以尺度的运用是一门技术美学。当今世界为适应现代工业产品艺术设计的需要,而出现了人体工程学这一新兴学科,陈设设计师应注意并从中吸取有用的成分。作为陈设空间的尺度设计,主要解决的是:物化建构的陈设形式——观众——陈列室空间环境这三者的合适尺度,它以符合人的生理、心理要求为基本原则,创造有益于观众身体健康的舒适环境,使尺度符合观众、陈设形式、环境空间的和谐美。

(五)节奏与韵律

节奏,本是音乐词语,但各类艺术都有节奏的形式美。节奏来源于生活,人们在生活和劳动中都离不开节奏。例如,在劳动中往往需要很多人通力合作才能完成,大家做着同一动作的重复,把这种重复加以规律化,即获得节奏。节奏的出现,不仅减轻了劳动者的疲劳,还使人从中获得美的享受。因此,艺术上的节奏,也基于这一规律的借鉴与运用,故它有赖于"条理性"与"重复性"这一基本组织法则。这些节奏表现,类似音乐的"节拍"一样,具有一种机械的律动美。

韵律，是指诗歌的声韵和节律。它以音的高低、轻重、长短的组合，以及间歇、停顿的匀称和昔色的反复等现象出现的。艺术的韵律得力于这种借鉴，并结合自身的实际创造而形成。

陈设艺术与其他艺术一样，形式表现设计中，同样需要节奏与韵律这一形式法则的运用。

关于节奏在陈设形式中的运用，设计首先注重陈设空间物化建造的展出形式的整体节奏感，因为它出现的律动感现象给陈设带来了强烈的感染力。一般说来，陈设空间所建造的通过布局组织出现的展出形式，它给人所感到的整体节奏美，它是匀等节奏与不匀等节奏这两种节奏现象的交融所共同体现的。匀等节奏是物象整齐一致的重复。它主要体现在陈设空间展具布局的序列结构上，设计中，一般注意空间区域匀等的划分，隔断相等，展柜的排列是个体间距一致的重复，即是大通柜与展架展板展柜融为一体的组合样式，也同样是它的结构支撑体现了物象的匀等节奏感，也同时出现了整齐一致的秩序美。非匀等节奏是大体上一致的重复。它是给人们的视觉感知仍具有节奏感的产生，这种非匀等节奏，它主要体现在对内容的形式设计构思及物化建造，通过陈设形式在空间的出现体现出来，它主要是通过内容的部分单元标题及其大说明的物化形式以同一形式的面貌特征，在展线中以它的条理性与重复性出现的；同时，也是各部分、单元内容中的大、小重点在展线中的不同线缉区重复出现体现出来。也主要是这重点内容的艺术形式表现，出现了它们的形、色面貌在体积上的比例大致相等，通过平行线，产生了那种"节拍"现象，因而有感觉心理的节奏感。匀等节奏与非匀等节奏在陈设中的相互运用，前者多是体现了陈设的外在形式的程式化造型的整齐美；后者则是在前者整齐美的基础上，穿插进了表现内容的内在形式富有多样统一的形式美。二者结合，则创造出了全部形式赋有节奏感的深具感染力的审美形式。

韵律，它在陈设中又怎样体现呢？可以这样认识，节奏是肌体的筋骨，韵律好比血肉，因此，韵律是在节奏规律的产生下所出现的起伏变化的和谐统一，它能加强节奏感。例如陈设内容的形式表现中，单元与单元间所出现的节奏感，其间展品，通过一定的形式法则组织，形式感出现了疏密、大小、长短、高低、刚柔、冷暖等变化现象，它以丰富多彩和变化与统一的展现形式，在单元与单元的节奏形式间，形成了起承转合与高低起伏的律动现象，同时出现了情调、气势等的趋向，从而体现了韵律，给人以一种韵味的律动美感受。

节奏与韵律在陈设的整体设计中，是十分重要的。因此，作为设计师一定要把握好节奏与韵律这一形式法则，在陈设空间建造陈设形式时，全面思考与善于运用，使这种整齐、条理、反复的节奏与韵律这一形式美随同其他形式美，融入陈设的整体美中，反映到人们的视觉上，给人以美的享受。

第三章　博物馆陈设艺术设计的基本条件和原则

第一节　基本条件

博物馆确定了陈设题目后,对于这个陈设的目标和效果会有种种设想,比如对于陈设的规模、类型、格调、样式等。但这仅仅是设想,是设计者的主观愿望。要想把这种设想变为现实,必须立足于相应的物质基础之上。物质是陈设艺术设计依据的最基本的条件,同时也是设计中的制约因素。实质上,设计应是设想这一主观愿望与条件这一物质基础的有机统一。所以陈设设计不单单是设计图的绘制,设计图只是设想与实施之间的媒介。设计过程,是一个对陈设目标、陈设效果、工艺技术、施工条件、资金投入、时间安排、人员调度进行综合分析评估,做出先期预测和提出方案的过程,是为决策和实施提供可行性依据的过程。

一、陈设大纲

确定陈设艺术设计方案的依据是陈设大纲,它是进入艺术设计的一个先决条件。陈设大纲是陈设的框架,这个框架就是要把所要表现的内容加以组合,要分出部分和段落。一个陈设、展览也要分出部分、单元、小组,拟就整体的抑扬顿挫,亦即陈设结构的节奏。陈设大纲虽不与观众见面,但大纲的宗旨意图以及大纲述诸的事实、人、物、形象、品类都要有科学性、系统性,并强调各组成部分之间的内在联系,符合博物馆直观表现的特点展示在观众面前。

一个完整的陈设大纲应按陈设主题要求进行主体结构设计,选择确定陈设品数量和细目,并加以初步的组合,符合陈设的性质和原则,同时编写出文字说明,按基本的逻辑关系和顺序绘制陈设内容设计草图。陈设品的选择基本以本馆现有藏品为主,所缺文物须复制补充或以辅助展品代替,但比重不宜过大并应加以确定。这些是编制陈设内容大纲的基本要求,只有这样,才能为陈设艺术设计提供必要的依据。

陈设大纲成熟与否直接制约着艺术设计思路。对此,需要就大纲本身做具体剖析,看它到底给艺术设计能提出些什么要求,提示些什么依据,规定了哪些范围,解决了哪些问题。

第一,陈设大纲有陈设宗旨,它使陈设的目的性、针对性明确。这不仅使下一步工作意义明确,而且对分工合作的所有人来说能够统一步调与方向。

第二,陈设大纲的结构确定了陈设布局的结构,否则布局走向、展厅安排、划分无从下手。

第三,大纲涉及的内容、细目是艺术设计时必然要逐个安排的,如实物、辅助展品数量、体量、形制纷繁复杂,文物价值和在陈设中的地位各不相同,没有大纲的明确规定和提示,艺术设计很难区分主次。

第四,我国博物馆陈设工作数十年摸索出的陈设大纲编写体例是行之有效的,其中关于文物组合方法,给艺术设计提供了成组文物展品的科学形象化处理手法。

对于设计师来说,接手陈设大纲后应从宏观上做出分析:依据大纲掌握这个陈设的性质,然后才能选择合适的处理手法。

第五,大纲基本上把陈设的分量反映出来了,设计师通过熟悉大纲的内容了解其涵盖范围,确定陈设规模,这直接涉及对空间的利用、经费预算、人员技术力量的投入。

第六,依据大纲确定的陈设性质规模,设计师对形式风格做最初的设想和最后的完善。

一个好的陈设大纲除去层次清楚、文字简练、重点突出外,还应当适于形式设计要求,便于陈设形象的创造。章节体系层次不宜过多。各部分之间应当平衡,展品密度适中。所以说,在制订陈设内容方案起始就要会同艺术设计人员参与研究,这对提高整体陈设水平是非常有益的,它能减少工作中的曲折和反复、节约时间和精力。

二、展品

在陈设中,展品是要展示出来见诸观众的,它们是以文物、标本为基础的实物展品和辅助展品。辅助展品泛指以下三类:一是科学性的,包括地图、图表、照片、拓片、模型、沙盘、景观箱等;二是艺术性的,指根据陈设内容需要并提供的素材,由造型艺术家创作的作品,如绘画、雕塑、景观、创作排演录制的声像资料等;三是语录、引文和文字说明,在序列标题牌或说明牌上处理的文字内容,分别为部分、单元、组的标题,各层次概要说明以及重点展品说明和一般展品说明。

陈设艺术设计重要的是对于文物、标本等实物展品的了解掌握和进行有序而艺术的安排,同时还要兼顾对辅助展品统筹设计。陈设艺术设计师熟悉展品应着眼于陈设大纲展品细目表、文物卡片文物照片等第一手资料外,可能情况下应当熟悉展品原物,特别是那些体量、重量、形制、结构、材质超出一般情况的展品,做到心中有数,设计师只有对展品极为熟悉,设计时才能得心应手。在此基础上对展品进行组合、调配,选择恰当的表现手法揭示展品本身的价值以及在陈设中的意义和地位。这里有一个了解展品来龙去脉揭示展品内涵、发挥展品价值作用的目的。设计的全部工作,从空间构成到布局安排;从环境设备到小道具设计;从色彩配置到艺术处理手法推敲,都是为了展示展品个体和群体的内涵,由此而反映一定的理念、思想和主题。所以除展品外,展室设计中的其他物化活动不过是众星捧月而已。

设计者首先应当从整体角度对展品加以审视,在大的组合上从头到尾进行权衡、调整,与总体形式结构、陈设场地平面划分和单元的衔接协调一致起来。然后系统归类,从展品构成属性上加以分析,多数是以物质特征为主的自然属性和以物质文化遗存这一精神特征为主的社会属性。展品的这些具体特征是设计不能忽视的制约因素,它与设计的每一个环节都紧密相关。前者泛指展品的重量、体积、色泽、质地形状等,这是量与数的因素,直接左右形式构成中的空间与视觉效果;后者指展品的历史源流、艺术价值、人文内涵、史学归属等,这些精神思想的积淀,左右着主题内容的阐述。设计师必须从自然属性、社会属性以及展品产生发展脉络中加以分类、组合,布置成一个有机联系的展品群、一个完美的陈设作品。

对于展品,设计师还必须考虑到提取、交接途径和手续、重视展品的保护条件,努力创造接近藏品原来所处的温湿度指标,避免不同展品的"交叉危害"。

设计师对展品需要考虑的另一个问题是陈设布展前的定位设计,即在对展品进行组合的基础上确定展品安放位置和台座等展具的配备,确定是柜内还是柜外、组合还是独立、重点还是一般。这些既与内容提示相关又与展厅空间关系相连,设计应以图示为基础作出展品布局图,并附展品照片,这将有利于进行布展。

三、场地

陈设离不开场地,即以陈设建筑为主体的室内外空间。场地与陈设的规模、展示活动的范围有关。一般说,博物馆陈设区和与此相连的展前区、广场及展示宣传、信息传递空间都应在设计师思考范围之内。

博物馆建筑物作为一个实体是人们精神文明活动的空间,不仅以其实用功能为人们提供了活动天地,而且以其美的造型和空间艺术氛围具备审美功能陶冶着人们的情操,陈设艺术设计师一定要把握住这些,因地制宜把设计搞好。陈设环境的实用功能体现在为展示提供了空间,保护着展品的安全;为观众提供了活动空间,使人们在这一浏览空间中欣赏展品并受到教育。它的审美功能体现在展品与物化了的艺术环境相协调,利用建筑空间的构成和环境艺术氛围来衬托陈设品,而这一点观众是有可能忽略的。因为人们往往把注意力集中在展品上,而不是在空间环境上,但绝不能排斥人们在环境中的感受。在多数情况下,环境的衬托作用实际上是潜在的,但不是微不足道的。因此,设计师不能不重视整体的艺术环境,没有场地环境的参与是会影响陈设效果的。

在设计中,对场地环境应把握住下述几点:

(一)建筑构成总貌

它包括建筑空间序列的安排、内外面积的分配、展室面积、厅室间的连接、室内净高、可利用展线的长度、上下层的连接通道、建筑的体形、体量、尺度比例等自然参数以及原采用的模数。

（二）建筑的配套设施

即采光、照明、通风采暖方式、消防通道、人流疏导线以及为观众服务的设施等。

（三）建筑的结构方式和材料选用

这直接关系到陈设设备装置方式、位置确定,关系到对重型展品的安全方式选择。

（四）建筑层数门厅与序厅

这涉及陈设布局、人流以及垂直运输通道。陈列厅的布局关联着参观路线安排。

（五）陈列厅原装修方式、材料与色调

它关系到与设计中形式的协调。

（六）广场区的范围及周围环境状况的把握

设计师掌握了已定建筑的上述参数后,就有可能根据内容要求和设计意向进行空间规划和艺术处理,并从实际需要和可能出发,对现有空间进行"二次设计",以期得到最合理和有效的利用。

四、经费

博物馆的陈设、展览没有经费的保障是无法完成的,虽然有了陈设内容大纲、展品和场地,但还要有相应的经费,只有在以上条件下,陈设艺术设计师才能进行艺术设计。在日常工作中,经费问题是财务部门的事情,但是一个陈设、展览项目确定执行后,需要有一个精密的计划和科学的经费预算。这个预算是根据陈设、展览的性质、规模、展出时间、设备等做出的,陈设艺术设计师一定要参与预算的制订。当经费确定之后,设计师可根据经费情况进行艺术设计,因为经费直接左右着设计师的思路,影响着陈列室的装修、设置的装配、设备的用材以及制作工艺等。所以,设计师对经费预算应从以下几个方面考虑安排。

（一）陈设、展览的性质和规模

博物馆的基本陈设,一般是主要陈设,规模大、展出的周期长。展出后,短时期内不可能有较大的变动,即使有某些调整,也只能是局部修改和补充。

因此,陈列厅内要求有相应的配套设备,其选用材料、加工工艺等都需要有长期效能。这就要求做好科学的经费预算。有了经费,陈设艺术设计师才能按照陈设要求进行设计,否

则没有经费保障,设计师就无从下手,设计方案就无法完成。

不同的馆或同一馆不同的陈设、展览,其内涵及项目层次规格是有区别的,陈设艺术设计中所能支配的经费份额自然就有区别,陈设艺术设计师必须根据经费预算的多寡,实事求是地设计出满意的、行之有效的陈设艺术方案。

(二)投向

经费的投向与设计的意向有盲接关系。原则上讲,投向包括两个方面,一是可见性投资,即陈列室环境的修补改造和装修、陈设设备所选用材料和加工、辅助展品制作等。二是消耗性投资,即差旅费用、运输费用、试制投入、加工施工费用以及在筹办过程中其他消耗掉的费用等。设计师参与计划制订时,势必力求增加前者投入而降低后者投入。为此,设计师会同单位负责人和财务人员编制经费预算和分配计划时应做到:了解市场信息、掌握材料价格,选用适合材料,了解制作人员素质及加工费用,在保证质量的前提下选优汰劣。

陈设经费的计划安排有这样两种情况:一是投入总经费确定以后,设计符合总经费投入的陈设,做出相应的概算;二是根据设计需要做出预算,确定投入经费的多少。这期间,设计师应当在积累、掌握市场材料价值、人工费、技术设备使用费和交通运输费的前提下,详列计划各项开支,对于较大开支项目一定要采取招标调研的办法慎重选定厂家,同时在向乙方付款方式上要采取按工程进度付款方式并在合同上注明,严格验收、把关。另一方面在计划与使用陈设经费合计完后,一定要考虑不可预见费用列入预算中,一般情况占 5% ~ 15% 不等。工作结束时,此项费用将按实际支出归入各项进行决算。

总之,作为一个有经验的设计师,从概预算准确计划安排出台经过制作完成到其陈设展出后的决算中以不突破原预算为界限,也应为衡量设计水平的一个方面。

五、设备与材料

陈设设备亦称展具,这是设计中一个大项目,其着眼点在依据场地面积和陈设内容确定使用形式和数量,依据陈列厅室内净高以及开间范围确定体量、种类与配置。陈设设备是介于陈设品与建筑之间的围护设备,它既要适应展品的需要,又要适应原建筑条件,特别应注意的是:陈设设备的造型、色彩、材质、结构方式、体量、种类与配置这种种因素综合起来能调整甚至改变原有空间,创造新的空间关系,也能在总的艺术氛围创造中起积极作用。所以设备及材料无论在实用功能方面或空间艺术构成方面都是活跃的因素,而且是设计师能自由把握的一个相对独立的活跃因素。

设备确定后,材料的选用是不能忽略的。陈设、展览中所用材料主要是制作材料和装饰材料。这些材料用在下述几个方面:

陈列厅室内外装修及装饰美化用料;陈设设备以及道具选材用料;辅助展品制作用物资

材料;实物展品衬托用料。

陈设艺术设计中的材料问题是要落实到功能性特征和审美性特征上的,前者应考察材料的承受作用,这是由材料的物理性能决定的,如力度、韧性、强度、弹性、自重程度,结构后的变异性,组合后的适应性,温湿差情况下的变化,重点是承载展品时能否达到绝对安全。除承受作用符合要求外,还应考虑消防安全要求,应考虑如何对它们施以防火涂料,或选用新的防火合成材料,以实现消防要求。

陈列厅建筑装修,设备的制作,展品的衬托,这一切用材用料都是集中在陈设空间中。陈设效果追求什么样的风格特色,是雍容华贵还是质朴洗练,最终由陈列厅中所有的物质材料加工、结构、组织以后来综合体现。一般来说,多种物质材料在这里彼此共存,想要取得一种预想的艺术效果,应从对比与协调两种手段去处理材料关系。材料的质地肌理能够传达给人们不同的审美感受,比如粗犷与原始的联想,理性曲线与现代工业美术的联想等等,质感中的粗糙和细腻是两种截然不同的肌理,但从美学角度去看又都具有不分伯仲的美学价值。材料的审美特征能否有利于表达陈设内容,能否有利于衬托展品,对于设计师来说有经验的积累和素质的修养问题。

设计中对材料的选择应注意下述几条:

无论陈设、展览项目规模大小,材料选用应当有整体的系列的考虑,这样既符合整体感要求又避免盲目的选用材料和支离破碎的使用材料。

应当考虑陈设内容与类型选用材料。从总体上确定陈设性质、格调、规格,决定材料及设计的档次。从具体展品着手亦应量体裁衣,按展品的质地配料。

应当依据经费投入选择材料,特别是经费不充足的情况下,应当高低档搭配,重点部位与一般部位区别用料的办法处理。

选择材料应考虑制作加工条件。盲目选用,制作又实现不了,加工有困难,不能在陈设中突出材料特色也不足取。

陈设、展览筹展制作时间有长有短,展出后也有长有短。这样,时间长短、气候温湿度变化都是影响材料效果的自然因素,不得不考虑。长期的陈设,自然应当选用一些永久性材料和可以深加工的硬质材料,短期展览则不必。

六、制作工艺

陈设、展览是一种物质文化的展示,整体看它是物质文化的精神产品,它不是几个人能完成的,需要多工种多门类分工合作来制作实施。总体设计师要在总的风格上把握协调各技术工序。

当制作项目确定下来以后,应当进行制作工艺和技术人员的选择,人员和工艺是制作中的决定因素。

　　制作技术的选择在很大程度上取决于该项目的工作量与所选用材料能否由社会委托加工,如展柜等设备,能否利用社会定型化产品或者委托工厂加工完成。经验告诉我们,博物馆的陈设、展览作为一个在艺术上要求高的综合体,不可能指望社会化产品能满足要求,多数是自行设计、组织技术力量分别加工制作的。涉及技术人员应当着眼于本馆内部和外部两个渠道解决。有些馆的制作往往全部委托社会解决,此举有利有弊。就社会分工来说,陈设设计制作社会化、专业化的道路是一个方向,国外博物馆也往往委托设计公司来承担陈设、展览设计施工项自。国内中小型博物馆多年来依靠本单位的制作力量,这种方法,能培养出专业的技术人员,因其了解内容,熟悉文物展品及保护要求,熟悉场地环境,亦能较准确地理解设计意图,有利于完成制作。一般来说,必要的制作力量,如美术创作、图表绘制、文字书写或现代技术处理、摄影及暗房技术以及文物、标本复制,金、木、瓦、电等工种技术人员逐步配套后对于总体设计来说是得心应手的。

　　围绕制作工艺,总体设计应严格把握进度、质量和经费支出这三个环节。耗时多、周期长的工艺方案如果延误整体进度,不能采用;保证不了质量要求的工艺方式亦应放弃;加工费用超标而无望实现也不宜考虑。现实的做法是选择那些切实可行的加工制作工艺和技术力量,同时随时调整原用材料及工艺设计,以适应变化。

　　完美的设计必须通过制作才能体现出来,制作的过程也是设计完善的过程,因而制作的工艺方式和技术能力是很重要的。制作人员的素质、领会设计意图的能力,直接关系到陈设、展览的艺术质量。

　　以上我们分别阐述了陈设艺术设计依据的几个基本条件,当然这并非全部,但至此,我们可以综合分析一下这些设计先决条件之间的关系了。陈设大纲,是人的思想产物;陈设面对的观众群是陈设、展览活动中的主体,设计应考虑到如何为观众接受;依据设计要求施工制作的技术力量也是人在起作用,这些可统归于“人”这个因素。实物展品、辅助展品以及投资经费、物资材料可以归于“物”这一因素。展出场地与环境,施工制作以及物品存放也都脱离不开场地空间,它们可归于“空间”这一因素。先期筹备,中期制作,后期组装直至正式展出这无疑是“时间”因素。可以明确地讲,一个设计最后实现依据着这四大因素,即人、物、空间与时间,缺一不可。设计师的思路总是循着这些因素进行运筹、决断。

　　这些条件都各具特性但又相互依存。这些条件都制约着总体设计,但又分别为总体设计创造着依据。这其中很重要的是这些条件都不是固定不变的,而是处在变化中,它们之间是一种辩证统一的关系。

第二节 设计原则

陈设、展览是博物馆向社会提供的特殊精神产品,同时也是博物馆向社会展示藏品和研究水平的载体,它凝聚着博物馆工作者的科学艺术劳动。陈设大纲见诸书面,物化的形象的陈设、展览依靠设计师进行一系列艺术创作才能见诸观众。陈设并非随意地拼凑摆放,它需要根据所提供的条件,并且遵循一定的原则来施行。

陈设艺术设计应该坚持做到把握陈设主题、创造完美形式、满足实用功能、保障展出安全、力求经济合理。这五点可以有效地指导陈设艺术设计,作为设计依据的总则,同时也可以作为评估任何一个陈设艺术设计的准则。

一、把握陈设主题

在我国,博物馆基本上分为社会科学和自然科学两大类,对于前者,重要的一条是尊重历史,确切地利用展品反映人和事件以及社会发展。这类博物馆陈设不能随意虚构情节、渲染事件的本来面目,在陈设艺术处理上既突出揭示其展品的本质,同时兼及相互关联的其他方面。艺术类的陈设主要通过艺术实物,反映人类的艺术实践和审美意识的发展变化规律,揭示美的本质,给人以美的感受和教育。自然类博物馆陈设应揭示自然发展变化规律,突出人类对自然的保护和利用,用科学的观点表现自然环境和生物种群的生活状态。科技类的陈设在于展示人类科技发明创造成果,扩大科技应用范围,普及科技知识。概括来说这是各种类型博物馆陈设的基本内容和要求,陈设艺术设计就应该围绕着这些宗旨进行整体的形象的设计构思,做出与内容相一致的形式构成方案,它应该是唯一合适的,追求完美的,而不应当是程式化、概念化、一般化的方案,就是说,它应当是最大限度地适于表现内容的方案。

各种类型博物馆的陈设都有自身的主题思想,主题思想是陈设内容的灵魂,艺术设计能不能紧扣住主题思想是至关重要的。艺术设计对陈设内容来说是再创作,应当突出表现积极、健康的思想情趣。观众往往把参观博物馆陈设看作是一种高层次的精神活动,因为每一个陈设都是研究人员将人类历史文化的演进加以探讨,将人类文化的成就展示于世人面前,它既向人们传播知识,又使人们从传统的文化中汲取新的创造力,其思想教育作用是显而易见的。

陈设的主题思想是来源于生活的,既反映着历史又启迪着现实,忠实于历史,贴近于现实,这是各种陈设内容主题的共同特征,自然也是艺术设计遵循的一条基本原则。所以设计师需有坚实的生活实践和高度的艺术技巧,不这样不足以分别把握不同陈设内容主题思想这一精髓。

形式和内容相统一,这也是准确表达主题重要的一点。对于艺术理论上的形式和内容的关系,无论从哲学或美学范畴都已成了定论。研究形式和内容的关系,实质是揭示作品内在结构规律问题。本质上讲,内容和形式是相辅相成、不可分割的,陈设艺术也不例外。

形式和内容的关系是一种辩证关系,其一,内容决定形式,因而形式是适于表现内容的形式。我国文论主张"为情而造文",反对"为文而造情",情在这里是内容和主题思想,文是形式结构和表现手法。陈设内容和主题思想在设计中的主导作用上面已经谈到了,能不能为特定的内容寻找相应的表现形式则是设计师一个重要课题了。其二,形式对内容有积极能动作用和相对独立性,尽管内容是主导的,但形式也不是消极被动的,恰当的完美的艺术形式可以使主题思想得到广泛传播、深入人心,产生广泛持久的社会作用。否则"言之无文、传之不远",同样的文物,在库房藏品柜中和在展厅陈设环境中给人的审美感受不一样。为什么? 前者是孤立游离的,后者已经融合进陈设艺术作品中,在一定的主题统领下,在一定的形式结构中,一定的艺术氛围中展示着自己的身价和地位。同一个陈设项目不同的艺术设计会收到不同的陈设效果,这是形式的相对独立性在起作用。

所以说,离开陈设内容的艺术设计,形式虽美但无意义;反之没有优美艺术设计的陈设内容,不论内容怎样正确,也没有力墩。陈设、展览设计主张内容和形式的完美统一,完美统一归结一句话:就是要以相应的、贴切的艺术形式来表现各自不同的内容,达到浑然一体。陈设艺术,其表现形式有偏重装饰美,偏重外在形式的特点,设计中处理好内在形式和外部形式,也就能较全面体现陈设这一综合艺术的个性特征了。

二、创造完美形式

陈设艺术设计作为一种创造性思维活动,它离不开抽象思维、形象思维和灵感思维,而美,特别同形象思维密切相关。

陈设、展览总是供人们观看的,除去内容和主题思想能够打动观众外,美的形式具有明显的吸引力和强烈的感染力。美观是陈设艺术追求的目标之一,设计师能否把握美观这一原则也就成了设计成败的核心问题。这是因为博物馆的陈设、展览同时承担着对人们的美育欣赏的重任。美育是重要的社会功能之一,通过审美实践和人的创造实践,培养人们对美的鉴别和感受能力,帮助人们树立健康的审美观念,从而促进个性的全面发展,艺术的这种潜移默化作用是无法估量的。在这一方面,博物馆陈设艺术有其他艺术形式不可取代的优越性,它以实物为基础,通过综合的、立体的、多方位的艺术手段烘托内容主题,同时又有效地展现出展品的美感和组合,表现它们的形式美,陈设形象的美感作用观众是都能体会得到的。

（一）采用人们喜闻乐见的艺术形式

陈设艺术设计,重在要寻找到好的表现形式。长期以来把陈列艺术设计冠之为形式设计,可见形式推敲的重要性。许多实例表明:雅俗共赏喜闻乐见的表现形式是容易被观众接受的。这是因为陈设、展览属于社会性大众文化活动,它对各阶层人士开放,它又是多角度反映着社会生活,除去内容上尽量贴近现实,形式上也必然应当跟随时代脚步。美的形式是流动的,不是静止的。设计师应把握一个时代的审美特点,这样在处理具体艺术的问题上才会有创作源泉和观众基础。脱离这个基础供谁去欣赏? 创造喜闻乐见的艺术形式在于摆好观众的位置,把观众纳入"展"与"观"这整体活动中来,把观众的参与作为形式构成的有机因素来安排。

在陈设艺术设计上,设计师要突出作品的个性特征,它既含有民族的、地域的因素,还要有时代风尚,同时也反映着设计师的艺术素养和追求。

陈设艺术设计中,应面向现代化,以科技为一定手段可以创造出新的形式。如电子程控的引进,过去纯静态的陈设被动态打破,过去橱柜式封闭的陈设已被裸露开放的形式局部取代,完全的实物陈设已变为实物和模拟型展品混合陈设,这些手段既是科学的又是形象化的。它更有助于观众的投入和参与,特别是自然类、科技类的陈设、展览更是如此。

陈设艺术设计的探索中,还应当有丰富多彩的表现手法,广泛地吸收其他艺术形式来完善陈设艺术形式也是必要的。如平面构成、立体构成、色彩构成以及空间构成原理的具体运用都会增强陈设的形式感和形式美。其他诸如景观复原的形式、蜡像的形式等,作为陈设内容的补充,都可丰富陈设艺术。使这门艺术更充满活力,使那些面对大量学生层次的陈列、展览能实现寓教于乐、寓教于美,融知识性、趣味性与娱乐性于一体。

在陈设艺术设计探索中,设计师要有超前思想,不能停止在旧的模式上,应该追求博物馆陈设的高品位和高水平。

（二）追求严谨的艺术结构

陈设艺术设计的组织安排,称为艺术结构。组织安排是对内容主题而言,结构是指内容组织安排的手段和方法。一个完整的陈设、展览,就是根据内容的提示而把一个个的实物展品组合、编排起来,从而反映出有关文化、科技或历史的主题。外在形式是靠展品以及烘托展品物化了的环境共同显示出来的。这种显示是一种艺术的组合,它要求个体与个体之间、展品组之间、场景之间有机联系,达到前后连贯,相互呼应,浑然一体。一般艺术作品结构讲究起始、发展、高潮和结尾,陈设艺术也是这样,它很重视序幕、主体陈设、结尾三块结构。无论在空间分配上、在分量安排上、在表现方法上,都是经过深思熟虑的。设计中对陈设的艺术结构既要在陈设平面布局中做出安排,也要在空间序列中借用空间构成原理处理这种关系,不论是博物馆的基本陈设还是临时展览,都应当在结构上做到紧凑而不松散,完整而不拖沓。

另外,在陈设艺术设计中处理结构问题,还应当注意解决实物展品与辅助展品之间、立体展品与平面展品之间、动态陈设手法与静态陈设手法之间以及多种表现手法之间出现的不协调现象给予适当的平衡和衔接,要从层次关系上,从前后顺序关系上进行部位或分量的调整,做到使陈设艺术结构在整体上严谨统一。

(三)创作完美的陈设艺术形象

艺术作品都要通过塑造形象来反映生活,陈设这一艺术形式也具有形象性这一本质特征。可以说,形象性是陈设、展览反映生活的基本特性,不管是反映历史还是现实,都是如此。在创造美的形象上,陈设艺术的表现手法更加丰富,可以做到具体、生动、典型。

如果说文学作品创造形象是通过文字塑造出来的,那么陈设、展览区别于其分艺术则是通过具体的实实在在的人物和事件来反映的,讲人是具体的人,讲物是具体的文物、标本,讲事是演变或衍生过的历史,讲环境则是原址、原状或以原址为基础的复原场景,没有哪一种艺术能够达到如此真实可信。因而形象的具体化和科学性是陈设、展览的独特个性,由此而创造出来的陈设形象具备了无可置疑的真实感。

陈设形象除了具体化还有生动性的特征,艺术设计对于展品组合、场景安排都不是简单的分类排列,而是运用陈设特有的语言,进行有机的组合。这样,展品不再是独立的单个的器物,而是对于阐述主题思想有强烈内在说服力的陈设形象。文物组合会使缺乏生命活力的文物、标本透出富有深刻含义的信息,产生新的意味。另外,活泼多样的陈设手法,艺术设计中对各种展品加以精心装饰布置,揭示展品内在活力使其表面化,陈设在整体上也就更加生动,耐人寻味。

(四)营造特定的环境氛围

陈设、展览是讲究创造并善于创造环境氛围的艺术,偷悦美好的环境是陈设艺术美感力量的一个重要因素。

如果细作分析,博物馆陈设的环境氛围应当指两个方面。一是直观的现场环境氛围,这是靠陈设现场空间、设备以及精美的展品、柔和的光线色彩、适宜的气候以及悦耳的背景音乐等综合形成的,给观众留有一种恬静、高雅的美的环境享受。陈设环境没有精心布置,观众得不到周到的服务安排,感受不到特有的艺术情调渲染,怎么能够吸引来自四面八方各个阶层的观众呢?如果把博物馆陈设环境氛围搞成游乐园的样子也是违背博物馆特性的。因此,设计师应当把握美的原则,这个尺度很重要。

另一种是对历史或自然环境氛围的感受,这需要依靠设计中对陈设的内容的历史背景

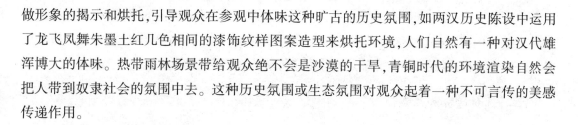

做形象的揭示和烘托,引导观众在参观中体味这种旷古的历史氛围,如两汉历史陈设中运用了龙飞凤舞朱墨土红几色相间的漆饰纹样图案造型来烘托环境,人们自然有一种对汉代雄浑博大的体味。热带雨林场景带给观众绝不会是沙漠的干旱,青铜时代的环境渲染自然会把人带到奴隶社会的氛围中去。这种历史氛围或生态氛围对观众起着一种不可言传的美感传递作用。

三、满足实用功能

作为综合艺术的陈设、展览,不同于纯学术研究,也不同于纯造型艺术创作。它依据大纲内容做出形式设计,既要体现与思想内容完美和谐的内在形式,也要通过设计解决大量的外在形式,解决为数不少的符合布展要求,参观活动中符合人体工程学要求的造型与结构问题。概括讲,设计应适于陈设形式构成需要,做到科学合理,满足陈设物质功能要求。

从现代艺术构成原理来讲,陈设形式构成是涉及平面、立体、空间和色彩各个部分的。而且这些构成形态又都交融在一起。如版面设计多运用平面构成,设备道具多来自立体构成,空间布局又完全是空间构成各种原理的汇合。熟练地运用构成原理解决形式结构问题是必要的,但是绝不能脱离具体陈设对象进行设计。

艺术设计要围绕展品的布置和观众的参观来解决一系列功能性问题。仅展厅内主要有空间布局、展品布置、色彩光照、展柜道具设备、版面文字、参观路线等。布局是整体问题,它是限定空间内及空间范围内进行安排,其任务是把一切陈设物件分门别类进行组合配置,分别安排一定的空间位置,该连贯的连贯,该分散的分散。布局又同观众参观路线相联系,陈设内容要求连续性展出或非连续性展出,这就决定了布局安排的功能性特征。可想而知,通联式展柜展壁可满足连续展出,散点布陈的中间立柜、展台则适合可独立欣赏的艺术品陈设,这足以说明展柜道具设备也具特殊的功能要求。陈设形式构成和物质功能需要有着自然的联系,因此又应注意处理好下述几个方面的问题:布局有变化但要合理;参观路线讲曲折但要通畅便捷;陈设设备道具应牢固稳定并便于调整;展品布陈错落有致系统有序,色彩光照应和谐宜人,版面排列高度应合适。总的来说应当是整体性强而不零乱。

陈设艺术设计想要做到科学合理,还应当以人体工程学为出发点做衡量标准,将科学性渗透在各方面:版面文字大小、字形字体、配色应当以人的视距、视环境多种因素来确定;色彩的冷暖、光照的强度都应按测定的科学数据为准。科学重在严谨,不得丝毫疏忽,计算中的数据有时要精确到毫米,在图纸上要一丝不苟,否则部件之间无法吻合,比如玻璃橱柜的推拉轨道设置就相当精确。总的来说,科学合理应当着重以下两点:

(一)结构应符合力学要求

设计中遇到不少结构上的问题,结构的方式,结构点的部位选择,都与力学相关。展品的布陈涉及重力、应力和静摩擦力作用,瓷器放在玻璃台上总有滑落的感觉,放在呢绒面上则就不用担心了。一些特殊的展品、超重的展品的承受关系应该有科学计算才行。另外设备、楼板的结构与楼板的荷载力都是设计中应科学计算不容忽略的问题。

(二)选材适应加工条件

陈设设计应用材料纷繁复杂,加工方法也多种多样。审美着眼于材料个性特征和肌理效果,科学着眼于材料的性能和加工适应程度,材料性能主要指物理性能、化学性能以及各种参数,对此设计师手边应有材料学依据,陈设艺术既用到硬质材料,同时也用到软质材料。以钢铁、木、石、玻璃等为主的硬质材料多用在设备和道具,空间环境构筑上,取其性能坚固耐用;软质材料为石膏、树脂、纺织品、人造革、涂料、纸绢等取其有贴附性,多用在装饰和饰面工艺上,设计师应当熟知材料性能,选择适宜的材料和加工方法。

空间场地是陈设、展览赖以存在的最基本条件。陈设的规模和场地空间大小成正比例,选定场地应当以适用为宜。小不足以容纳展品,大则浪费面积并带来新的负担和不适用,过大的空间造成拉长展线,引起结构松散,无形中增加了观众参观路线,这是不符合人体工程学和陈设结构的合理性的。片面强调陈设空间的高大气势是不足取的。

四、保障展出安全

安全是陈设艺术设计的又一个重要原则。这主要着眼于展品的安全和观众人身安全。对展品来说,应尽力排除人为因素破坏和自然因素的损害。设计师应从陈设环境、陈设设备、陈设方式等多方面进行科学的处理。

(一)在陈设艺术设计中创造对文物展品的科学保护条件

从保管角度讲,展品的保护是指两方面:一是博物馆小气候环境下对文物的科学保养;一是博物馆环境内对文物安全的保护。博物馆气候是一定人控条件下的小气候,常用空气温度和相对湿度表示,这是立足于对展品的防与治,避免温湿度剧变,减少空气污染,防止灰尘、光线、昆虫、微生物等自然因素的损害。

当然,博物馆气候的创造是在大自然环境下的小气候,必然又要受到大自然环境的影响和制约。现实中不管什么地方,温湿度的逐日变化,都要受到日照、降水、风沙、观众流量等因素的牵动。建筑房间的朝向、开窗面积的大小都是直接的波动因素。对展厅环境的这些要求与藏品库必备的文物保护环境要求是一致的,设计师应当了解并将其纳入总体设计思考范围中来。

一般情况下,库房和陈列室的温度为 15~25℃,相对湿度为 45%~65%。指标在此数值之内缓慢波动,对文物的保护是适宜的。

调节室内气候的措施,就国内外博物馆而言都是现代化设备和传统方法并用,要因地制宜:

安装空调设备,全自动化调节;使用温湿调节机械设备;封闭陈设柜;局部(柜内)加空调或温湿调节器;调节门窗设施,减缓室外不良气候干扰。

国际博物馆协会资料中介绍,在封闭的展橱运输箱中使用事先调节好的硅石凝胶,采取微小气候控制藏品受害的办法,成本低,效果好。

(二)防盗、防火、防震等技术预防是设计中另一重要安全因素

我国文物行政法规明文规定:"博物馆是国家必须严加防护的要害部门之一。"陈列厅是法规中列出的博物馆重点要害部门之一,它既是文物的存放点,又是观众的集散场所,同时也是筹备陈设、展览的制作现场。水、火、电都在此范围内运作,防盗与防火是不能忽视的。除去行政规章制度约束外,重要的是加强技术预防。应使用多种防盗报警设备和消防设备,形成点线面空间综合报警系统控制网,设计师在设计阶段就会同安全保卫部门制订防范措施。一些先进地区的博物馆其安全现代化程度较高,其展品——展柜——展厅——中心控制室——市内警察局、市内消防机构相联通。它从现代科技入手,与现代社会管理双管齐下,形成了博物馆安全保卫体系。这是方向。文物展品在展览中失盗,展厅环境中火灾的发生,国内外均有报道,因而更应引起设计师的重视。

(三)其他安全因素

陈设艺术设计中安全设计的第三类问题也是与设计师有直接关系。一是对展厅内外环境非安全因素的排除;二是对陈设设备安全系数的推敲;三是对陈设布展方式的选择。对环境应考虑门窗的护栏、水源、电源合理调整以及其他污染源排除。总体布局上也要考虑防盗和消防通道的畅通。"按火灾的规律从点燃到爆炸之间一般在七分钟左右。而受烟雾的包围,往往不到一分钟的时间,在这样短促的时间内火势发展之快远远超过人们疏散速度。"为此,陈列室布展设计中对于空间环境的处理,涉及布局安排、观众疏散通道调整就不只是形式问题,要在科学合理性布局后,应有系统标志显示。

陈设设备应尽力选用安全系数高的材料和结构方式。在陈设布展方法上,应慎重选用艺术而又安全的方式。比如摆在方台上的器物是安全稳定的,但吊挂起来也许更活泼一些,但是吊挂的绳索如果不足以承受长期的应力,将会危及展品和观众的安全。实物展品陈设的高度,地面台座能否护卫裸置的展品,台面的质地会不会造成展品的滑动等等,这些细节问题都应在设计中加以科学处理。

五、力求经济合理

经济合理该不该作为陈设艺术设计的一项原则,过去未能明确下来。在我国博物馆业

务活动中留给陈设的经费比例一直较低,这一点大家似乎毋庸置疑了。在当今经济发展,处处讲经济核算讲经济效益的时代,博物馆陈设、展览的资金投入已逐步改观,数万、上百万经费投入的陈设项目已频频出现。如何花好这笔钱,办出真正高品位的陈设,不能不考虑经济的投入和最后的效果。尤其是在改革大潮中难免鱼龙混杂,社会上也在滋生着一种盲目崇洋复古,追逐豪华铺张的风气。在这种情况下,应当明确提出经济合理这一设计原则。

从实质上看问题,陈设、展览作为一类综合艺术设计,其实用性和艺术性特征本来就和经济有直接的联系。搞设计,不考虑经济就必然脱离实际。钱学森同志认为:"设计作为一种创造性思维活动,有科学、技术、艺术、经济等多种考虑。"这个见解是很中肯的。实践证明,把经济作为一个设计原则提出来,不仅不会限制设计师的思路发挥,同时可以使设计思维更趋于全面合理。

事实上,经济问题是和实用、美观相关的。陈设设计的对象是展品和与展品相关的物质设备,这些设备的合理性本身应该包括两方面,一是它的使用程度,二是所采用工艺制作的经济指标。可以这样说:华贵的东西(包括设计和制作全过程)就其客观效果来看不一定就适用。如果设计只求表面奢华,不尚纯朴,只能导致使用贵重材料和烦琐装饰,暴露设计者艺术素质低下修养不足。古希腊人说:"艺术家不能做得美丽,因此只好做得豪华。"

可见在陈设艺术设计中,应该做到"惜墨如金"。这个墨就是采纳的加工技术和艺术手段,应该推敲技术手段的合理和艺术手段的节约。这样对于降低陈设设备成本,有重要意义。这种节约方法,不仅和陈设艺术的本质没有矛盾,而且可以大大提高它的艺术品位。应摒弃繁缛装潢,努力在整体美学品位上下功夫,严格按照经济合理原则进行设计。

经济在这里既指耗费的多寡,处处讲经济效益,为此应当进行预测核算,避免奢华,杜绝浪费。但也不能苛求无米之炊,而是经费投入合理,要求设计师在经济条件制约下,使陈设、展览设施达到实用、美观、安全等各方面的要求。这就有待设计师在调整下述主要的几个关系过程中筛选出最佳方案。

(一)选用材料多作对比

能不能充分发挥材料的特点,巧妙运用材料本身纹理、色泽、质感等特征,放弃一切虚浮多余的装饰,这是选材的着眼点。逛市场有"货比三家"一说,从经济原则出发,考虑陈设设计用材用料也是这么一个道理。在材料设计中围绕着实用、美观和安全应做大范围的全面经济核算,它涉及同种材料不同价格的对比,涉及不同种类材料的综合对比。因为陈设艺术设计中项目较复杂,用材用料较广泛,有陈设设备制作的材料,有环境装饰的材料,有人工照明、色彩调节的材料,五花八门,应有尽有。饰面工艺不同,选用材料又各异,可以露材质,也可以纺织品蒙饰。同样是涂料饰面,可以用高级漆面,光滑如镜,也可以用亚光漆,温润宜人。进行材料选择不可能抛开功能要求,审美要求和安全要求,同样也不能不考虑经济这一决定因素。

（二）慎重选择制作技术方案

陈设艺术设计可调动一切技术手段实施制作。所以有人说，陈设、展览是"聚技术总汇、集艺术大成"的综合艺术。在当今技术发达、艺术花样翻新的条件下，可供选择的方案很多。有传统手工艺型的，有机械加工型的，有现代电子技术型的。比如陈设中见诸版面的文字处理手法，其技术和最后的形式即可列出许多种来。但是究竟哪一种更实用美观，更经济合理，这就必须要经过慎重的选择。

在选定某种技术方法时，同时要注意认真研究加工过程中各个技术环节，只有完善各个环节，并使技术复杂化的工序达到简化，才能实现技术方案整体上的完美和经济。可以这样说，技术工序每复杂一步，就得增加一份经费投入，如安装陈设柜的大玻璃，如果按标准尺寸设计，选用标准尺码产品就省工省料，否则横拉一刀、竖拉一刀，既容易损伤玻璃，又费工费料，所以充分发挥结构技术的特点，认真研究施工制作中各个技术环节，避免一切使生产复杂化的做法。选择切实可行的加工技术方案，必然减少经费投入。

（三）紧凑安排工期

设计完成后，制作施工总有一定周期。周期长短直接与经济发生联系，因而紧凑安排工期也是陈设艺术设计中需要考虑的一点。一般说，陈设、展览中的制作分为技术性和艺术性两类。前者涉及技术质量，后者涉及艺术质量。质量和工期似乎又是矛盾的两方面，对于一定的项目给予充分的制作时间是必要的，对于整体的陈设、展览工程项目来说绝不能采用松弛的施工安排，一定要把各个环节紧密地联结起来，做到同步正常运作，避免一些工序不能很好衔接，延误时间，拖拉工期。特别应随时矫正实施中的方案局部变动问题，避免返工误工。这里该借用运筹学来管理，取得较理想的经济效益。

在陈设、展览中，有经验的设计师都清楚，经济问题和美学问题往往总是相互渗透、相互制约、紧密地联系在一起的。在这两个问题要求统一时，经济问题总是具有决定意义。设计师对经济问题采取漠然视之的态度，不愿竭尽一切努力降低造价成本，不在实用和经济的条件下来处理美观问题，必然脱离实际，造成不必要的损失。

第四章　博物馆陈设展览选题与实施

第一节　博物馆陈设展览选题

陈设展览是博物馆对外宣传的主要窗口。博物馆内收藏的大量珍贵文物只有通过这一主要途径,才能让广大文物爱好者领略其中的乐趣。特别是博物馆作为传播知识的平台,通过陈设展览让人们了解相关的文物知识,提高欣赏文物的水平,感受文物所蕴含的文化的无穷魅力。当然,博物馆陈设展览不仅仅只是单纯文物的展示,不同性质的博物馆肩负着不同的教育功能,所涉及的知识面也有所不同,各有侧重。但是,博物馆发挥教育职能的主要手段,博物馆作为大众娱乐休闲场所的主要方式就是陈设展览。

2005年12月22日,文化部部务会议审议通过了《博物馆管理办法》,该办法自2006年1月1日起施行,其中对博物馆举办陈设展览应当遵循的原则确定如下:

(1)与本馆性质和任务相适应,突出馆藏品特色、行业特性和区域特点,具有较高的学术和文化含量;

(2)合理运用现代技术、材料、工艺和表现手法,达到形式与内容的和谐统一;

(3)展品应以原件为主,复原陈列应当保持历史原貌,使用复制品、仿制品和辅助展品应予明示;

(4)展厅内具有符合标准的安全技术防范设备和防止展品遭受自然损害的展出设施;

(5)为公众提供文字说明和讲解服务;

(6)陈设展览的对外宣传活动及时、准确、形式新颖。

而决定陈设展览是否成功的重要因素,是举办什么样的陈设展览,即陈设展览的选题。这样就涉及博物馆一个主要且重要的研究课题:如何选择陈设展览的题目。

一、选题依据

博物馆陈设展览的选题应根据多方面来加以考虑。具体而言,选题的依据主要包括:博物馆特性、地域特性、民族特性、社会环境、文化背景、博物馆馆藏、展览类型、经费支持等。从根本上说,陈设展览的选题,即主题的选择就是特色的选择。特色是选题的原则标准。

（一）博物馆特性

目前,我国博物馆的类型,主要有综合性博物馆、专题性博物馆和纪念性博物馆。从隶属关系上说,有国立博物馆、地方性(省、市、自治区等)博物馆和私立博物馆。

不同博物馆根据其创建博物馆的目的以及自身藏品的特性,陈设展览的选题应从自身优势出发加以考虑。

北京作为首都,是全国文化的中心,文化事业发达。博物馆是其文化产业中一个重要的组成部分,其规模及水平在全国处于领先地位。目前,北京有各类博物馆近 130 家,其中属于国立的综合性博物馆有故宫博物院和国家博物馆,而作为地方的综合性博物馆则有首都博物馆等。首都博物馆建馆的目的是反映北京地区的历史和文化。从这一特性出发,选题的范围就要围绕北京的历史、文化这一主题,发挥特色优势。当然,作为综合性博物馆,在选题的范围上相对于其他类型的博物馆要广泛得多。

在北京的社会科学类专题性博物馆有中国人民革命军事博物馆、中国长城博物馆、中国体育博物馆、中国钱币博物馆、中国工艺美术馆、中国美术馆、中国邮票博物馆、中国现代文学馆、中国民族博物馆、国际友谊博物馆、北京大学赛克勒考古与艺术博物馆、炎黄艺术馆、北京市古代钱币博物馆、北京艺术博物馆、北京石刻博物馆、大钟寺古钟博物馆等。自然科学类专题性博物馆有中国古动物馆、中国农业博物馆、中国地质博物馆、中国邮电博物馆、中华航天博物馆、中国医史博物馆、中国科学技术馆、中国航空博物馆、北京天文馆、北京自然博物馆、北京古代建筑博物馆等。这些专题性博物馆,专业性强,特色鲜明,在相关领域中具有优势。因此,在陈设展览选题上应以其专题内容为主。

北京的纪念性博物馆有中国人民抗日战争纪念馆、毛主席纪念堂、北京鲁迅博物馆、徐悲鸿纪念馆等。纪念性博物馆主题已经确定,在陈设展览选题上应是对主题内容的进一步深化。

北京还有大堡台西汉墓博物馆、明十三陵定陵博物馆、圆明园展览馆等一些遗址类博物馆。这类博物馆在肩负博物馆职能时,很大一部分工作是对遗址的保护、修复及合理利用。因此,作为博物馆陈设展览选题,首先要在保护好遗址的条件下,充分展示与遗址相关的内容,宣传遗址所代表的文化内涵。

（二）地域特性

博物馆陈设展览选题在很大程度上,受地域的局限,或者说,因地域的不同,可选择的内容及角度不同。例如,首都北京与西安、洛阳、开封、安阳、南京、杭州等城市虽然都是著名的古都,但其他城市作为古都的历史都是由盛至衰,缺乏连续性与递升性,而北京作为都城发展的历史,却具有这两个特性,是其他城市都无法比拟的。博物馆如果以都城内容作为陈设展览选题,都城的主题对于北京的博物馆来说,其历史积淀及文化内涵会更加丰富。因此,不同的地域会有不同的特性,同是古都,在陈设展览反映都城这一主题上,所选定的陈设展览切入点或定位就不同。首都博物馆新馆有关北京通史的基本陈设,就是以都城文化为陈设主题,突出反映北京作为都城发展的历史。这一选题作为首都博物馆基本陈设定位准确,紧扣了北京的地域特色,抓住了重点。

谈到选题的地域特性,经济杠杆对文化的制约,也是以地域为表现的一个重要特征。相对经济比较发达的城市,在博物馆陈设展览选题上,与经济相对滞后的城市不太相同。特别是专题陈设及临时性展览,在选题上差别较大。当人们因为经济的发达,有机会看到外面的世界,使自己的眼界打开时,他们思考问题的方式就会改变,从博物馆角度说,在陈设展览选题上,有创意的内容就会出现,并成为陈设展览内容的主流,能与社会发展相适应。

另外,城市的基础、规模也因地域的不同在博物馆陈设展览选题上有所不同。例如,北京是一个文化事业十分发达的城市,文化氛围浓厚,从政府到市民,对文化的重视及投入比例都比较大,而一些小城市,从政府的财力,到百姓的需求,就文化这一范畴,所要投入的比例则相对要小。具体到博物馆这一文化窗口,前者会有很多,且规模较大,陈设展览水平较高,而后者虽然有,规模却不会很大,有些甚至还没有。因此,两者在陈设展览的选题上,会有很大不同。前者的选题会有很大的前瞻性,而后者一般是维持性陈设展览。前者相对主动,而后者则相对被动。两者在选题的范围及确定上会有一定的差距。

(三)民族特性

中国是一个由 56 个民族组成的国家,不同民族的文化特色鲜明。从博物馆类型上划分,反映一个民族或具有民族特色的博物馆,可以归为专题性博物馆。它比其他类型的博物馆中反映民族内容的专题性陈设展览,在陈设展览规模上更大,涵盖范围更广、更全面、更专业。整座博物馆展示内容应该是表现这一民族的大主题,在这个大主题下,有若干小的子目,反映该民族的方方面面。可以说民族特性决定了这些博物馆陈设展览选题的范围。如果脱离了这一主题,就会背离其建馆的初衷。特别是少数民族比较集中的地方,博物馆具有民族特色的陈设展览,会更加吸引观众的兴趣。也就是说,民族特色才是这些博物馆最亮丽的风景线,也是这些博物馆陈设展览成功的基础。

(四)社会环境

社会环境即社会背景对博物馆陈设展览选题的影响十分显著。从社会制度这一大背景看,不同的社会制度决定了其博物馆理念、认识的差别,陈设展览主题的切入点、重点、解释也会各不相同。虽然说文化是无国界的,但信仰和追求以及所要提倡及弘扬的精神不同,即使在相同的社会制度下,也会因民族、地域、历史、传统、文化、文明、经济等原因,构成这个国家,或者是一个国家中的某个城市、某个地区的特有的大背景文化。在其相应的文化沃土上,博物馆自然也是必然地需要追求当地民众需求的陈设展览选题,并肩负起传播其文化的重任,这样,博物馆才能与其社会和谐共存。总而言之,社会环境或背景的不同,决定了博物馆的价值趋向及主旨,也就是陈设展览主题的确定。博物馆陈设展览的选题是在社会大背景的前提下,在社会需要的前提下,在时代脉搏的旋律上,有所作为的。陈设展览选题是有感而发,感来源于社会的人,即在一定社会环境中生存的人。我们讲社会造人,同样,社会造博物馆。社会是博物馆的依托;博物馆是社会文化、文明的缩影或反馈。脱离了社会这一客观存在,陈设展览主题的选择只能是没有生命力的躯壳。

(五)文化背景

文化背景是影响陈设展览选题比较重要的一个因素。不同的国家、民族,它的历史渊源、发展,与之相辅相成的文化、文明各有特色,文化背景不同。从世界范围的角度说,东方与西方的文化背景不同。就中国本土而言,各地的文化背景也不同。具体到每个人,不同的生活环境,其文化背景也不同。而博物馆陈设展览选题,就是在其所处的文化背景之下的产物,是文化背景折射出来的闪光点。越是具有丰厚文化背景的地方或人群,其博物馆所要给予人们的陈设展览选题,就会越丰富。文化背景是孕育一个博物馆陈设展览选题的摇篮。

(六)博物馆馆藏

博物馆陈设展览选题中,一个十分重要的、决定性的因素,即博物馆收藏品的规模、范围及价值。在业内衡量一个博物馆地位的高低,在很大程度上也取决于其馆藏品的价值及数量。俗语云,巧妇难为无米之炊,只有具备了一定馆藏品的博物馆,才能在陈设展览选题上,具有优势。因为,丰富的馆藏是陈设展览选题的基础,博物馆陈设展览的主角是文物。

当然,获得陈设展览展品的方式很多,最简单的办法,就是"拿来主义",如引进的临时性展览,即以外来展品作为主角,而博物馆本身只是提供展示的空间。这种临时性的展览,是可以不依赖馆藏品来决定展览选题的特例。

而具有藏品优势的博物馆,在陈设展览选题的运作上,其范围、形式、手段,会有更多的选择,更多的机会,更自由、更广泛的伸展空间。首都博物馆新馆专题陈设选题,就是根据馆藏品的优势来最终确定的。

首都博物馆收藏有北京地区出土的大部分文物,包括金器、玉器、陶器、瓷器、书画、铜器、金属、银器、石刻、文具、丝织品、印章、钱币、佛像、烟壶、玉杂、石器、缂丝、拓印、砖瓦、民俗、革命文物、杂项和其他等24类。其中以文物数量居前位的有钱币、佛像、书画、瓷器、铜器、玉器、陶器、印章、文具等。以价值居前位的有瓷器、书画、铜器、金器、玉器、印章、铜佛、文具等。根据馆藏品的这些特点,经过认真地讨论、研究,最终确定了新馆7个专题陈设选题,即瓷器展、佛造像展(以铜佛为主)、绘画展、书法展、青铜器展、玉器展、书房文玩展。这些专题陈设的选择,充分说明了博物馆陈设选题与馆藏品的密切关系。

(七)陈设展览类型

博物馆陈设展览选题受陈设展览类型的制约。不同类型的陈设展览,其选题的视角、重点不同。此外,博物馆的特性,也决定了陈设展览类型的取舍及范围。

以首都博物馆新馆陈设展览为例,根据首都博物馆自身特性,陈设展览的类型包括基本陈设、专题陈设和临时性展览。

其中,基本陈设是博物馆的主要陈设,所选定的主题要突出首都博物馆的特性,即地志类博物馆的特性,要以反映北京地方的历史发展为主题,突出它的历史氛围,因此,陈设选题之一被确定为《古都北京·历史文化篇》。

而专题陈设是关于某一专题内容的陈设,以精致、专业、特色鲜明为特点,陈设选题要以馆藏文物优势为原则,突出文物的精品意识,因此,最终确定了瓷器展等7个专题陈设选题。

对于临时性展览,其定义首先是在时间上的界定,它是短期行为;展览的主要目的是充实博物馆展览的不足,形成展览的轰动效应,吸引观众对博物馆的关注,扩大博物馆的知名度。临时性展览反映当今社会热点及人们关心的问题,是博物馆与社会接轨的最直接的窗口,也是博物馆最具经济效益的展览项目。因此,首都博物馆新馆临时性展览的选题,不仅局限在本单位、本地区,而是以具有特色、吸引力的展览内容为切入点,确定展览的选题。首都博物馆新馆已举办了《御用珍存——故宫博物院藏金银器特展》《齐白石艺术大展》《世界文明珍宝大英博物馆之250年藏品展》《中国记忆——5000年文明瑰宝展》等临时展览。

(八)经费支持

在博物馆陈设展览选题中,经费支持是一个影响选题的关键因素。不但选中的陈设展览题目,需要有相应的陈设展览经费来支持,而且选题的大小,也直接影响到经费开支的多少。因此,陈设展览选题之初,首先要考虑所选的题目得到经费支持的可行性有多大,做到心中有数。

目前,国家所属博物馆举办的大部分陈设展览,都是政府认定的陈设展览,有专项陈设展览经费的支持。对于这些陈设展览博物馆只要掌握好陈设展览的规模,合理使用经费即可。但是,随着社会的飞速发展,博物馆或许会面临生存的考验,陈设展览经费的来源,也将成为博物馆陈设展览运作中的头等大事,是博物馆陈设展览发展进程中重要的课题。

二、选题范围

博物馆陈设展览选题的范围,从宏观上讲,只要是社会需要的选题,同时,也具备了陈设展览运作的基本条件,就可以成立。具体而言,博物馆陈设展览选题主要包括政治性项目、社会热点项目、专业项目、娱乐项目、专题项目、名人项目和其他项目几个方面。博物馆需要针对相关的陈设展览内容,制订出远期及近期的陈设展览计划:远期计划实际是把握博物馆陈设展览发展的方向;近期计划,则是配合社会的文化需求,与时代脉搏同步,突显时代特性。

（一）政治性项目

此类陈设展览选题大部分为政府指定的陈设展览项目。陈设展览的目的是配合政府同一时期所开展的工作,充分发挥博物馆宣传教育的重要职能。例如,2008 年 9 月 20 日,在军事博物馆开幕的《万众一心众志成城——抗震救灾主题展览》,就是为了纪念在 5 月 12 日四川省汶川地震中遇难的人们,以及面对天灾呈现出的一幕幕感人的情景。展览通过大量照片、图表,以及实物、沙盘、模型等,生动地再现了在救灾中可歌可泣的动人画面,充分地展示了中华民族伟大的凝聚力。

（二）社会热点项目

这是博物馆最具吸引力,最有经济价值的展览选题。因为它与社会最贴近,适应社会的需求,是广大民众了解、关心的内容。用"流行"来诠释"社会热点"一词,博物馆此类展览选题就像流行音乐、流行服装等一样,一定是社会流行的话题。博物馆作为宣传教育的窗口,同报纸、电视、电台等宣传媒体一样,要有从众心理。从众是适应社会发展的需要,也是变被动为主动的契机。博物馆不是高高在上的说教者,而应是真正为人民大众服务的场所。所谓"以人为本",不是一句空话。博物馆与大众交流的最好方式,或者说架起双方畅通的桥梁,就是选择具有流行元素的展览主题,使博物馆展览真正成为社会流行内容的载体。过去常有人说博物馆门可罗雀,造成这种状况的原因并不是博物馆陈设展览没有展示丰富的藏品,而是在陈设展览选题上,缺乏与社会的沟通,未发掘出大众关注的话题,不关心人们的兴趣所在以及博物馆在陈设展览运作、宣传方式等手段上认识的缺陷和不足。因此,要抓住社会热点话题,它是博物馆最易成功的展览选题。例如,首都博物馆在 1996 年 3 月 5 日至 3 月 29 日举办的《乾隆、刘墉、和珅文物真迹展》,就是紧密配合了当时电视连续剧《宰相刘罗锅》的热播,抓住了老百姓十分关心的话题,并结合馆藏具有相关文物的优势,在很短的时间内,及时推出了展览,使人们从一个虚拟的影视画面世界,一下子通过展览亲身领略到与电视剧中相关人物有关的实物,拉近了观众与过去时代的距离,产生了轰动效应。展览期间每天来看展览的观众达到 1000 多人,有几天还达到了每天 2 000 多人。在不到一个月的时间里,门票收入达到了 20 万元左右,可见展览受欢迎的程度。它是首都博物馆旧馆自己举办过的策划、筹展时间最短,效率最高,投入少而收益大的一个成功展览。

而如何抓住社会热点这一展览选题,时限是它最根本、最主要的要求。转瞬即逝的机会,需要博物馆从业者具有敏锐的观察力,可以发现社会关注的焦点;需要博物馆业务人员具有长期不断积累的文化底蕴,以及博物馆文物收藏的丰富基础,特别是展览管理及运作的高效率,这些都是保证博物馆能够做出快速反应并及时推出高水平展览的强有力的后盾。

(三)专业项目

博物馆相对于展览馆、娱乐场所不同,从专业角度讲,博物馆作为收藏文物以及研究文物的机构,需要也必须不断推出有关文物的陈设展览,来满足人们对这方面的兴趣和爱好,同时普及相关知识。一般情况下,人们只有在博物馆才能看到有关文物的陈设展览,也可以说,文物的陈设展览是不同类型的博物馆的优势项目。因此,作为各类博物馆专业题材的文物陈设展览,就必然要成为陈设展览选题的首选项目。博物馆不能以盈利为目的,它有责任将丰富的馆藏文物展示给广大观众。虽然,社会热点的展览选题会给博物馆带来很大的经济效益,但博物馆的职能和重任是传播文化,具体而言,即通过馆藏文物或借用其他机构的文物将中国古代、近现代、当代的人文科学、自然科学等文化信息传达给观众,给他们以文化的熏陶。

这种专业的陈设展览选题的确立,一方面靠博物馆自觉及对理想的追求,另一方面需要政府给予大力的支持。首都博物馆新馆的此类陈设展览选题,主要集中在专题陈设上,例如瓷器展、书法展、绘画展、青铜器展、玉器展等。实际上,专业题材的陈设展览是衡量一个博物馆自身价值以及研究水平的重要标志,对于树立博物馆品牌形象具有重要意义。在博物馆业内是阳春白雪,还是下里巴人,从专业的角度衡量,专业题材的陈设展览就是一个标尺。

(四)娱乐项目

娱乐陈设展览题材的发掘在博物馆业内应属于后起之秀。以往博物馆陈设展览在内容上比较侧重于专业题材的陈设展览,在陈设展览内容的选择及表现上,大多以教育者的姿态出现。真正从观众的角度出发,举办从内容到形式与观众具有互动意义的陈设展览,或者说观众可以从陈设展览中亲身体验到休闲、娱乐的陈设展览,还是近些年的事情。这种转变主要来源于社会发展对博物馆业巨大的冲击,博物馆要想生存、发展,就要适应社会的需求,脱离了这一根本,博物馆就将面临困境。

过去博物馆从业者一般认为,搞娱乐项目不是博物馆陈设展览的本行,是没有水准的表现。这种观念在今天确实应该改变。任何一个行业的工作标准,都是不断探索、实践、检验后形成的结果。在今天各行各业工作压力巨大的背景下,人们到博物馆最想体验到的是一种轻松、愉快的感觉。我们从最简单的意义上理解,人在玩的过程中身心最放松。当一个人还小的时候,可以尽情享受玩的快乐,而作为成人,玩的权力已经被极大地弱化。如果博物馆能够为不同年龄的观众在陈设展览中提供娱乐、休闲的空间,将为社会、为广大观众做出最佳奉献,拉近博物馆与社会的距离。可以说,陈设展览娱乐选题是博物馆人性化服务最好的体现。

首都博物馆新馆鉴于自身的特性,虽然不能像游乐园搞纯娱乐的陈设展览项目,但却将娱乐、休闲的元素引进陈设展览内容的设计中,主要表现在陈设展览中设置观众互动项目,例如在玉器专题陈设中,设置电脑触摸屏,内置有关陈设的信息资料,使观众可以亲自动手触摸了解相关的玉器知识,体现出观众在陈设中的主动性及参与性。这些参与项目特别受到青少年的关注,引起了他们的极大兴趣,从而加深了他们对陈设的印象。首都博物馆新馆的大部分陈设展览都设置了电脑触摸屏,以方便观众查询,这一项目也基本成为陈设展览的必备内容。

在首都博物馆新馆的陈设展览中,与观众生活最贴近的是北京民俗陈设,即《京城旧事——老北京民俗展》,而且,陈设中设置的观众互动项目也最多,例如在表现"儿子出生"的陈设内容中,设计了一个区域,放置了20余种复制的传统玩具,观众特别是儿童可以在这里自由地玩这些玩具,在娱乐中了解这些传统玩具的特性,在玩中体验陈设。其实,玩具本身无论是过去,还是现在,其功能都是一样的。陈设将传统玩具以还原其功能及动态的形式表现,较之只陈设玩具文物本身具有更积极的意义,也更易被观众接受和欢迎。

相信今后博物馆在陈设展览中涉及的娱乐内容的项目会日益增多,范围会日益扩展,不断突破博物馆自身的局限,实现博物馆性质的根本转变,使博物馆成为人们向往的娱乐天地。

(五)专题项目

此类陈设展览的主题鲜明,中心突出,可以集中展示某一特定范围或领域相关的一系列专题内容,即以点带线,以点带面,在陈设展览文物表现上,可实现度高,易于运作。特别是它可以回避综合性陈设展览内容带来的文物缺环和不足的弊病,在陈设展览中充分体现出文物在表现某一特定内容时所具有的优势,突出了博物馆陈设展览以文物说话的特性。

以往博物馆综合性陈设展览,为了追求陈设展览内容的全面表现,都会因为文物本身的特性或多或少地存在展示文物上的缺环或不足。因为文物的不可再生产性和独一无二性,各博物馆在收藏文物时,因地位、时间、地域、经费等主、客观原因,形成的局限性。博物馆文物的搜集和收藏只能是在力所能及、有限的范围内进行。为了弥补陈设展览中文物的缺环及不足,虽然一般会以照片、图表、复制品、模型、沙盘等辅助展品来代替,但会弱化博物馆陈设展览以文物为主的陈设展览特色,并且大部分观众到博物馆来是希望能够在陈设展览中看到文物原件,而非代替品。因此,专题项目通过相对丰富的文物展品,集中地表现某一特定的陈设展览内容,将日益受到广大观众的青睐,成为当今博物馆陈设展览内容表现的主流方式。

首都博物馆以往在表现北京通史基本陈设内容上,就走过了一条不断摸索、前进的道路。最初的北京通史基本陈列(古代部分),即《北京简史陈列》的内容设计思路是从政治、经济、文化等几个方面加以展示,这种希望比较全面地反映北京历史发展的愿望是好的,但首都博物馆的馆藏文物,不具备体现如此全面的陈设内容,因此,《北京简史陈列》不可避免地采用了许多照片、图表、复制品以及文字说明。出现这种陈设思路及定位,在很大程度上也是由于首都博物馆作为综合性地志类博物馆,需要在基本陈设中反映北京历史发展的基本概况这一特性和那一时期博物馆从业者对举办此类陈设认知的客观存在造成的。实际上每一个综合性地志类博物馆,在如何解决基本陈设中文物不足及缺环的问题上,都是一个不能回避的、在陈设实施中将要面临的重要的问题,可以说,解决好这一问题是此类博物馆成功举办基本陈设的关键。正是认识了这一问题的重要性,近年来博物馆工作者不断探索新的陈设模式,应运而生的就是以专题陈设的形式,展现综合性陈设的内容。

(六)名人项目

此类选题作为博物馆陈设展览在一般情况下是出于纪念意义,所以,这类选题主要是在某位名人的诞辰或忌日出现。博物馆通过陈设展览配合当时的宣传教育,具有一定的时限性,例如首都博物馆于 1993 年 12 月 1 日举办的《毛泽东百年诞辰展》。

还有一些是根据博物馆的收藏而策划的,如首都博物馆于 1987 年 4—5 月期间,在日本东京举办的馆藏《齐白石书画展》。这类选题相对专业性强,会受到专业人士或爱好者的青睐,同时可以突显博物馆品位,是博物馆身份、地位的象征。

名人项目因内容反映的是名人,具有名人效应,会引起人们的极大关注。此类选题创意好,但应注意结合博物馆馆藏,如果缺乏相关文物,选题应慎重。

(七)其地项目

博物馆陈设展览的选题,应适应社会的发展,文化的繁荣,人们的需求。社会在不断进步,博物馆陈设展览也要跟上时代的步伐,应更加具有活力,在陈设展览选题上,应逐步摆脱行业的禁锢。

放眼望去,行业壁垒日益被打破,人们的思维更加广阔,任何一个行业的亮点,都会被更广泛、更恰当地应用到其他行业中适宜的部分。例如,以往大多应用于博物馆、展览馆中的景观设计,已被一些具有一定文化品位的餐厅经营者应用,使食者在品尝美食的同时,感受到自然的魅力,得到充分的享受。有些餐厅甚至将文物陈设在室内,突出古老文化的浓厚气息,使餐饮与文化相互交融,营造出和谐的文化氛围。

目前,社会大环境对各行各业的要求整体提升,作为传播文化的博物馆,确实应该尽快放下架子,走出象牙塔,在不背离传播文化初衷的基础上,拓展陈设展览内容的空间,注重一般民众的实际需求,在陈设展览选题上,真正做到为大众服务。大众喜欢的陈设展览内容,应该成为陈设展览选题的标准和依据。根据这一原则,博物馆陈设展览选题的空间应从有限到无限,在大众理念的指导下,尽情施展自己的才能,以期更有作为。

例如,2007 年 8 月首都博物馆新馆举办的《潘玉良画展》,首次将"文化创意"作为展览的内容之一进行展示,具有创新意识,为展览内容的拓展开辟了新的天地。虽然它只是展览内容的一部分,却打开了博物馆展览运作理念的新的窗口,将艺术的魅力无限延伸,使艺术生命焕发出新的光彩,更加贴近人们的生活;使人们感到艺术作品与生活之间密不可分的关系,在生活中能够不断发现美的艺术。这种"文化创意"感悟和碰撞出的艺术和生活,是人们心灵对美的追求,远远不是一个金钱的数字可以衡量的。博物馆展览选题打破行业壁垒的进程,就是对文化理解和认知的过程。

更理想的博物馆陈设展览选题,应该是专门为某一特定的观众群服务。陈设展览服务对象从年龄上划分为儿童、青少年、成人、老人;从性别上划分为女性、男性;从职业上划分为专业、非专业等等。未来博物馆陈设展览的选题应该更加入性化。当社会发展到物质极大地丰富,可以最大限度地满足人们精神需求的时候,博物馆陈设展览也将带给人们最大限度的精神享受与慰藉。

三、选题确定

博物馆陈设展览选题在经过最初的方向及范围确定后,就进入到实质地确定陈设展览选题的阶段。陈设展览选题的确定,主要有以下六个方面:政府支持、社会调查、专业咨询、业内讨论、科学预测、展品支持。

(一)政府支持

陈设展览选题的确定对于非民营的博物馆来说,上级主管部门的认可是前提条件。因为,这些博物馆主要的陈设展览运作经费都来源于上级管理机构,而且,在人事安排、机构设置、发展方向、管理理念、宣传口径等方面,也要依据上级管理部门的精神落实。因此,国营博物馆陈设展览选题,在很大程度上是需要经过上级主管部门的批准才能落实。只有上级主管部门批准的陈设展览项目,才会得到政府拨给的专项经费,陈设展览项目才能真正实行。

博物馆要想将自己所选的陈设展览项目得到上级主管部门的认可,一定要做好陈设展览选题的方案,以明确的陈设展览目的和意义以及翔实、准确的陈设展览资料,争取陈设展览选题被顺利批准。

随着社会主义文化事业的发展,政府管理部门已经越来越民主化,能够比较注重基层单位的意见,使博物馆陈设展览选题的最终确定更加合理、优化。

(二)社会调查

博物馆陈设展览成功的基础在于陈设展览选题的准确,而如何确定好的选题,社会调查应该是最好的方式。通过社会调查,可以直接了解社会中各个阶层、不同年龄、不同性别等人群的喜恶,从而策划出成功概率较高的陈设展览选题。

博物馆社会调查主要有三种途径,一种是在馆内设置相关的平台,如在展厅中设置观众意见簿,请观众对陈设展览内容提出意见和建议;一种是博物馆通过媒体,如报纸、电台、电视等渠道向社会征询有关陈设展览的意见;或者直接走出去,到企业、机关、学校等单位,了解不同层次的人们喜爱的陈设展览内容。

通过社会调查,博物馆可以真实地了解普通大众的心理需求,更加有针对性地确定陈设展览题目,并对陈设展览的预期效果有一定的把握。因此,社会调查在确定陈设展览选题上是一个十分重要的、不可缺少的环节。

首都博物馆新馆在展厅中均设置了观众留言簿,可以快速、便捷地了解观众参观完陈设展览后的真实感受。观众留言簿为完善陈设展览提供了最直接的交流平台,成为博物馆一项宝贵的精神财富,它是鼓励、警示、启发博物馆不断进步、发展的最丰富、最有力的源泉。

(三)专业咨询

专业标准是博物馆陈设展览一定要遵循的一个准则,它是衡量一个博物馆陈设展览水准的重要标志。陈设展览的运作,从开始就要咨询相关专家的意见,特别是专业性比较强的陈设展览,更要在确定陈设展览选题上征求专家的意见,把握好陈设展览主题的确定,达到陈设展览定位准确。

一般博物馆在陈设展览运作中,都会注意在陈设展览大纲内容的写作上,咨询相关专家的意见,但在陈设展览选题的确定上,却往往忽视这一点。实际上,专家对相关专业有深入的研究,了解这一专业目前研究的动态,能够敏锐地抓住要点,对于确定陈设展览选题会有很大的帮助。

博物馆业如果能够认识到专业咨询的重要性,将会摆脱目前只以馆藏优势及博物馆性质来确定陈设展览选题的简单做法,使陈设展览选题递升一个新的层次,更加具有专业的高度和水平。同样一个内容的陈设展览,会因陈设展览选题的切入点不同,所反映出的实际效果不同。具体而言,同样的文物,站在何种角度去展示它,其意义不同,因此在最初策划陈设展览选题时,一定要咨询专家,使陈设展览选题的确定具有专业水准。

目前,博物馆在陈设展览运作上,还没有形成统一的行业标准,也正因为此,专业咨询就显得尤其重要,应该在陈设展览选题的确定上充当重要的、主要的角色。

（四）业内讨论

业内讨论是指在博物馆工作人员中寻找陈设展览选题的答案,而社会调查是征询博物馆之外大众的意见。这种内外结合的方式,对于陈设展览选题的确定更具有实际的指导意义。

准确地说,业内讨论的概念是博物馆同行之间工作结晶的交流,而这些结晶是经过实践检验后形成的理念,是非常宝贵的精神财富,因此,陈设展览选题的确定一定要经过业内的讨论,得到共识。

所谓业内的讨论,应该分不同的层次进行。一方面需要将同行业中的佼佼者汇聚一堂,同时,也需要第一线的普通工作人员的参与。业内讨论应该是博物馆中不同职位、不同专业、不同部门的人员,就陈设展览选题展开的充分讨论。通过广泛的交流,找到问题的真正所在。正所谓,集众人智慧之钥,解陈设展览选题之锁。陈设展览选题的确定应该是建立在理论与实践相结合的基础上,专业咨询与业内讨论正是理论与实践相结合的过程。

业内讨论不能走过场,应该是实实在在的、认真地进行;也不能只倾听少数人的意见,应集思广益。作为博物馆工作者,每个人都有责任和义务为陈设展览添砖加瓦。业内讨论是一个需要耐心、细致、深入的工作,虽然看似微不足道,但如果能够认真坚持去做,一定会收到意想不到的结果,会对我们的事业有很大的帮助。行业统一标准的建立,其实也是建立在这些点点滴滴的工作积累中,最终才能形成。

（五）科学预测

博物馆陈设展览选题的确定要具有科学性,即实际可行性。博物馆从客观的角度,运用各种可以参考的数据、文字等资料,可分析出所选陈设展览选题可能会出现的预期效果,使陈设展览选题的确定更具有科学性。在今天人们以"科学就是生产力"为主导,引领各行各业向前发展的前提下,博物馆不能还停留在落后的、完全靠经验来指导陈设展览工作的状态下,而应该充分运用科学的手段,借鉴其他行业先进的运作模式、管理方式,从而保证陈设展览选题的确定具有前瞻性。

陈设展览的科学预测实际上就是找出陈设展览工作中存在的客观规律,在这个基础上产生优选陈设展览方案和选题。而确定陈设展览选题的科学预测主要依据以下一些内容:

1.社会调查结果

①社会背景相关数据及文字资料

②被调查人数据及文字资料

调查范围;人数、职业、年龄、学历、爱好、收入等数据统计;意见类别;主要观点;价值观。

2.专业咨询结果

①咨询范围

②专业水平

③人数、年龄、职业、职称等统计数据

④意见类别

⑤主要观点

3.业内讨论结果

①讨论范围

②人数、年龄、学历、岗位、职称等统计数据

③意见类别

④主要观点

4.展品

①类别

②数量

③级别

④专业价值及特色

5.博物馆分析

6.地域特性

7.文化背景

8.政府政策分析

(六)展品支持

社会文明需要物质与精神两者达到和谐才能实现,而陈设展览选题的确定同样需要精神与物质两者的和谐。其中,陈设展览主题是展览选题的精神,展品则是它的物质基础。因此,展品在陈设展览选题的确定中占有重要的作用,它是陈设展览选题最终确定的支点。

展品的含义应该包括数量、等级、价值、特色、类别、形式等多方面,仅仅包含其中一个内容,无法承担起作为博物馆意义上的具有一定水平陈设展览的展品这一重任。具体而言,展品仅靠数量取胜不行,要有一定的等级或价值来支撑;仅有价值也不行,还要有特色;而且,展品的多种类别及形式也是丰富陈设展览内容及提高层次的重要手段……因此,综合、比较全面地了解可选择的展品,是确定陈设展览选题的重要内容之一。

博物馆陈设展览选题的过程,需要经过策划、论证、确定三个阶段。它们之间相互制约,缺一不可,并在此基础上,产生结果,即陈设展览选题的最终确定。

陈设展览选题的论证阶段,则需要本着合理、求实、细致、科学的态度,保证陈设展览选

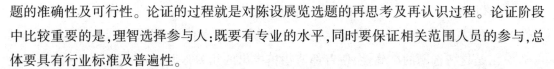

题的准确性及可行性。论证的过程就是对陈设展览选题的再思考及再认识过程。论证阶段中比较重要的是,理智选择参与人:既要有专业的水平,同时要保证相关范围人员的参与,总体要具有行业标准及普遍性。

陈设展览选题的确定是整个过程的最后阶段。在具备了充分的对陈设展览选题论证的基础上,最终确定陈设展览选题。

四、选题的重要性

博物馆在确定举办陈设展览之前,要经过细致、规范、有计划、科学的陈设展览选题过程。在陈设展览选题上兴师动众,是因为在整个陈设展览运作过程中,陈设展览选题占有十分重要的作用。只有首先在陈设展览选题上保证最大限度的可行性,才能为今后陈设展览的具体运作、陈设展览的结果以及产生的影响,奠定良好的基础,保证陈设展览的成功。

(一)陈设展览可行性

经过科学、规范的陈设展览选题,可以保证陈设展览实施的可行性。陈设展览选题的失误,会直接造成陈设展览无法正常运作,更严重的会使陈设展览根本无法实现。陈设展览选题可以事先客观地考虑陈设展览可用文物、陈设展览运作经费、观众对陈设展览的意见等与陈设展览有关的诸多因素,使陈设展览的运作具有可行性。如果盲目地、以先入为主的观念来确定陈设展览选题,则难免出现十分尴尬的局面。

有些博物馆在对陈设展览选题未做充分、科学研究的基础上,就草率地确定陈设展览题目。有些甚至连陈设展览的主角文物都没有落实,或者许多上展文物是博物馆之外的藏品,需要与文物所有者协商借展,在未确知对方是否借展的情况下,就盲目确定展品,以至造成这些陈设展览有些文物无法到位,人为地造成展线上"开天窗"。为了弥补这些"天窗",博物馆只好临时拼凑一些文物或辅助展品来撑门面。另外,有些陈设展览虽然上马,但因经费不足,只好拆东墙补西墙,勉强将陈设展览拼凑而成。这样形成的陈设展览往往空洞无物、缺乏内涵,会极大地弱化陈设展览的主题,致使陈设展览的效果与举办陈设展览者的初衷产生很大的差距,造成陈设展览的被动局面。

规范地进行陈设展览选题,是避免以上陈设展览失误的关键。陈设展览是否具有可行性,通过陈设展览选题就可以找到正确的答案。

(二)陈设展览结果

陈设展览举办的结果如何,取决于陈设展览的选题,它是保证陈设展览成功的重要因素。

首都博物馆以往陈设展览的经验也印证了这一点。长期以来首都博物馆都将对北京历史文化的研究作为主要课题,同时在文物收藏上也有所侧重,因此,在选择表现有关北京历史文化的题材上,就具备了一定的优势及基础,为策划相关陈设展览的选题,奠定了成功的条件。正是这些选题的准确性,使首都博物馆推出的相关陈设,如《古都北京·历史文化篇》、《古都北京·城建》,都取得了比较好的结果。实际上这些陈设的选题也是首都博物馆业务研究的一个阶段性成果。

因此,陈设展览结果的好坏,取决于陈设展览选题的是否正确。陈设展览选题决定了陈设展览的最终结果。

(三)陈设展览影响

陈设展览选题对陈设展览的影响,不仅是陈设展览结果这一个点上的印记,而是陈设展览之后在社会上产生的作用和影响。从博物馆职能上讲,通过陈设展览传播文化与知识,影响到参观者的精神世界,宣传及宏扬了社会所倡导的精神文明;这种影响有利于社会的发展与进步,使整个社会形成崇尚知识与文化的氛围,从而最终达到理想的和谐社会。而对于博物馆来说,最大的影响就是扩大了知名度,提升了博物馆的地位。

成功的陈设展览会产生从地域到时间更广泛意义上的影响。所谓地域,就是陈设展览会影响到不同的地区,甚至是国外——那些走出国门的展览,其影响的重要意义在于将中国古老的文化及文明传播出去,让世界真正了解中国。从时间上说,成功的陈设展览具有延伸性,不只是一个时段,它会产生如经典文学作品问世后的同等效应,会作为一个博物馆的保留项目,吸引广泛的关注,成为博物馆的品牌。

总之,博物馆陈设展览选题是陈设展览的生命,非常重要。它的意义在于使陈设展览具有可行性,产生好的结果,并对社会、对不同阶层的人产生深远的影响。

第二节　博物馆陈设展览实施

博物馆陈设展览是博物馆业务工作的主要内容之一,它是博物馆肩负传播文化职能的载体和桥梁。在确定陈设展览选题之后,就进入到陈设展览的具体运作阶段,包括前期准备、主题确定、资料准备、撰写陈设展览大纲、陈设展览大纲审定、撰写陈设展览大纲脚本、撰写陈设展览形式设计要求、陈设展览大纲内容落实、陈设展览文字说明的翻译、陈设展览形式设计招标、内容设计者协助形式设计者完成陈设展览形式设计、陈设展览施工制作招标、展厅装修及展具和展品制作、陈设展览布展、陈设展览开幕等一系列工作程序。其中撰写陈设展览大纲(即陈设展览内容设计)、内容设计者协助形式设计者完成陈设展览形式设计、展厅装修及展具和展品制作(即陈设展览施工及制作)、陈设展览布展、陈设展览开幕是陈设展览实施系统工程中主要的五大步骤。

一、前期准备

博物馆陈设展览在具体实施之前,首先要做好前期的准备工作,主要包括组织落实、确定陈设展览具体工作内容、确定陈设展览运作时间安排、确定陈设展览项目管理办法及方案。

(一)组织落实

陈设展览的前期准备首先是在组织上落实,即具体的人员安排。它包括在行政上由上至下、由内部到外部不同工作人员的组织关系;以及业务上的与陈设展览内容相关的不同层次,不同领域,不同责任人的完整、缜密、面面俱到、细致的人员工作关系网,将涉及陈设展览的每一个最小的环节以组织的形式,落实到位。正如俗语所说,一个萝卜一个坑,每个具体的陈设展览工作都要落实到个人,不能有任何疏漏,这种组织定位就是责任到人,同时给予相应的权利,合理的待遇。在这里如果责、权、利三者的关系处理恰当,会有利于陈设展览工作的顺利、按时、保质完成。

首都博物馆新馆陈设展览工作的运作,采取了项目负责人及项目责任人制度,并确定了19个实施方案的项目负责人及项目责任人,主要项目包括:安保实施方案,开放管理实施方案,物业管理实施方案,开馆时各项活动准备方案,社教工作准备方案,新馆 CI 设计实施方案,新馆宣传实施方案,文物藏品管理方案,展览陈设设计、施工工作方案,文化产业发展与经营方案,新馆财务管理方案,组织、人事管理机制实施方案,科研工作实施方案,博物馆数字化、信息化建设实施方案,日常管理工作实施方案,孔庙复原、展览实施方案,古建保护与修缮方案,思想政治工作方案,专项经费管理方案。

在陈设展览运作的组织落实中,一些重要的位置及人员的设置,特别重要的是陈设展览总协调人或叫总管的设置,一定要慎重并合理的安排。此人需要对陈设展览有深入的认知,具有较强的组织能力;因为他在陈设展览关键问题上做出的决策,将影响到陈设展览的成败。

陈设展览各环节监督人员的组织落实也十分重要,他们相当于组织链条中的润滑剂,如果设置不当或者没有设置,那么陈设展览工作的链条就会生锈,甚至停止运转。优秀的监督人员一方面随时督促展览的顺利进行,发现漏洞,及时督促弥补;同时,为项目负责人和项目责任人之间架起沟通的桥梁,使其各自充分发挥自己的职能,使陈设展览机器正常运转。

总之,陈设展览运作需要人去完成,如何将个体整合为一个具有战斗力的团体,建立完善的组织机构,在陈设展览中至关重要。首都博物馆为筹备、运作新馆工作建立了一套组织机构,对于新馆陈设展览工作的开展起到了领导、沟通、相互配合、协调统一的积极及促进作用。

(二)确定陈设展览具体工作内容

陈设展览实施前,首先要明确完成整个陈设展览需要做哪些工作,会涉及哪些部门、哪些人。陈设展览工作内容的确定,需要领导、专家、具体工作人员的充分讨论、研究后再加以确定。在实际工作中,还会出现新的问题,这部分内容也应列入工作计划中,作为"不可预见"一项,由专人负责处理。

陈设展览的工作内容,一般主要包括以下四大部分:第一,陈设展览内容设计,在陈设展览选题确定的基础上,主要包括撰写陈设展览大纲、陈设展览大纲内容审定、撰写陈设展览大纲脚本、撰写陈设展览形式设计要求、陈设展览大纲内容落实等。第二,陈设展览形式设计,主要包括形式设计人员充分了解陈设展览大纲、根据陈设展览大纲脚本及内容设计者的要求设计陈设展览形式方案等。第三,陈设展览制作,主要包括辅助展品制作,如文物复制品、文字说明牌、照片、图表、模型、景观、沙盘、多媒体演示等;展柜、展板制作以及展厅装修。第四,展厅布展。根据以上四大部分工作内容,按不同系列组合,在若干主项目下,分若干子项目,将工作内容有条理地层层细分,量化到具体每个人需要完成的工作内容。这样,工作任务明确,分工合理,量化清晰、准确,责任分明,有利于陈设展览工作有秩序地按期完成。

(三)确定陈设展览运作时间安排

确定了完成陈设展览所要做的全部工作后,需要明确完成各项工作的具体时间。由于陈设展览工作涉及的内容很多,因此,要根据不同工作的特性,制定出一系列完成工作的时间表或倒计时表,将每一项工作的完成时间根据工作任务量的大小,以科学的态度核定并合理安排,确定具体的、明确的完成工作的起止时间。科学、合理、规范、专业、周密、细致、完善的陈设展览运作时间表,是保证陈设展览工作能够按期、保质、保量、顺利完成的先决条件,不仅不能缺少,还要全面,要囊括陈设展览的全部工作内容。

首都博物馆新馆针对陈设展览工作就制定了一系列大大小小的完成工作的时间表,其中的《首博新馆展陈施工进度计划表》,按照"项目阶段""展陈制作单位工作内容""日历日""起止时间""首博相关部门配合工作内容""领导小组负责部门""部门负责人"等项列表明晰,对陈设展览施工的运作起到了良好的指导及督促作用。

(四)确定陈设展览项目管理办法及方案

陈设展览的策划与实施是一个需要多部门、多人员配合,多项目内容分不同阶段完成的综合性工程。要想有计划、按期、保质、保量完成陈设展览工作,就需要制定具体的陈设展览项目管理办法,并根据管理办法制定完备的陈设展览项目方案,使陈设展览工作依据项目方案有秩序的进行。

二、主题确定

陈设展览选题确定后,在真正进入陈设展览运作阶段前,还需要对陈设展览的主题进行认真、细致、深入的研究及讨论,确实把握好陈设展览的主题,做到研究透彻,论述清楚。陈设展览主题实际上就是陈设展览大纲的中心思想,即陈设展览的灵魂。认清陈设展览的主题思想,就理清了陈设展览大纲的撰写思路,这样才能写出条理清晰,中心突出,具有特色及水平的陈设展览大纲。陈设展览主题的确定一般需要经过论证。

(一)论证主题

陈设展览主题的确定,首先需要经过充分的论证。主题论证应该本着科学的态度,在具有充分论据的基础上进行。论据的内容,应该是多角度、多层次的,不仅是领导的意见,还应该充分倾听专家、学者的建议,使陈设展览主题的立意具有学术水平、具有特色及时代精神。在充分认识陈设展览主题的基础上,形成理论与实际相结合的主题论证意见,为陈设展览大纲的撰写打下坚实的基础。

首都博物馆新馆基本陈设,在撰写陈设大纲前,就进行了认真、深入的主题论证,并在撰写陈设大纲的过程中,不断加深对陈设主题的理解和再认识。这种注重陈设主题的思维方式,目的就是为了使陈设大纲的撰写始终处于正确的方向,不至于中途偏离。

(二)确定主题

陈设展览主题经过科学的论证,得到领导、专家、业内同行的认可,才能最终确定。陈设展览主题一经确定,就应成为陈设展览大纲撰写中遵循的根本原则,不能有半点模糊和动摇,可以说陈设展览主题是指引陈设展览大纲写作的一盏明灯。

首都博物馆新馆北京通史基本陈设的主题,确定为反映都城文化的特色。都城文化是北京文化的核心,是最典型、最本质、最精彩的部分,将这一主题贯穿于北京通史陈设大纲的写作中,可突显出北京作为古都的深厚的文化底蕴。而且,北京通史基本陈设的主题是新首博总体陈设的灵魂与根基,其他所有陈设反映的主题思想都是在它的主题上的延伸与发展。整个首都博物馆新馆陈设是在一个大主题下做文章,中心突出,特色鲜明,概念统一。都城文化的特色就是首都博物馆新馆陈设的总体形象设计,就如同企业的 CI 设计一样,它是首都博物馆新馆陈设 CI 设计中的 MI(企业理念 Mind Identity)设计。它所要传达的信息就是给予观众一个北京作为都城发展的整体概念,即北京城是一个具有渊远性、丰厚性、继承性、多样性、荟萃性、创新性、发展性、独特性的文化之都。

三、陈设展览资料准备

依据陈设展览主题撰写陈设展览大纲之前,要对陈设展览所涉及的内容进行充分的资料准备。陈设展览资料准备的范围主要包括理论基础、研究动态、文字资料、文物资料、照片和图资料、多媒体设备内置资料等。在进行了扎实、认真、详细、周密的陈设展览资料准备的基础上,经过对陈设展览资料的整理、思考与研究,陈设展览运作才能真正进入到陈设展览大纲的创作阶段。谈到陈设展览资料的准备,应该特别强调时间上的可行性,如果陈设展览资料的准备过于仓促,缺乏必要的积累、研究,就容易造成陈设展览大纲的写作缺乏深度,缺乏最新研究成果,特色不鲜明,重点不突出。因此,陈设展览资料的准备需要保证一定的时间,它是一个循序渐进的过程。科学的工作方法是运作陈设展览工作的一个不可妥协的原则,专业的需要就是陈设展览的需要,它是保证陈设展览工作顺利进行的关键。

（一）理论基础

陈设展览资料的准备首先是相关理论基础的奠定及研究,理论是一切实践的基础,有了坚实的理论基础,才能在大量陈设展览背景资料面前,得心应手。理论基础一方面借鉴相关领域国内外专家、学者的理论研究成果;另一方面,靠业务人员平时对陈设展览选题内容理论上的知识积累以及不断的学习。一般博物馆陈设展览业务人员,由于工作的性质,在陈设展览实践上有丰富的经验,但对于理论研究相对滞后,这种状况需要尽快改变。因为,在陈设展览内容上的突破和创新,一定是在新的理论研究基础上才能产生。

首都博物馆新馆展览,就是借鉴了多年来国内外,特别是北京相关专家、学者研究的基础上,以及本馆业务人员研究的基础上产生的结果。它包括有关北京历史、文化以及馆藏文物,例如书画、瓷器、玉器、铜器、佛像、钱币、金器、陶器、印章、文具、银器、丝织品、石刻、民俗等专项的研究。

（二）研究动态

陈设展览选题内容研究的现状,是陈设展览大纲写作前需要清楚了解的背景资料之一。只有掌握了最新的研究动态,而且是业内认可的研究成果,才能使陈设展览内容的表现和展示处于领先水平。我们讲要在陈设展览上处于领先水平,不仅仅是指展厅装修、照明设备、展柜、多媒体设备等展览的硬件,而更主要的是陈设展览内容要表现公认的、最新的研究成果。关注相关领域的研究动态,是博物馆重视理论研究,具有学术水平的体现。博物馆的陈设展览代表了它的研究水平,只有将最新研究成果以陈设展览的形式具象地展示出来,博物馆的研究水平才会真实地浮出水面,并得到社会及同行的认可、欣赏及推崇。因此,最新的研究动态是陈设展览大纲写作前一个重要的知识储备,也是博物馆陈设展览中一个十分重要的、不可缺少的选择。

（三）文字资料

陈设展览资料准备中最大量的一项内容就是相关文字资料的搜集,实际上是撰写陈设

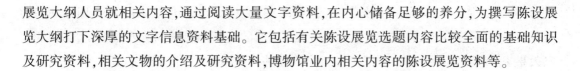

展览大纲人员就相关内容,通过阅读大量文字资料,在内心储备足够的养分,为撰写陈设展览大纲打下深厚的文字信息资料基础。它包括有关陈设展览选题内容比较全面的基础知识及研究资料,相关文物的介绍及研究资料,博物馆业内相关内容的陈设展览资料等。

（四）文物资料

陈设展览资料准备中比较重要的是文物资料的准备,即要充分了解陈设展览选题实际有多少文物可以上展,一方面要清楚地了解陈设展览选题在本馆内有多少文物藏品可以上展;另一方面在馆外有多少文物可以借展或复制。总之,要对陈设展览选题内容的相关文物有一个比较全面的了解,做到心中有数。这种对文物的广泛及深入的了解,需要陈设展览大纲写作者,特别是具体负责陈设展览文物的人员,做相关的调查。这种调查不应仅仅局限于博物馆内或依赖文字记载,而应该走出去,做广泛的社会调查,使陈设展览在文物的展示上尽量做到相对丰富、且有特色。

首都博物馆新馆陈设展览在文物的选择上,首先立足于馆藏文物,同时,对北京地区相关的重要文物也做了深入的调查,确认了这些文物的收藏单位和地点,为丰富陈设展览文物奠定了基础。

（五）照片、图资料

陈设展览除了以文物为陈设展览的主角外,还有一些重要的陈设展览内容因缺乏文物,通过照片、图来加以展示。因此,这些资料就需要陈设展览大纲写作者,在撰写陈设展览大纲之前了解清楚,是否具有相关的照片及图;在已确知具备的情况下,作为陈设展览大纲背景资料进行储备,保证陈设展览主题能够比较全面地展示。

（六）多媒体设备内置资料

现代博物馆陈设展览越来越注重新技术的应用,利用新技术扩大、延伸博物馆陈设展览展示的空间及效果,以及与观众互动的空间及效果,使陈设展览展示的手段多样化、立体化,通过科技手段虚拟真实场面,在有限的展厅空间里极大地扩充陈设展览的信息量。目前,最常见的技术手段就是多媒体技术的应用。作为陈设展览大纲的写作者,需要了解多媒体技术在博物馆陈设展览中应用的可行性及范围,并针对陈设展览的需要,选择适宜的多媒体项目作为陈设展览的辅助展示内容。对于多媒体项目中可能涉及的有关资料(文字、图片等),陈设展览大纲写作者要进行全面搜集,为多媒体项目的制作做好充足的准备,从而有力地支撑起多媒体演示空间的舞台。

首都博物馆新馆陈设从基本陈设到专题陈设,均使用了多媒体技术。特别是北京通史基本陈设《古都北京·历史文化篇》,通过多媒体技术的应用,来展现的重大历史事件、场面等,弥补了缺少文物的不足。例如其中的"明北京保卫战三维影像演示厅""五四运动幻影成像演示厅"等利用多媒体技术,生动地再现了当时的情景,使观众犹如身临其境,陈设的互动效果十分明显,成为展线上的亮点。而所有这些多媒体技术在陈设中的应用,一方面靠相关技术的支撑,而另一方面则需要陈设内容设计者提供相关的文字、图片等背景及内置资料,从而确保陈设中多媒体制作项目的顺利完成。

四、撰写陈设展览大纲

撰写陈设展览大纲是陈设展览实施的第一步,好的陈设展览大纲是成功的陈设展览必备的前提。在撰写陈设展览大纲之前,需要制定撰写的标准。陈设展览大纲的创作者应该按照规范的要求进行写作,从而保证陈设展览大纲的严谨、科学,并具有较高的水平。

(一)撰写标准

陈设展览大纲的撰写标准主要包括:第一,确定体例;第二,确定文字撰写标准;第三,确定选择文物标准;第四,确定选择辅助展品标准。

1.确定体例

陈设展览大纲的撰写标准首先需要确定的是陈设展览大纲的写作体例,即编写的格式。一般的陈设展览大纲文本包括以下一些项目内容(按顺序排列):一级标题(即陈设展览总题目)→前言(即概述整个陈设展览内容的文字)→序厅陈设文物或辅助展品→二级标题(即各部分标题,按顺序分别撰写。一般陈设展览只设二级标题,也有根据陈设展览内容需要设三级、四级标题的)→"二级标题"下陈设的文物或辅助展品(按顺序分不同部分撰写)→陈设展览结束语(有些陈设展览不设)。举例如下:

首都博物馆新馆玉器陈设大纲体例:

①陈设标题(一级标题)

《古代玉器艺术精品展》

②前言

(前言具体文字内容从略)

③序厅陈设文物或辅助展品

背景照片:渎山大玉海(元代)

中国古代主要玉材一览表(表格内容从略)

(序厅展品说明一般只包括展品的名称,而不附说明文字。有关序厅的展品,如照片、图表、景观、模型等,主要起导引陈设、烘托陈设氛围的作用)

④二级标题

新石器至南北朝时期(约1万年前—公元589年)

（标题说明文字从略）

隋唐至辽金时期(公元 581—1234 年)

元、明、清时期(1271—1911 年)

⑤二级标题下陈设的文物或辅助展品

例如:松石管饰

商(约公元前 16 世纪—前 11 世纪)

北京平谷刘家河出土(文物说明文字从略)

⑥三级标题(玉器陈设元、明、清部分有三级标题)

例如:元、明、清时期(1271—1911 年)(此为二级标题)

（部题说明文字从略）

①礼仪(此为三级标题)

②饰件

……

（该部分共有三级标题五个,按顺序分别是:礼仪、饰件、陈设、器皿、文具,陈设的文物或辅助展品内容从略）

2.确定文字撰写标准

陈设展览大纲撰写前,要确定文字撰写的标准,保证陈设展览大纲行文规范、专业、特色、准确、统一。这些标准主要涉及的内容包括语言风格、专业术语、纪年表示法、字体及字号、符号使用、前言、部题说明、文物说明、辅助展品说明。

①语言风格

陈设展览大纲写作的语言风格应该根据不同的陈设展览内容各具特色。一般历史类陈设展览,语言风格应突出庄重、内敛、含蓄的特点;而专题类陈设展览,应根据陈设展览内容的特点具有相关专题的典型风格;涉及与人们的日常生活关系密切的民俗类陈设展览,则应相对轻松、通俗。总之,陈设展览的语言风格由展览内容决定,应该适于陈设展览内容的定位以及相对应的观众群。

在陈设展览大纲的写作中,语言风格要始终保持统一,并特色鲜明,除对一些十分重要的文物,需要用较大的篇幅加以特殊说明外,应该追求简洁的基本原则,避免繁缛、拖沓、啰唆。同时,本着为广大观众服务的宗旨,陈设展览语言应尽可能通俗化,避免使用太专业的词汇,让观众能够看懂陈设展览。但这里所说的通俗,不意味着陈设展览语言的口语化,书面语是陈设展览语言的主流,而更高的要求是追求陈设展览语言的精心修饰与文采。

目前,陈设展览大纲写作的语言风格总的趋势是向经典、唯美、简洁发展,通俗是其亲密的伙伴。

②专业术语

陈设展览大纲写作中不可避免地要使用一些专业术语,对于这些专业术语,在使用时应遵循以下原则,即业内认可、没有争议、标准化。专业术语的使用,是为了更准确地向观众传达更多的专业知识。对瓷器、书画、玉器、青铜器等一些专业性较强的专题陈设展览,使用专业性语言,是这些陈设展览应该追求的语言风格,也是它不同于其他陈设展览的最大特色。

首都博物馆新馆绘画专题陈设在说明文字中就应用了白描手法、勾勒敷彩、水墨写意、浅绛设色、大笔泼墨、设色、点染、留白、工笔重彩、没骨山水、写意山水、青绿山水、山水画、工笔界画、花鸟画、宫廷画、水墨画、指画、文人画等专业术语,这些专业术语在描写绘画技法时比较常用,它的使用一方面普及了绘画的基本常识,同时突出了绘画专题陈设的专业特色。

③纪年表示法

这里涉及两个内容,一个是历史年代的准确性,另一个是纪年的具体表示方法。历史类陈设展览,把握好历史年代的准确性是一个不容忽视的重要问题。陈设展览大纲的写作者应该本着科学、严谨、认真的态度对待这一问题:每一个历史年代的界定,一定要选择学术界公认的标准,决不能以某个人的研究成果作为定论;纪年的表示方法,也要选择公认的、通行的、统一的标准。

④字体及字号

陈设展览大纲正式文本要使用统一的字体及字号,这是行文的基本规范要求。具体而言,一般一个陈设展览大纲的字体应该使用同一种字体,也有一级标题(陈设展览标题)使用另一种字体的,目的是要突出陈设展览的总标题。为了便于阅读,字体的选择多为宋体。

陈设展览大纲文本的字号,一般陈设展览标题选用比其他展览文字大一号或更大的字号。而其他陈设展览文字基本采用同一级字号。为了突出一些文字,可以采用将字加深的办法。

对于陈设展览大纲文本的行文规范,博物馆应该确定使用统一的字体及字号,一方面保证了文本的统一,另一方面,便于文本的使用、管理及保存。

博物馆规范化、标准化管理从这些小事上就可以充分地体现出来,"细节决定一切"在这里显示出它的特殊含义。实际上,任何企业的发展都离不开工作中严格的规范化管理,这也是现代化企业基本的经营理念,有了这些细节的保证,博物馆才会以快速及良性的状态发展。

⑤符号使用

陈设展览大纲中使用的符号主要包括数字符号、标点符号、图案符号等。在陈设展览大纲写作前,要统一、明确这些符号的使用方法。

数字符号首先要确定使用何种表示方法,或以阿拉伯数字,或以汉字表示。无论使用何种方法,都要保持自始至终的一致性,不能混用。一般陈设展览各部分要通过数字符号标示区分,便于观众按陈设展览内容的顺序参观。

标点符号的使用也应遵循陈设展览文字说明简洁的特点,以逗号和句号为主,其他符号尽量少用。陈设展览大纲写作者在标点符号的使用上应以严谨的态度对待,不能在语法上出现错误。同时,陈设展览大纲完成后,应该请相关专家对文稿进行审核,就像编辑校对文稿一样,确保陈设展览大纲中的标点符号准确无误。

图案符号在陈设展览中主要起到艺术装饰或者重点提示等作用,例如提示需要观众引起注意的内容、特殊的展示内容等。但图案符号不宜过多地在展板上出现,以免造成观众参观陈设展览时视觉上的混乱;呈现在观众面前的陈设展览界面应该是相对简洁、明了、优美。

总之,符号虽小,表现出的却是博物馆陈设展览的精致程度及水平。要使陈设展览达到经典,就要从细微处做起,精益求精,追求完美。

3.确定选择文物标准

文物是表现陈设展览内容的主要载体,在陈设展览大纲中承担着主要的角色。因此,陈设展览大纲选定文物的标准十分重要,它决定了上展文物的选择。选择文物的标准主要包括:

①与陈设展览主题和内容紧密联系

②适合陈设展览的类型及性质

综合性陈设展览与专题性陈设展览在选择文物上有所不同,其中,前者在文物的选择上,以能够表现陈设展览主题为基本要求,文物只是表现陈设展览内容的载体;而后者突出的则是文物本身,在文物的选择上应以精美为主。

③根据展厅的面积、高度、承重进行选择

这些因素决定了上展文物的数量、大小及重量。

④从丰富陈设展览内容的角度出发,选择文物尽量全面

在符合陈设展览主题的前提下,可以考虑不同时期、不同地区、不同类型、不同体量、不同质地、不同色泽、不同工艺,出土文物、传世文物等诸多因素,将文物的价值、等级、大小、类型、用途、艺术特色、工艺特色充分体现出来。

⑤以博物馆馆藏文物为选择的主要对象(引进展览除外)

如果馆外相关精品、重要文物可以确定借展,也可作为丰富、提升陈设展览内容的一个好的选择。

具体到陈设展览大纲撰写者在选择上展文物时,首先要全面地了解博物馆馆藏相关文物的收藏情况,即可以上展文物的全面信息。这些信息主要包括文物名称、文物质地、文物尺寸、文物重量、文物完残情况、文物等级(一级、二级、三级、参考品)等。在掌握了这些文物资料的基础上,还要对馆外文物,主要是一些与陈设展览内容有关的重要的精品文物有一个比较全面的了解,并将这些文物的相关资料收集到位,作为陈设展览的备选文物。然后,根

据文物选择的标准,对现有文物进行筛选,确定上展文物目录。

在确定上展文物这一环节上,一定要从实际出发,不能盲目乐观。如果将文物的选择范围搞得过大,难免会造成陈设展览文物落实上的困难。如果最终文物无法到位,将会影响到陈设展览整体思路的深化及展示效果。

首都博物馆新馆玉器专题陈设(笔者负责)在文物的选择上,结合了馆藏品的实际情况,共选定文物181组件。馆藏明清时期的玉器文物,从数量到价值均表现突出,因此,确定以这一时期的文物为主,并侧重其中大量王公贵族墓出土的玉器,以及带有皇帝年款及刻有御制诗文的玉器。这些文物约145组件,占了整个陈设的大部分,突出了陈设的主题(即北京都城文化的特色)。

4.确定选择辅助展品标准

辅助展品在博物馆陈设展览中具有广泛的施展空间。虽然博物馆陈设展览首先是以文物为主角展示陈设展览所要揭示的内容,但各博物馆的文物收藏受博物馆及文物本身特性的局限,当陈设展览中重要的、不可缺少的内容没有文物可以表现时,就需要通过辅助展品来加以弥补。

所谓辅助展品一般包括照片、图表、拓片、壁画、复制画、模型、沙盘、景观、多媒体设施等。它们可以极大地拓展陈设展览内容的空间与范围,同时使陈设展览内容形式多样化,丰富多彩,更具吸引力。在视觉上产生多层次、多角度、多立面的效果,在听觉上使观众产生身临其境的切身感受。把展厅活化成立体的展示空间,达到展示的最佳效果。

辅助展品的选择要根据陈设展览的需要确定。在陈设展览中不可缺少但用文物又无法完整体现的内容,就需要通过制作景观、模型等辅助展品来充实完成。还有一些无形的文化遗产,例如戏曲、音乐、影视、语言等,可以通过多媒体技术进行演示和播放。

这些辅助展品在陈设展览中的价值与文物一样,是陈设展览内容中不可忽视的重要组成部分。它们以精湛的技术、惟妙惟肖的造型、动感的图像,展现出中华民族悠久的历史与灿烂的文化。

首都博物馆新馆民俗陈设在表现商业的陈设内容中,将过去的叫卖声由人艺的专业演员表演并录制下来,还原了历史的本来面目,给观众一个全新的体验,既新奇又亲切。

另外,为了帮助观众更好地参观陈设展览,对一些特殊的文物需要给予必要的辅助展示,例如,笔者负责的玉器专题陈设,文物体量较小,精美的纹饰,难以用肉眼直观地看清楚,因此,在陈设大纲中特意为部分玉器文物加配了纹饰展开图,以此突出该文物独特的艺术魅力。

陈设展览中互动项目的设置,也是重要的陈设展览辅助手段。互动项目可以拉近陈设展览与观众的距离,使观众在参与中得到享受,在娱乐中更深地体验展览。

辅助展品中最突出的是新技术的应用,例如多媒体技术的应用,将表现陈设展览内容的音频、视频、文本等多种信息,通过计算机处理展现在观众面前,令人耳目一新。特别是利用多媒体技术完成的虚拟现实及多维仿真图形在陈设展览中的应用,极大地提升了陈设展览内容的空间及作用。

其实,对于辅助展品的认识应该进一步有所突破,只要是对陈设展览及观众有益的内容,都应该划入辅助展品的范畴。例如在展厅中设置人性化服务设施,也是拓展陈设展览内容的方式之一,可以称其为辅助展品,因为,观众只有在参观陈设展览时感到惬意和舒适,他才会在展厅中停留更长的时间,加深对陈设展览的了解与关注。所以,对于人性化设施的理解及应用,应该等同于陈设展览的辅助展品,给予充分的重视。

人性化服务内容主要包括陈设展览内容简表、陈设展览导览图或表、陈设展览参观路线图、各种醒目的引导标识、人工自然景观的营造、展厅背景音乐及背景照片、提供相关陈设展览内容册页或图册、语音导览系统等。总之,博物馆应在力所能及的范围里,为观众营造一个服务周到的陈设展览环境。

(二)撰写内容

撰写内容主要包括陈设展览总标题、前言、各部分标题、各部分说明、文物说明、辅助展品说明、结束语,应根据确定的统一标准进行。

1.确定陈设展览总标题

陈设展览总标题(一级标题)是以陈设展览主题为基点,对陈设展览内容的浓缩、提炼及概括,同时体现陈设展览的类型。

一般情况下陈设展览总标题的酝酿、雏形、提炼、确定,需要经过最初的陈设展览立项时所界定的大概理念;经过陈设展览主题的论证,理清思路,确定陈设展览的内涵,形成在理念上定位准确的初步意见;在经过陈设展览大纲的写作,通过撰写过程中的再认识,将陈设展览内容消化吸收,融会贯通,在成型陈设展览大纲的坚实理论基础上,经过相关领导、专家、业务人员的充分交流、讨论,以准确的定位,运用贴切、精练的文学修辞,形成最终的总标题。

总标题的产生是在不断认识的过程中,经过反复研究、修改、完善而形成的产物,不能一锤定音。任何理论概念的建立都需要扎实、深厚的实践基础作为保证;只有在陈设展览大纲写作中才会不断发现问题,提高认识,找到答案,定准方向,产生到位的总标题。

因为陈设展览总标题对于陈设展览的重要性以及撰写上的难度,在具体运作时应非常慎重,仔细斟酌,反复推敲,群策群力,尽量达到完美。

首都博物馆新馆基本陈设北京通史陈设和民俗陈设以及七个专题陈设,在陈设大纲写作完成时,陈设的总标题仍然待定,一直到最后陈设制作时,才最终确定。之所以这样做,是因为陈设总标题在陈设中具有举足轻重的地位,需要慎重考虑,尽可能留下充足的酝酿时间,多一些思考,少一些遗憾。

2.撰写前言

陈设展览前言或叫序言是一个陈设展览的引子,是整个陈设展览的概述。通常位于展厅入口处序厅部分。前言的作用一方面通过它观众可以了解陈设展览的基本内容;另一方面它是通向陈设展览的一扇大门。如果观众看到的是一扇精美的门,他们就会推开这扇门,想了解门后的世界。因此,前言是吸引观众参观陈设展览的一个十分重要的内容。

前言的撰写既要揭示陈设展览内容的精髓,又要具有文采,在整个陈设展览大纲的写作中,可谓画龙点睛之笔。语言风格应代表陈设展览大纲的总体风格,文字尽量优美、精练、概括。不同的陈设展览,前言的内容及风格有所不同。考虑到观众参观陈设展览时的方便及舒适,前言的字数要有所限制,不能过长,一般在300字左右。

另外,同一博物馆中相同类型的陈设展览,前言的撰写风格、体例、字数应相对统一,表现出博物馆陈设展览的整体概念,形成一个相对统一及完整的博物馆陈设展览语言的设计思想和灵魂。如果一个博物馆陈设展览 CI 设计到位,对于每一个来到博物馆的观众来说,就不仅仅只是陈设展览风格这一个层面上的内容,所体现的应该是无处不在的博物馆陈设展览理念及形象的展示及弘扬。

3.确定陈设展览划分几部分及各部分所占比例

陈设展览前言(序厅)后即陈设展览内容的展开部分,一般分为几个部分,通过各部分内容,从不同角度、层面、年代等揭示陈设展览的主题。这种分部分展开陈设展览主题的形式,就是将陈设展览内容分解,使陈设展览主题的诠释更加清晰、全面、循序渐进、便于观众理解。

确定陈设展览分几个部分,需要综合考虑,主要有以下一些因素:

①表现陈设展览主题的主要及重要内容

②可以上展的文物量及类型

③展厅面积

④陈设展览经费

根据以上因素权衡陈设展览可以分成几个部分,各部分所占比例,则根据各部分内容在陈设展览主题阐释中的地位和作用、文物的情况(包括文物数量、文物等级、文物价值等)来做出判断。那些对陈设展览主题起主要烘托作用,同时又有足够的精美文物可以支撑的部分,必然成为陈设展览中的重点,所占比例最大。而其中决定占优比例的杠杆主要在文物。各部分所占比例从大到小的顺序,按照各部分的作用和文物情况排定。

对于陈设展览内容范围较大、文物较多、层次多的陈设展览部分,为了细化内容,可在各部分(二级标题)下再分若干子目(即展览的三级标题)。

首都博物馆新馆玉器专题陈设各部分的设置,就是根据馆藏玉器文物收藏的类别、等级、数量等最终确定的。同时,根据明、清时期馆藏玉器占有优势这一特点,将明、清两代确

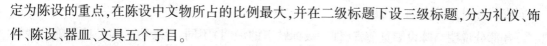

定为陈设的重点,在陈设中文物所占的比例最大,并在二级标题下设三级标题,分为礼仪、饰件、陈设、器皿、文具五个子目。

4.确定各部分标题

各部分所设标题,即陈设展览总标题(一级标题)下设定的二级标题。在陈设展览中分多少部分,就相应地设多少同级标题。以标题为陈设展览各部分的起点,使展线明朗、清晰、有条理。

一个陈设展览的二级标题需要根据该部分陈设展览内容的特性来确定,文字风格应鲜明、精练、务实。它与陈设展览的一级标题不同,一级标题更加侧重概述性的内容;而二级标题要有具体的内涵。即前者是相对泛指,而后者是有所指。

在陈设展览标题的创作上,前些年国内曾比较流行一种形式,即用文学色彩较浓厚的文字作为主标题——提纲挈领,风格上比较含蓄,具有浓郁的书卷气;而用写实风格的文字作为副标题——对主标题的诠释,帮助观众理解主标题的寓意。这种标题形式既体现了博物馆陈设展览文化气息浓厚的特点,也考虑到观众能够理解的需求,可谓一举两得。两者相辅相成,交相辉映。例如,被评为首届全国文物系统"十大陈设展览精品"的四川广汉三星堆博物馆《古城古国古蜀文化陈列》的单元标题:

第一单元:三星伴月——灿烂的古蜀文明

第二单元:众神之国——神秘的原始宗教

第三单元:千载蜀魂——奇绝的文物精华

第四单元:三星永耀——三星堆的发掘与研究

有些陈列展览的二级标题是以文物或展品的年代、地点、质地、类型、用途等来加以确定的。首都博物馆新馆玉器专题陈设二级标题就是以年代为题划分,分别是:

①新石器至南北朝时期(约1万年前—公元589年)

②隋、唐至辽、金时期(公元581—1234年)

③元、明、清时期(1271—1911年)

为突出某些内容,一些陈设展览还设有特殊标题。它与总标题、二级标题系列不同,是针对某些成组文物或展品,以及某件重要文物或展品设置的标题,目的是要引起观众的注意。这部分标题一般在形式设计上会通过使用特殊的颜色、字体等方式给予突出,达到在展线上有别于其他标题的展示效果。

为了避免观众参观陈设展览时,因标题过多而造成视觉或逻辑上的混乱,影响观众对陈设展览内容的理解,陈设展览最好只设到二级标题。

5.撰写各部分说明

各部分说明是串联整个陈设展览大纲内容的线索,它们构成了陈设展览大纲的框架,集结不同性质、类别、用途、年代的文物或展品,展示出不同层面、角度、范围所要揭示的内容,共同成就陈设展览大纲的主题。

各部分说明与陈设展览前言(即一级标题下的说明)不同:后者揭示的是整个陈设展览的主题,概括陈设展览的理念;前者是针对各部分内容的说明,更加具体化,从陈设展览内容的不同层次、不同角度进行阐述。如果说前言是对陈设展览内容宏观的描述,那么各部分说明就是对陈设展览内容分解后的微观描述。

在撰写各部分说明时,要注意侧重点的不同。在概述本部分内容的同时,要突出自身特色,注意文字精练,风格与展览大纲整体一致。注重实质性,回避修饰性。各部分说明的字数一般比前言少,在200字左右。而且,同级的各部分说明在体例、字数、风格上要保持相对一致。

6.撰写文物说明

文物说明的撰写是陈设展览大纲写作中文字量最大的部分,也是观众最关心的部分,因此非常重要。其文字风格除了要保持与陈设展览大纲总体风格一致外,应该侧重对文物本身特色的描写,突出文物的价值及工艺特色。首都博物馆新馆专题陈设的文物说明,在追求精练、通俗原则的基础上,还注重对相关文物工艺特色的突出描绘。

文物说明写作的体例,基本要素包括文物名称、年代、出土地点、用途、收藏单位等。一般文物说明还包括对文物的历史、艺术价值、工艺特色等的基本介绍,字数在100字左右。而重点文物说明,在字数上没有严格的限定,以能够充分说明文物为目的。

对于陈设展览文物说明的撰写,国内博物馆没有统一的标准,但基本风格追求文字表述上的精练及通俗,忌讳繁缛及晦涩。在目前博物馆界倡导以人为本的陈设展览理念的前提下,文物说明的撰写,会朝着这一方向进一步发展与完善,以更加适于观众品位的形象出现。

7.撰写辅助展品说明

辅助展品是弥补陈设展览文物缺环、增强陈设展览效果、烘托陈设展览氛围、促进陈设展览与观众互动、帮助观众理解陈设展览的重要手段。一般辅助展品的说明以展品名称为主,例如背景图和照片等只写名称。一些需要特殊说明的辅助展品才有具体内容,例如陈设展览的互动项目,就需要介绍具体的操作方法,使观众能够真正地参与其中。另外,景观、模型等,也需要有简单的介绍。辅助展品文字说明的字数不宜过多,而且要与陈设展览大纲整体文字风格相同,不能喧宾夺主,抢了陈设展览主角文物的光彩。

8.撰写结束语

结束语位于陈设展览的最后,是陈设展览的总结与评语,也是陈设展览的装饰与点缀。但陈设展览是否必须有结束语,要根据实际情况而定。

以往陈设展览的结束语很少使用诗歌体裁,但随着陈设展览内容的多样化,内容设计人员观念的转变,思路的活跃,富有文学魅力的诗歌形式的结束语,会更多地呈现在观众面前。特别是一些艺术类陈设展览,本身就带有强烈的艺术感染力,配以诗歌作为结束语,可谓锦上添花。这种结束语可将艺术的浪漫情怀发挥到极致,给观众无限遐想的空间,让艺术的魅力深深地触动观众的心,令人回味无穷!这是博物馆工作者在陈设展览探索之路上睿智的选择,让每一位即将离开展厅的观众,心中都带走这首诗,带走对陈设展览的美好回忆。

2007年8月首都博物馆新馆举办的《罗浮宫珍藏展——古典希腊艺术》,就大胆地以诗歌作为展览的结束语,将展览的文字说明提升到一个出神入化的境界。诗歌中所传达的意境,如展厅中栩栩如生的阿芙罗狄忒雕像,那飘逸的长裙、柔美的卷发、纯净的面容,令人陶醉。

总之,陈设展览大纲文字的撰写,既需要理智的缜密,也需要热情的浪漫,两者巧妙结合,最终成就陈设展览大纲的完美。首都博物馆新馆针对陈设展览文字的撰写制定了参考标准。

五、陈设展览大纲审定

陈设展览大纲的审定,可以保证陈设展览主题思想与政治导向吻合,保证陈设展览内容在相关学术领域准确无误及处于领先水平,保证陈设展览大纲文字修辞准确并具有一定文学品位,保证陈设展览文物选择、定名、年代准确。只有规范地经过一系列审定过程,才能创作出具有一定水平的陈设展览大纲,并在此基础上,经过专业形式设计人员的精心设计,最终完成一个比较成功的陈设展览。

(一)政审

目前,中国的博物馆以国有博物馆为主要群体,民营博物馆只占很小的一部分,且处于初期成长阶段。国有博物馆作为传播社会主义精神文明的重要窗口,在理论导向、政策执行中,要与政府始终保持一致,特别是一些政策性强、涉及人物及事件定性内容的陈设展览,更需要由领导机关把关。

首都博物馆新馆陈设,从主题确定到各陈设内容的风格,以及陈设文物的选择、陈设大纲的撰写等,都是在北京市文物局的多次审定下,经过不断修改、调整、完善后形成的结果。反映北京历史发展的通史基本陈设,更是受到局领导的格外重视与关注。

(二)专家审定

专家审定陈设展览大纲的目的,是为了保证陈设展览不出现专业性的错误。陈设展览中所要展示的内容应该是业内广泛认可的、带有普遍意义的、具有权威性的东西。对于正处于研究状态,没有定论,或只是一家之言的内容,在陈设展览中不能出现。

专家审定这一环节,从专业的角度看,应该是陈设展览大纲审核中最重要的部分。

专家审定,可采取召开专家会议或者将陈设展览大纲直接送交有关专家审定的方式。

因为一些专家年事已高或公事繁忙,采取后一种方式比较适宜,可加快工作的效率。

选择专家的范围,一般包括两个范畴:一类是博物馆界的专家,另一类是相关内容或专业的顶级专家。

一般陈设展览大纲审定的第一步,先要得到本系统专家的认可,即博物馆行业专家的认可。审定的第二步,是邀请相关专业的顶级专家在专业上把关。不同类型的陈设展览,选择专家的角度不同,各具特色及专长。例如北京通史陈设,需要邀请大学、研究所等学术单位研究北京历史的专家,从理论上、从专业的角度替博物馆陈设把好关;专题陈设则需要邀请在这一领域的研究具有代表性、权威性的专家。笔者负责的玉器专题陈设专家审定时,就邀请了故宫博物院研究玉器的专家杨伯达先生、张广文先生。

在专家审定中之所以包含以上两方面的人才,首先,是因为博物馆行业的专家在实际陈设展览运作中,具有丰富的工作经验,熟悉陈设展览大纲的写作要领、基本内容、行文规范等技术要求,熟悉陈设展览运作的整个程序、步骤,以及各个细节。因此,从陈设展览运作的专业角度出发,需要请行业专家把关。其次,涉及陈设展览内容理论方面的研究,就需要借助大学、研究院所等学术单位及团体的专家的大力支持,使陈设展览内容真正能够体现学术研究的最新成果和最高水平。

专家审定的过程和时间,有一定的程序。整个过程一般需要经过两个阶段,首先,对陈设展览大纲的框架,需要经过专家的审定;其次,在陈设展览大纲完成后,要得到专家的认可。以上两个阶段审定完成的时间,取决于工作进展的顺利与否,有时需要经过反复开会研究,最终才能使陈设展览大纲审定通过。

(三)文稿审定

陈设展览大纲文稿最终完成后,在交给设计单位制作之前,需要进行一丝不苟、逐字逐句的审核及校对。审定工作首先需要邀请相关专业的专家对文稿进行全面的审核,确定从专业的角度及行文上没有错误。然后,根据专家的意见,从以下方面对文稿进行校对:

①行文格式是否规范和正确。

②修辞风格是否适于该陈设展览内容。

③修辞是否正确,包括专业定性、概念、术语是否准确,文学修辞是否贴切等。修辞尽量达到优美、概括、简洁、通俗。

④陈设展览前言、各部分说明、文物说明、辅助展品说明字数是否合理。

⑤时间、年代表述是否规范、统一、准确。

⑥标点符号的使用是否准确、统一。

⑦字体、字号、字的颜色是否统一、规范。

⑧需要突出的文字是否采用统一处理方式。

⑨译文是否准确。

文稿的校对需要具有耐心、仔细的工作态度,容不得半点马虎。只有具有责任心强、专业水平高的工作人员,才能丝毫不差地完成文稿的校对,为陈设展览大纲最终应用于陈设展览设计,画上圆满的句号。

首都博物馆新馆对专题陈设大纲文稿提出了统一的标准及要求,主要内容如下:

1.字数要求

①前言300字左右。

②各部分说明200字左右。

③文物说明,一般不超过100字,特殊文物说明可以在200字左右。

2.内容要求

①前言:概述本专题文物的文化、艺术特色,以及在北京发展的历史轨迹。

例:首都博物馆新馆绘画专题陈设前言

中国绘画艺术源远流长,它根植于中华沃土,吸吮着各族人民的艺术养分,历经数千年的砥砺研磨,以其辉煌的成就在世界画坛独树一帜,成为中华传统文化的突出代表。它把中华民族的风骨品节,通过山境水情的抒发,花鸟精神的挥洒,纵情展露为人伦理性的教化。

明、清两代,北京作为人文荟萃、广聚贤才的国都与首善之区,成为绘画发展的大舞台。北京画坛以其深厚的文化底蕴与兼容并蓄的胸怀,吸纳各家流派的精髓,呈现出人才济济、画派林立、精品荟萃的繁盛局面,为文化古都增添了浓墨重彩的篇章。

②各部分说明:概述该专题文物在相关时期的艺术发展特色。

例:首都博物馆新馆绘画专题陈设"清代"部分说明(即二级标题说明)

清代绘画艺术集古代绘画之大成,山水画与花鸟画尤为兴盛,并出现了以"四王"为代表的正统派,以及以清初"四僧"与乾隆时期"扬州画派"为代表的创新派,这些名家之作大量流传或收藏于北京。此时宫廷画的主要特色是有组织地进行以描绘清代宫廷政治活动中的重大事件为主的大型创作,以及进入宫廷的西方传教士对宫廷画产生的影响。

③文物说明:概述该文物的艺术特色。

例:首都博物馆新馆玉器、绘画专题陈设文物说明

例一(玉器展):

白玉仿痕都斯坦菊瓣碗

清乾隆(1736—1795年)

痕都斯坦约在今巴基斯坦北部、阿富汗东部一带地区,此地盛产玉石,玉雕业发达。痕都斯坦玉约在清乾隆时期开始进入内廷,深受乾隆帝喜爱。在他近八百首咏玉器诗中,有三十余首咏题痕都斯坦玉器的诗文。在乾隆帝的督办下,清宫内务府造办处特设仿制痕都斯坦玉器的专门工作,所仿器物被称为"西番作",成为中国古代玉器家族中的新成员。此件玉

碗壁薄不足 1 毫米,重 45 克,饰两层纹饰,外壁琢卷草纹和五瓣花,腹部琢外凸内凹的细瓣番莲纹。整器轻薄剔透如蛋壳,纹饰繁密柔美,琢刻技艺高超,抛光技术堪称一绝,是清代宫廷造办处仿痕都斯坦薄胎玉器中的代表作。

例二(绘画展):

朱耷　　松岗亭子图轴　　纸本水墨

朱耷(1626—1705 年),字刃庵,江西南昌人,明代宁献王朱权后裔。明亡后出家为僧,清初"四僧"(指弘仁、髡残、朱耷、石涛)之一。后又做道士,在南昌建青云谱道院。擅画山水、花鸟,构图简练,水墨淋漓,格调孤傲雄奇,自成一家,艺术风格独特鲜明。晚年自号"八大山人",书写"八大山人"名款,必连缀似"哭之"或"笑之"字样,以示内心之情。此画构图饱满,用笔雄放,挥洒无羁,大气磅礴。

3.文字要求

精练、通俗。

4.时间表述要求

①历史年代表述方式:

依据中国社会科学院语言研究所词典编辑室编辑、商务印书馆 2005 年 6 月出版的《现代汉语词典》(第五版)的"我国历代纪元表"的纪年方法,例如:西周(公元前 1046—前 771 年)、汉(公元前 206—公元 220 年)、明(1368—1644 年)。

②某一具体历史年代的表述:

例一:北宋"宣和"元年(1119 年)

例二:清乾隆(1736—1795 年)

③人物生卒年的表述:

例如绘画专题展中画家生卒年的表述:

例一:胡宗蕴(生卒年不详)

例二:林良(1416—1480 年)

5.字体及字号要求

字体统一使用宋体;一级标题(即展览名称)使用三号字,二级标题(即各部分标题)及"前言"两字使用四号字,其他文字说明均使用小四号字。

(四)文物审定

对陈设展览大纲选择文物的审定,主要包括以下几个方面:

1.文物是否符合陈设展览主题

2.文物可以揭示陈设展览的鲜明特色

3.文物选择根据陈设展览特点有所侧重

首都博物馆新馆北京通史陈设在文物的选择上,就注重文物的历史价值,即使是不太精美的文物,只要具有较高的历史价值,也可以入选,有些上展的文物甚至是参考品(根据文化部 1987 年 2 月 3 日颁发的"文物藏品定级标准",博物馆文物品级确定为一级、二级、三级,不入级的一般称为参考品)。而专题陈设则注重选择具有艺术及工艺特色的精美文物。

4.文物选择考虑不同的质地

综合性陈设展览在文物的选择上,应注意文物质地的全面性。只要能反映展览主题,无论是瓷器、玉器、绘画、书法、铜器、银器、金器、陶器、印章、石刻、拓印等,都应被列为选择的对象。丰富的、不同质地文物的入选,可极大地烘托陈设展览的主题。

5.文物类别比较齐全

在选择文物时,要考虑不同使用功能的文物,不要拘泥于某一类。特别是专题陈设展览,一般都是相同质地的文物,要想使文物陈设上丰富多彩,就要在文物的使用功能上下功夫。

6.文物定名是否准确

文物名称一般包括质地、纹饰、色泽、铭文、器型(类别)。在定名时,名称中的基本要素应具备,同时名称内容的顺序要遵循业内的规范以及通行的标准。首都博物馆新馆各专题陈设,对文物名称内容的顺序做了统一规范。例如玉器专题陈设中一件文物的名称"羊脂玉云纹鸡心佩",文物名称内容的顺序为玉质—纹饰—器型(类别)。

对文物的定名,博物馆业内有一定的规范,具体可参考故宫博物院高和的《博物馆藏品定名规范》一文。

7.文物确定的年代是否准确

对上展文物年代的确定,需要经过相关专业的资深专家来加以确定。这一环节以及第六条对文物定名的核准,都是体现博物馆文物研究水平的试金石。

具体到文物名称中年代的位置,一般放在文物名称的最前面或最后面。但是在一个陈设展览中,年代的位置一定要统一。

8.重要文物是否有遗漏

博物馆举办陈设展览,最吸引人的就是文物的展示。每个陈设展览,都存在一个文物候选群体,其中有些文物对表现陈设展览内容来说非常重要,这些文物不可在陈设展览中遗漏,要在陈设展览中得到充分的展示。

六、陈设展览形式设计要求

内容设计者根据陈设展览内容提出的形式设计要求,可保证形式设计忠实于陈设展览原作,并充分揭示陈设展览内容,更好地营造陈设展览氛围,达到形式设计与陈设展览内容和谐,最终呈现给观众一个比较完善的陈设展览。陈设展览形式设计要求主要包括陈设展览形式设计总体要求和陈设展览大纲脚本。

(一)陈设表现形式设计总体要求

陈设展览形式设计总体要求相对于陈设展览大纲脚本,是一个针对某一陈设展览比较全面的,不仅涉及陈设展览大纲中的内容,还包括展厅设计、展柜设计、灯光设计等所有陈设展览形式设计需要完成的工作。

(二)陈设展览大纲脚本

陈设展览大纲脚本,是将陈设展览大纲诠释给形式设计者的陈设展览形式设计依据文本。它对形式设计者提出陈设展览大纲内容具体的形式设计要求和建议,主要内容包括:展厅相关资料,例如位置、面积、高度、结构等;陈设展览文物总量;展厅采光要求和建议;展厅环境和氛围设计要求和建议;陈设展览名称(一级标题)设计要求和建议;展厅入口处设计内容及要求和建议;序厅设计内容及要求和建议;辅助展品设计要求和建议,主要内容包括图、表、照片、模型、沙盘、场景、多媒体等;陈设展览各部分设计内容、要求和建议以及展示的文物数量;陈设展览文物展示设计要求和建议;展托材料及装饰的要求和建议;展柜形式及装饰的要求和建议;展板装饰的要求和建议;灯具和光源的技术要求及光照效果的建议;陈设展览文字说明牌的大小及位置的要求和建议;展厅中人性化服务设施的要求和建议,内容主要包括:观众互动区、语音导览设备、观众留言处、观众休息区、陈设展览导引标识、各种服务设施导引标识(例如卫生间、饮水处、电梯、紧急出口等);展厅结尾处设计内容及要求和建议等。同时,提供相关文物或展品的设计背景资料,主要包括:照片、图、文字说明等。

陈设展览大纲脚本的文本格式,最好设置在一个界面上,内容与相关形式设计要求相互对应,即左边是陈设展览大纲内容,右边是形式设计要求,这种文本格式为陈设展览形式设计者提供了极大的工作便利。

对陈设展览大纲内容的形式设计要求,在陈设展览大纲脚本中体现得越细致、越具体、越全面,对形式设计在最大限度地体现陈设展览内容上会有很大的帮助。

七、陈设展览大纲内容落实

陈设展览大纲撰写完成后,需要进入到具体落实展品的阶段,这是保证陈设展览实施的关键一步,具体而言,要将陈设展览大纲文字中涉及的文物、辅助展品等一件件落实到位。其中,上展文物包括博物馆馆藏文物,以及需征集、借展、复制的文物。在落实文物的工作中,主要是指征集、借展、复制文物的落实。辅助展品的落实,主要包括上展图(背景图、纹饰展开图、地图、使用示意图等),拓片(文物铭文或纹饰、碑刻等),照片(背景照片、特写照片等),沙盘,模型,场景,电脑触摸屏内容撰写、编辑、制作,视频内容撰写、编辑、制作,语音导览系统内容撰写、编辑、制作,互动项目制作等。

（一）上表文物落实

上展文物的落实,主要包括征集、借展、复制文物的落实,以及上展文物的修复、清洁、消毒、集中。

1.征集、借展、复制文物的落实

上展文物落实中最艰巨的任务是非馆藏文物的落实。它主要包括征集、借展及复制文物。其中,难度最大的是征集文物。文物的收藏者包括国有单位、民间团体或个人收藏。如果文物是博物馆系统收藏,征集上还相对容易些,它存在一个业内互相交流、配合的空间。因此,陈设展览大纲撰写者对馆外的文物,要慎重选择,要考虑到文物是否能够落实到位的可行性。只有那些可以落实到位的文物,才能列入陈设展览大纲的文物目录中。否则,如果文物无法征集到位,将会对陈设展览的实施,带来很大的被动性和遗憾。

征集文物时,首先要明确征集文物的范围及类型,除了实物,还应包括图、照片、书籍、音像等与陈设展览有关的一系列有形与无形的文化遗产。我们对文物概念的理解应该是广义的。

其次,需要根据陈设展览大纲中文物的缺环和不足,确定征集文物的目录。目录的确定应该有的放矢。

征集文物的文件或通知,主要应该包括《文物征集范围》《文物征集重点文物目录》《文物征集内容要求》等,其中,《文物征集内容要求》主要包括:

文物名称;文物尺寸;文物年代;文物完残程度;文物出土地点;文物收藏单位;文物照片;文物材质;文物形式;文物价值;文物用途;文物说明(包括背景资料等)。

只有将前期文物征集的准备工作做好,才能确保文物征集工作的顺利进行,并保证征集到的文物可用于陈设展览。

同时,博物馆要做好预备应急方案,在确知须征集的文物无法到位的情况下,通过其他办法解决,避免影响到陈设展览的最终展示。

首都博物馆为筹建新馆特别成立了文物征集部,通过制定一系列相关制度、工作规范,保证了文物征集工作的顺利、有效地进行,为新馆文物的征集做出了很大贡献。并且在征集文物资料整理的规范要求、鉴定征集文物的必要审核过程、征集文物的必备手续、申请征集文物的经费等方面形成了较完备的制度。

借展文物相对于征集文物在运作上轻松一些。征集文物对于文物收藏者来说,意味着从此失去对该文物的所有权;而借展只是使用权在约定时间内临时转移。通过借展,会产生一定的影响及经济效益,一般文物所有者乐于接受。

复制文物首先需要得到文物所有者的允许,进而落实具体复制文物的单位或个人。复制文物需要提出技术及相关要求,包括标准、材料、质量、合理的价位、完成时间等,要与文物复制者签订具有法律效应的合同,以保证文物复制的水平及产生问题后解决的办法。目前,国内博物馆一些陈设展览中精致的文物复制品,几乎达到了以假乱真的地步,很好地烘托了陈设展览中文物缺环的不足。

2.上展文物的修复、清洁、消毒、集中

博物馆文物在上展之前,都需要经过重新"打扮"。对于没有缺损的文物,一般需要经过专业的清洁和消毒。清洁的目的是使文物能以其原貌呈现给观众;消毒是在文物入展柜之前,杀除一切对文物有害的物质,保证文物在陈设展览中的安全,不受损坏。

而有缺损的文物,则需要在展出前进行修复,例如书画作品,如果被虫蛀或霉变等,就需要重新装裱,还其原貌。在修复文物的过程中,要遵循严格的专业标准,本着严肃、认真的态度,制定缜密的修复方案,经过专家的审定,由专业人员修复完成。

修复文物的工作,还要保证合理的完成时间,要本着科学的态度,统筹安排,从而确保文物修复工作保质、保量、按期完成,避免出现为了赶工期,违规操作,影响文物修复的质量。

一般文物在上展之前,如果博物馆有条件的话,应该将文物集中在一个统一地点待展。所有上展文物可根据不同的内容分箱封装,以有利于陈设展览布展时有序地进行,避免出现混乱,提升布展速度和效率。

大型综合性陈设展览,会涉及瓷器、玉器、铜器、金器、银器、书画、丝织品等不同质地文物。而不同质地的文物存放在不同的文物库房中,由不同的保管员负责,从便于文物装箱的角度考虑,不同文物也应分箱封装。

总之,将上展文物依据陈设展览形式设计图,按同一展厅、同一部分、同一类型、同一年代、同一质地文物、同一展柜分不同层次装箱集中待展,是博物馆陈设展览布展前十分重要的一个工作环节。

另外,工作中还需要注意一些细节,例如每个文物箱外,应该贴有箱内文物信息资料单。资料单上的信息应包括陈设展览名称、展厅位置(即文物上展的具体位置)、文物类别或质地、文物件数、文物名称、文物照片、装箱部门负责人或责任人签字、装箱时间等。

有了以上相对完善的文物准备工作,陈设展览布展才能有序、有效、按期完成。

(二)上展辅助展品落实

辅助展品是除文物之外的支撑陈设展览内容的重要组成部分,对陈设展览的成功与否,起着不容忽视的作用。辅助展品的落实主要包括以下内容:

1.图

上展图是辅助展品中含量较大的一个部分,也是比较传统的陈设展览方式之一,主要包括地理图、行政辖区图、城市分布图、街道分布图、官府机构位置图、水利或交通路线图、遗址分布图、建筑图、文物纹饰展开图、文物使用示意图、文物制作工艺流程图、展厅参观路线图、背景图等。所有上展图在设计单位制作前，内容设计者需要提供准确、详细的有关图的背景文字资料，最好有简单的示意图或线图作为绘图的参考，同时提出制图的标准和要求，然后由专业设计人员绘制完成。

上展图除保证准确的原则下，应与陈设展览内容整体设计相协调，追求展示效果的艺术美，并适宜观众观看。

2.表

上展表同图一样，也是传统的陈设展览方式。表格的优势在于内容明确、条理清晰、概括性强，适于观众在短时间内，获取大量概念化的陈设展览内容信息。

表格内容的落实是一项细致的工作，首先要确定表格的题目，然后根据内容设计表格，确定项目及每个项目下分多少内容，最后将所要表达的内容进行整理、归纳、简化，转化成精练的表格文字。表格内容切忌文字多，要清晰、简洁、明了；涉及的数据内容，一定要准确无误。

以往陈设展览中的表格内容基本上只有文字和数据，而现在图片、实物等已更多地加入到表格的内容中。在表现形式上，也发生了很大的变化，较多地采用了灯箱的形式进行展示。但是，由于表格自身在形式上的特殊性，难免会产生格式化的结果，缺乏美感。因此，目前博物馆在陈设展览内容表现上，倾向于尽量少上表格，除非是陈设展览内容的特殊需要，或者采用先进的多媒体技术，使表格的展示更加生动。

首都博物馆新馆专题陈设《古代玉器艺术精品展》中，即附有《中国古代主要玉材一览表》，设置在玉器展厅互动区内。该表的特色之一是在表中陈设了白玉、青玉、黄玉、碧玉、墨玉、岫岩玉、南阳玉、翡翠实物玉材。观众可以清楚地看到这些主要玉材的真实面貌，从中获取了宝贵的知识。

3.拓片

拓片主要是更清晰地表现陈设展览中有关文物上铭文或纹饰的内容。有些器物上的铭文或纹饰直接观看不太清楚，如果以拓片的形式表现，会突出字迹或纹饰，使观众可以比较清楚地看到。而且，拓片本身就是一门特殊的艺术，通过拓片可以反映出铭文或纹饰中所蕴含的中国传统书法及绘画等艺术的美。从这一角度说，拓片的意义也十分重要。以拓片的形式展现铭文或纹饰之意、之美，会丰富陈设展览内容的历史和文化信息。

上展拓片的制作，需要文物保管者与相关技术人员的密切配合。在文物到位的情况下，专业人员根据陈设展览的需要及要求，完成拓片的制作。拓片制作的方法、选料、形式、大小等要与相关文物和谐。

首都博物馆新馆专题青铜器陈设，其中一些重要的青铜器上的铭文，不但具有较高的艺术价值，还具有重要的历史价值，通过拓片的形式将铭文的内容清晰地展示出来。

例一："班簋"(西周中期),器上铭文记述了贵族"班"追随"毛公"东征的内容,具有重要的历史及艺术价值。

例二："伯矩鬲"(西周早期),北京房山琉璃河燕国墓葬出土。器上铭文记载了贵族"伯矩"为纪念燕侯赏赐贝币而铸此器。

这些青铜器上的铭文,具有重要的历史价值,为后人研究相关历史提供了十分重要的依据;有些还弥补了文献缺失的不足、纠正了文献的谬误,可以说弥足珍贵。

4.照片

陈设展览中的照片,在辅助展品中占比例较大。特别是以往的博物馆陈设展览,在无法用文物表现陈设展览的内容时,使用照片的概率就很大。

照片所涉及的陈设展览内容,主要包括人物肖像、历史事件、遗址和遗迹、考古发掘现场、地上和地下文物、传世文物、艺术品、园林、自然风光、市貌等。这些照片在陈设展览中有的作为独立的展品,有的作为文物或展品的背景或特写照片,有的作为陈设展览序厅的装饰背景,有的作为烘托、美化展厅环境的背景照片等。

5.模型

陈设展览中的模型一般表现城市布局、建筑等。其最大特点就是以三维的、立体的形式出现,可以使观众直观地看到一个整体的、按比例缩小的原物或原状展示,对展品有全面的了解。

模型制作除了依据行业标准外,还应符合陈设展览内容的特殊要求。模型制作者必须是相关专业的技术人员,如果条件允许的话,应该请该行业的顶尖人物负责制作。同时,陈设展览内容设计者应该为模型制作者提供全面的、详细的、准确的文字及图片等背景资料,保证模型成品的质量。

模型的制作不仅仅追求神似,一般按照原物实际比例缩小制作,比例的大小根据陈设展览的要求确定。一些陈设展览为了突出模型,在展厅中相应位置单独辟出一个空间进行展示,使观众可以从不同的角度观看模型。

模型的展示方式,传统的方法是平放,随着陈设展览展示设计水平、技术的不断提高,设计思路的推陈出新,模型展示出现了多种形式,如悬挂在展墙上、嵌入展墙中等。这些展示方式,使模型与展线结合得更加紧密,减少了展线的迂回,使展线更加流畅。

6.场景

场景在陈设展览中的应用,是近年来博物馆陈设展览不断改革创新的结果,可使陈设展览的形式更加生动、逼真、丰富多彩。

陈设展览中的场景一般表现历史事件、各种活动场面、遗址、市井、自然风光、园林、器物的生产过程等。它与模型的区别主要在于,模型一般没有相关环境的制作,内容比较单一;而场景则是包含了相关的整体环境和内容的综合性展示,特别在表现历史事件等大型场面时,场景的优势就更加明显。

场景的制作需要做充分的背景资料的准备,不仅是文字资料,还包括图片、音像等内容。在具备了充分的资料准备的前提下,场景制作才能完成。目前,场景制作还引入了先进的多媒体技术,通过三维影视等展示手段,生动地再现了所要表现的内容,使观众如身临其境,较之缺乏动感的文物、图片等展品具有更大的吸引力,带给陈设展览崭新的、鲜活的生命力。

7.电脑触摸屏、视频内容

随着社会的不断发展,博物馆陈设展览在理念上发生了很大的变化。陈设展览的形式逐渐摆脱了以往只以静态的文物、图表、照片、文字等作为载体表现陈设展览内容的方式,更多地将新技术、新手段应用在陈设展览中。多媒体技术在陈设展览中的广泛应用,使陈设展览充满了活力,具有强烈的感染力和震撼力。

电脑触摸屏和视频作为多媒体技术在陈设展览中的主要展示手段,将音频、文字、图形、视频等多种信息集中组合体现,使陈设展览的信息量达到了前所未有的程度,极大地拓展了陈设展览内容的空间。其中,电脑触摸屏因体积小,载体形式多样化,不会占用太大的展示空间,在今天的陈设展览中,得到普遍的应用。电脑触摸屏一般设置在展厅的出入口,使观众一进入展厅,就可以通过它了解陈设展览的基本情况;也有设在陈设展览结尾处,使观众可以对陈设展览中的具体内容做进一步的深入了解。

视频与电脑触摸屏两者的主要区别在于,前者一般是有声的、动态的,而后者一般是无声的、静态的。视频内容较之电脑触摸屏会带给观众更加真切的感受,也使博物馆陈设展览成为有声的世界。视频的设置成为陈设展览中的亮点,在展墙上、展版上、展柜上等等,它像跳跃在展线上的精灵,刺激并吸引着观众。很多陈设展览还设有大型的屏幕,在陈设展览中单独辟出一个空间,并在屏幕前设有观众坐椅,方便观众观看。这些影视区域成为陈设展览内容中的重要组成部分,为陈设展览增添了生动的、真实的、丰富的、感人的画面。

根据多媒体内容设计要求,进行电脑触摸屏及视频内容的编辑,首先确定内容体例及提纲,然后根据提纲撰写文字脚本;同时,准备好相关文字、图片、影视等背景资料,以及参考书目,提供给多媒体设计制作者,由他们综合以上所有资料,最终完成电脑触摸屏以及视频内容的制作。如果视频内容的制作,涉及人物表演以及画面配音,就需要特别邀请专业演员来完成。

8.互动项目

所谓互动项目就是观众在参观陈设展览时,可以亲身参与的陈设展览内容。前面提到的电脑触摸屏、视频实际也是互动项目的内容之一,只是它们在陈设展览中更具有普遍性、特殊性及重要性,所以单独作为一个内容加以陈述。

互动项目是陈设展览中观众最喜欢的内容。特别是青少年,在娱乐的同时,学到了知识。寓教于乐,在互动项目中得到充分的体现,这也是陈设展览的最高境界,带给观众精神的愉悦与享受。博物馆陈设展览对于观众应该是提供休闲与享受,而不仅仅停留在教育的程度。

互动项目的制作,首先要制定项目方案。方案的撰写要依据整体陈设展览的主题思路,在这个主题下延伸、扩展;项目内容进一步揭示陈设展览内容,使相对抽象的陈设展览内容,在互动项目中得到更好的诠释。

值得注意的是,对互动项目中需要观众动手的技术设计,要充分考虑操作的简便。同时,对设备的维护,要具备人力及财力的可靠支持,保证设备的正常运转。大部分博物馆陈设展览中的动手项目,在运营之初,可以正常使用。但是经过一段时间的磨损,设备会逐渐出现问题,以至最后无法正常运转,而博物馆又缺乏对设备的基本维护与维修,致使互动项目不能真正发挥作用。这一问题应该在设备投放之初就应该充分考虑和极力避免。

9.语音导览系统

博物馆陈设展览的讲解以往主要通过社教部工作人员完成。由讲解员讲解陈设展览会使观众感到亲切,而且灵活机动,可根据观众的不同需求,做出相应的解答。但由于讲解员人数的局限,无法同时满足大量观众的讲解需求,不能做到随时随地为观众提供讲解服务。为了解决这一问题,目前博物馆采用了语音导览系统,它已经成为除讲解员之外、不可缺少的为观众提供陈设展览讲解的服务内容。观众进入博物馆后,可以租用语音导览设备,在观看陈设展览时,通过耳机听到对陈设展览内容的录音解说。该设备的优点在于观众可随身佩戴,根据个人的兴趣和爱好有选择地收听讲解内容,避免了随讲解员参观陈设展览必须紧跟其后的被动地位。

语音导览系统的设置,分不同内容,主要是对陈设展览重点文物或展品的讲解。观众可以根据自己的需要,租用不同内容的设备。

从观众的角度出发,租用语音导览设备需要花一定的费用,对于只是走马观花、随意观看陈设展览的观众而言,或许就舍不得这笔支出。因此,语音导览系统的定位,应该是人工讲解的补充,不能作为唯一的陈设展览讲解方式,完全取代讲解员的工作。而且,从人性化的角度出发,观众最需要的是随处可在的讲解员的服务。

语音导览系统的制作,首先在内容上要确定范围,根据经费以及时间等条件,制定系统方案,确定文字修辞风格,根据陈设展览大纲,并结合观众的需求,撰写内容。语音导览的内容应该是陈设展览大纲的补充与丰富,一些陈设展览中无法展示的内容,可以通过语音导览设备使之更加完善。相对于陈设展览大纲,语音导览所表达的内容应该更加通俗易懂、趣味性强。

语音导览应选择适合陈设展览内容的音质,最好由专业人士来录制。例如历史类陈设展览,应选择男中音为宜;而民俗类陈设展览,应选择与观众贴近,易产生共鸣的具有亲和力的声音。

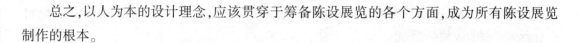

总之,以人为本的设计理念,应该贯穿于筹备陈设展览的各个方面,成为所有陈设展览制作的根本。

八、陈设展览文字说明的翻译

博物馆陈设展览文字说明除中文外,一般配有英文。随着中国与世界各国之间的交流日益频繁,更多的外国友人来到中国。博物馆是宣传中国文化的最直接的窗口,要让外国观众能够看懂陈设展览,就需要在语言上无障碍。英语是最具有世界性的语言,所以,各博物馆陈设展览文字说明基本都配有英文。除英文说明外,还应该在博物馆大厅观众接待处,准备一些以不同国家文字介绍陈设展览的小册页,如日文、法文、德文、西班牙文等。这些文字基本上涵盖了世界上大部分人的语言环境,可以满足来到博物馆的不同国家观众的基本需求。

(一)陈设展览的英文说明

陈设展览的英文说明首先需要撰写中文底稿。从上展说明文字的展示效果及版面考虑,英文说明不可能按中文说明全文翻译,需要单独撰写英文说明的中文底稿。英文说明的中文底稿一般为陈设展览大纲中文本的缩写本,此稿一定要简明扼要。

陈设展览文字说明的翻译工作,是一个十分重要的环节。它是保证陈设展览内容正确无误地被外国观众了解的基本途径,因此,翻译的人选和翻译的标准需要严格选择和确定。其中陈设展览文物的英文翻译,一定要请既懂文物,又懂英语的专家来完成。为了保证翻译中不出现专业上的笑话,他们必须了解文物的内涵,了解文物的专业术语。例如《古代玉器艺术精品展》中文物上的纹饰"天鸡"一词的翻译,最初翻译成"公鸡"和"天鹅",实际是错误的,应该翻译为"吉祥的鸟"。类似这种专业的内容,如果没有专业知识,只是从字面上理解加以翻译,势必会出现错误,给外国友人了解中国文化带来误导。

首都博物馆新馆专题陈设英文说明的中文底稿,撰写标准确定为前言和标题说明是在中文说明的基础上,缩减内容,只保留基本框架,修饰性内容全部删掉。而文物说明只要文物名称和年代,将中文说明中的文物出土地点、收藏单位、文物介绍等省略。

(二)各语种陈设展览小册页

目前,国内博物馆比较重视陈设展览内容英文说明的工作,而对于其他语种的翻译工作,大多没有落实。实际上,北京作为一个日益国际化的城市,应该以更高的标准来为世界各国的朋友们提供满意的服务。特别是作为窗口行业的博物馆,更应该意识到这一问题的重要性。语言是人们进行交流的最直接的手段,提供周到的语言环境,是真正意义上的文化交流。让各国观众走入博物馆有宾至如归的感觉,提供各语种陈设展览小册页,是目前博物馆可行的最佳选择,这种服务带给各国观众的是被关注及重视的感觉,既亲切又温暖,他们会对博物馆留下深刻的印象。

各语种陈设展览小册页的翻译工作,首先要撰写中文底稿,底稿应在陈设展览大纲的基础上,简明扼要地对陈设展览进行介绍,并配上二到三张有关陈设展览展厅或文物的照片。

对各语种小册页的翻译,要请专业人士来完成,从而确保翻译文稿的准确无误,特别是陈设展览中专有名词的翻译,一定要统一、专业、标准。

(三)对翻译文稿进行审定及校对

陈设展览说明文字的翻译工作最后都要经过严格的审定及校对,保证不出现一丝一毫的差错,这其中主要是对英文稿的审定及校对。

所谓审定包括两方面内容,一方面审定文稿是否符合陈设展览内容;另一方面审定英文是否既符合中国文化的内涵,又适合外国语言的表达方式。审定的专家分两个层次,一个是陈设展览内容方面的专家,一个是英文方面的专家。

在经过严格的专家审定通过后,还需要有专业人士对文稿进行仔细的校对,确保语法、用词、意思、标点上准确无误。在校对的过程中,展览责任人一定要本着认真、负责的态度,反复推敲,严格把关,使翻译文稿最终达到较高水平,准确地传达出陈设展览的意图。

九、内容设计者协助形式设计者完成陈设展览形式设计

陈设展览实施的第一步是完成陈设展览大纲的写作。第二步是陈设展览的形式设计,它是形式设计者发掘陈设展览内容的精髓,通过艺术再创作而形成的陈设展览内容的具象表现。从第一步到第二步的跨越,需要内容设计者为形式设计者提供帮助。形式设计者依据内容设计者的陈设展览理念,并遵循博物馆行业的专业标准,发挥形式设计的优势,进行陈设展览的形式设计。

内容设计者为形式设计提供的帮助,可通过与形式设计人员就陈设展览大纲内容进行的广泛、深入的交流方式完成。内容设计者应该将陈设展览大纲涉及的问题尽量详细、周到、清晰、明确地与形式设计者进行沟通,采取深入浅出的方法,使形式设计者对陈设展览内容的认识由表及里,由浅入深。形式设计者只有对陈设展览大纲能够达到融会贯通的理解程度,才会真正创作出精彩的、与陈设展览内容和谐的形式设计。

(一)内容设计者为形式设计者提供陈设展览背景资料

如何将陈设展览大纲的内容真正落实到陈设展览中,使整个陈设展览内容呈现在广大观众面前,需要内容设计者向形式设计者提供比较完备的陈设展览背景资料,这些资料是形式设计者创作的源泉,资料越丰富形式设计者可施展的空间就越广阔。当然,形式设计者运

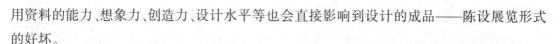

用资料的能力、想象力、创造力、设计水平等也会直接影响到设计的成品——陈设展览形式的好坏。

1.陈设展览大纲及大纲脚本

陈设展览大纲是背景资料中最核心的内容,它是形式设计者进行设计的灵魂,所有设计灵感的产生,都是陈设展览大纲派生的产物。形式设计者只有对陈设展览大纲进行了仔细的阅读、消化、吸收、理解、研究,才能设计出与陈设展览大纲内容相和谐的形式设计。

陈设展览大纲脚本是对陈设展览大纲形式设计提出的具体要求,如同拍摄电影的剧本,其中主要内容包括每件文物或展品的陈设方式、需要突出的文物或展品、展托设计要求等。形式设计者只有根据内容设计者提出的要求,依据陈设展览大纲脚本,充分发挥自己的天赋,才能创作出符合内容设计要求的形式设计方案。

2.陈设展览环境

形式设计者在拥有陈设展览大纲及大纲脚本这些文字背景资料后,还需要对陈设展览环境有一个全面的认知。因为,展厅面积、高度、承重、采光等陈设展览环境,直接影响到陈设展览形式设计实施的可行性。形式设计者要依据陈设展览的环境,设计陈设展览的蓝图,做到有的放矢。而博物馆陈设展览内容负责人或策划者应该将展厅的图纸、相关数据等提供给陈设展览形式设计者。形式设计者根据展厅的具体条件,有针对性地进行陈设展览形式设计,并结合展厅的特色,使陈设展览形式设计符合具体的陈设展览环境,达到取长补短的最佳效果。

3.上展文物资料

陈设展览内容表现的主体是展品,而展品中最重要的是文物。要在陈设展览中突出文物,使文物的表现恰到好处,形式设计者就需要掌握陈设展览文物的详细背景资料。根据这些资料,形式设计者才能设计出符合并可突出文物本身特性的展示手段。因此,内容设计者需要向形式设计者提供全部、详细、准确的文物照片、名称、年代、数量、级别、尺寸、重量、质地、出土或传世、用途等资料。

其中,文物照片可给形式设计者一个对文物的感性认识,使他们真实地了解文物的器形、色泽、纹饰等,对设计文物的展托、背景色调、艺术装饰等提供帮助;文物级别在一定程度上反映出文物的价值;文物重量为形式设计者提供了在设计中,如展厅、展柜、展托等可参考的承重因素,特别是大件文物的重量,可以引起设计者的特别关注;文物用途可以使形式设计者了解文物的特性,从而更加准确地设计出揭示文物内涵的陈设方案。

文物上展的总数量也要提供给形式设计者,使他们在有限的展厅空间里,合理地安排文物的展示。同时,形式设计者可根据展厅的实际情况,提出适宜的文物展示数量,内容设计者可参考形式设计者提出的建议,在不影响整体陈设展览内容表现的前提下,对上展的文物数量进行调整,使文物的展示更加和谐、完美。

4.辅助展品素材及技术要求

陈设展览中辅助展品的形式设计,也需要内容设计者向形式设计者提供相关的背景资料,一方面是辅助展品的素材,另一方面是设计这些展品的技术要求。不同的辅助展品在内容上侧重点上有所不同,例如:

①照片

须提供符合陈设展览要求的高清晰度底片,以及照片在陈设展览中的位置、表现内容、颜色(黑白或彩色照片)、底衬(照片背景色)、尺寸、形式、照明灯光等技术要求。

②图、表

须提供精确的样图、样表,以及图表在陈设展览中的位置、突出内容、质地、底色、尺寸、形式、照明灯光等技术要求。

③拓片

须提供按内容设计者要求完成的可上展的拓片,以及拓片在陈设展览中的位置、形式、照明灯光等技术要求。

④模型、场景

须提供详细的相关文字、图、照片等资料,以及模型和场景在陈设展览中的位置、形式、质地、尺寸、颜色、照明灯光、多媒体等技术要求。

⑤电脑触摸屏、视频

须提供丰富的相关文字、图、照片资料,以及电脑触摸屏、视频在陈设展览中的位置、形式、尺寸、颜色等技术要求。

5.形式设计要点

陈设展览形式设计中一些需要特别注意的内容和问题,或者说是形式设计的要点,也需要内容设计者向形式设计者明确指出。一般主要涉及展线、展区、色调、装饰、展柜、文物陈设方式、展托、照明等。

(二)内容设计者为形式设计者解读陈设展览大纲

陈设展览大纲是设计陈设展览的基础及灵魂,形式设计人员只有对陈设展览大纲有了充分的了解和认识,才能设计出符合陈设展览主题和精神的形式设计方案,使陈设展览内容得到充分的展示。但是,一般形式设计人员,只是对本专业的技术擅长,而对于其他领域的文化内涵以及专业知识,就显得有些欠缺。这种不足需要内容设计者为形式设计者提供帮助,通过双方深入的沟通,使形式设计者提升对陈设展览内容的认识,达到真正理解并可以确实解读陈设展览内容的设计能力。这一交流过程十分重要,是任何陈设展览在交给形式设计人员进行设计之前必须做的一件事。而且,双方交流的结果必须是使形式设计人员能够真正理解陈设展览内容。许多陈设展览形式设计方案不理想的原因,一方面是由于形式

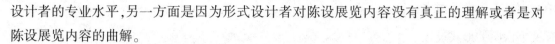

设计者的专业水平,另一方面是因为形式设计者对陈设展览内容没有真正的理解或者是对陈设展览内容的曲解。

内容设计人员与形式设计人员之间的交流,主要是对陈设展览大纲的解读,即内容设计人员针对陈设展览主题、风格、重点、文物、辅助展品、文字说明等有关陈设展览大纲的内容进行的解释和说明。

1.陈设展览主题

陈设展览主题是陈设展览大纲写作的灵魂,就如同文章的中心思想一样,它是引领陈设展览大纲内容的主线。内容设计者在写作陈设展览大纲之前,首先需要确定陈设展览主题,在这个基础上,再进行陈设展览大纲的撰写。

2.陈设展览风格

陈设展览形式设计中突显特色的内容是陈设展览的风格。而风格定位的标准应该来源于陈设展览大纲内容设计者的理念,具体而言,应该是陈设展览大纲撰写者对陈设展览文化内涵的理解与认识。形式设计者在陈设展览风格的确定上,应该特别尊重内容设计者的意见,将陈设展览内容与形式完美地结合,设计出具有内涵的、风格鲜明的陈设展览设计方案。

因此,内容设计者要将陈设展览需要表现的风格与形式设计者进行深入的沟通,使形式设计者对陈设展览风格的把握,尽可能准确无误。在陈设展览风格定位准确的基础上,形式设计者运用擅长的专业技能,充分发挥想象力,将陈设展览的总体风格贯穿于陈设展览形式设计中的每一个细节中。

3.陈设展览重点

一般陈设展览内容均分为几个部分,每部分在整个陈设展览中所处的地位不同,其中有些部分是陈设展览中的重要内容。而各部分上展文物,有重点文物及非重点文物两个层次。陈设展览中的重要部分及重要文物,肩负着表现陈设展览内容的主要角色,因此,内容设计者要针对陈设展览大纲中的重点部分、重点文物向形式设计者做出明确的提示及解析,并提出建议,使形式设计者在陈设展览形式设计中,对这些重要的内容进行重点设计,从而达到突出展示的效果。

4.文字说明

由于文字说明在展线上占有一定的空间,又是展板上主要的展示内容之一,因此处理好文字说明的形式设计,是决定陈列展览形式设计成功的一个重要条件。

一般对文字说明的形式设计,主要表现在文字说明的背景色及装饰、字体、字体颜色、字号大小、字的质地、字的陈设及表现方式、字在展线上的位置等。陈设展览中的文字说明主要包括展标、前言、标题、标题说明、文物说明、辅助展品说明等。这些文字说明是文物的配角,如何让主角文物魅力四射,需要形式设计者设计出符合文字说明特点的陈设方案。而方案设计的基础,需要内容设计者将不同层次的文字说明所表达的含义,向形式设计者解释清楚并提出有关建议。特别是一些专业内容,一定要让形式设计者在真正理解的基础上进行文字说明的形式设计。

5.上展文物

陈设展览形式设计除展区划分及展线走向之外,最重要的设计之一就是文物的陈设设计。文物是整个陈设展览内容表现的主角,文物陈设设计的好坏,直接影响到陈设展览的成功与否,因此内容设计者要将所有上展文物,以通俗的语言,诠释给形式设计者,让他们了解文物本身的特性及内涵,认识不同文物在陈设展览中所处的位置及作用。对于陈设展览中的重要文物,内容设计者要列出具体的目录,重点加以描述。特别是文物的使用功能,即用途,要让形式设计者了解清楚,包括文物使用时的具体方式、细节,也要传达给形式设计者。对于一些文物上的纹饰、铭文等特殊内容,如果需要展示应向形式设计者提出设计要求,从而使文物的展示达到全面、特色、清晰的最佳效果。

6.上展辅助展品

陈设展览中的辅助展品是调动、扩充、延展、丰富陈设展览内涵的重要手段,可以使静态的文物,通过辅助展品而充满活力,给观众一个享受陈设展览内容的空间,使观众在参观陈设展览中得到休闲的愉悦。特别是目前高科技含量辅助展品在博物馆陈设展览中的运用,给博物馆陈设展览带来巨大的冲击与改变,使传统意义上的博物馆焕发了青春。

陈设展览中如此重要的辅助展品,如何发挥好它的作用,使其真正成为激活陈设展览内容的要素,就非常需要内容设计者针对这些辅助展品与形式设计者进行充分、深入的沟通,让形式设计者确实理解辅助展品在陈设展览中的作用及地位,从而在形式设计中恰如其分地发挥辅助展品的积极作用。

但是,在设计中一定要处理好辅助展品与文物之间的关系,因为辅助展品只是衬托文物的绿叶,它绝对不能凌驾于文物之上。文物与辅助展品在陈设展览中有主次之分,这一点内容设计者一定要传达给形式设计者,使形式设计者在陈设展览设计中把握好分寸。

目前,有些博物馆陈设展览因过于强调使用现代化科技手段,盲目追求科技手段在陈设展览中的应用,却忽视了陈设展览主题及文物的展示,背离了陈设展览的初衷,结果本末倒置,使陈设展览缺乏内涵。

(三)内容设计者对陈设展览形式设计提出建议

内容设计者就陈设展览内容与形式设计者进行沟通并提出合理化建议,是保证陈设展览获得成功的关键因素之一。当陈设展览内容进入到形式设计阶段,虽然内容设计者没有形式设计者专业的技能,但是他们会敏锐地发现内容与形式两者之间最佳的切入点。因此,内容设计者一定要在陈设展览形式设计之前提出合理化建议,从而使陈设展览的形式设计不背离陈设展览的主题思路。但是,内容设计者绝对不能取代形式设计者,也不能禁锢形式设计者的设计空间,内容设计者的建议就如同架起一座陈设展览内容与形式之间沟通的桥梁,为形式设计者完成陈设展览设计铺平道路。

内容设计者对陈设展览形式设计提出建议主要包括四个方面,即展厅形式设计要求、陈设展览内容形式设计要求、展柜形式设计要求及展托形式设计要求。

1.展厅形式设计要求

展厅是陈设展览的场所,展厅要符合陈设展览内容的要求,首先需要进行基本的装修,主要包括吊顶,墙体,地面,墙或地上的插座、开关,门窗等。

在完成展厅基本装修后,针对陈设展览内容涉及的展厅形式设计要求主要包括形式设计风格、形式设计内容、展区划分、展线走向、人性化服务设施、采光等六个方面。

①形式设计风格

形式设计风格是统领整个展厅形式设计的灵魂。形式设计者在进行展厅形式设计之前,要根据陈设展览内容的主题,确定展厅的形式设计风格。除了要反映陈设展览主题外,在表现形式上,还应该具有鲜明的特色。展厅形式设计风格代表了陈设展览内容所蕴含的、主要的文化信息。形式设计者运用专业手段,将体现陈设展览主题风格的元素,设计、贯穿于整个展厅之中,营造出与陈设展览内容相和谐的展厅氛围。这些元素可以通过颜色、材料、文字、图画、照片、音乐、植物等来表现。

鉴于形式设计风格是引领展厅形式设计的关键,而且,陈设展览内容及主题决定了形式设计风格的趋向,因此,在形式设计之前,内容设计者首先要对展厅形式设计风格提出建议,以供形式设计者参考。

②形式设计内容

形式设计内容是内容设计者对形式设计者提出的陈设展览形式设计的范围和内容。它是形式设计者制订工作计划的基本依据。形式设计者除了按照专业的要求完成陈设展览应做的基本设计任务外,还必须尊重并实现甲方(即博物馆)或内容设计者提出的形式设计内容。

③展区划分

展厅内展区的划分是否科学、合理,关系到陈设展览内容展示效果的好坏。一个展厅,特别是形状不规则的展厅,不同的展区划分,会产生截然不同的效果。

一般陈设展览内容均划分成几个部分,形式设计一方面需要根据陈设展览内容的要求,另一方面要考虑展厅的实际情况,结合两者将展厅合理、巧妙地划分为若干区域,并使展厅空间得到充分的利用。

展区划分是整个展厅形式设计的关键,它直接影响到展线的设置。如果展区分布不合理,展线的走向及是否顺畅就会受到直接的影响,而展区、展线又是观众参观陈设展览时主要的坐标及导引。假如把展厅的陈设展览内容比喻为大海,那么观众就是在大海里航行的船,而展区及展线恰如大海中的航标灯,如果航标灯出现了问题,观众就会在展厅里迷失方向,不知所措,产生疑问和困惑。

因此,内容设计者一定要针对陈设展览内容的几个部分,特别是各部分内容在陈设展览中的地位,相互之间的关系,以及各部分展品的数量、体积、重量等内容,按照突出重点,囊括所有展品上展的原则为形式设计者提出划分展区的建议。

值得注意的是在形式设计时展区划分涉及的时间前后的顺序、相邻之间的关系等一定要与陈设展览大纲内容保持一致,绝对不能颠倒及混淆。

另外,形式设计者在分割展区面积时,不能只简单地以各部分展品数量的多少来确定展区的大小,各展区面积的大小以及位置的选择,需要衡量其是否为陈设展览的重点以及在展览大纲中的顺序,才能做出恰当的选择。

④展线走向

展线是为观众人为设定的陈设展览参观路线,它是串联各展区的"生命线",有了这条展线,各展区的关系才能有机结合,顺理成章。特别是以年代来划分各部分内容的陈设展览,展线走向的合理设置,就显得尤为重要。如果展线设置出现交叉、重复,就会在陈设展览内容表现上出现混乱,以致影响观众对陈设展览内容的理解,甚至会产生误导。

因此,展线走向的设置在展厅形式设计中非常重要,清晰、合理、准确、顺畅、人性化的展线走向设计,可以将观众由表及里、由浅入深地带入到陈设展览内容的世界里,当观众走完整个展线的时候,也就体验了陈设展览的全过程。而要设计好展线,首先要划分好展区,展线走向在很大程度上受展区设置的制约。展区与展线就像一对孪生兄弟,它们相辅相成,互相依托,缺一不可。

内容设计者在陈设展览大纲脚本中,向形式设计者提出陈设展览各部分划分以及展线走向的建议。形式设计者根据建议,结合专业特点,设计出相对完善的展线走向。

一般陈设展览展线的走向,都是按照人们日常的生活习惯,设置为顺时针方向,并以直线线段为组合的方式,构成整个展线。另外,为了避免展线交叉等弊病,在展厅中分别设置出入口,使观众参观陈设展览时不走重复路线。

⑤人性化服务设施

随着社会的发展,博物馆日益成为人们休闲的场所。陈设展览内容应追求以人为本的理念,关注人性化内容的设置,将博物馆建设成为观众的娱乐和休闲场所。在陈设展览中不仅展示与陈设展览内容有关的展品,更多地为观众设置参与项目,即陈设展览的互动内容,也逐渐成为陈设展览中不可缺少的重要环节。内容设计者对于这部分内容,要与形式设计者进行良好的沟通,使形式设计者理解并处理好互动内容与展品(特别是文物)之间的关系,既吸引观众,又扩大陈设展览的宣传与展示效果。

人性化服务设施在展厅中的表现,更多的是为观众提供优质、完善的服务,例如在展厅中设置各种指示和引导标识、背景音乐、绿色植物、残疾人通道、休息座椅、意见簿等。

目前，对人性化服务设施的认识，已经深入到博物馆从业者的心中，它已不再是形式设计上的推陈出新，而早已成为陈设展览形式设计中固定的、必备的设计内容。其中，对各种陈设展览引导标识的形式设计是帮助观众顺利参观陈设展览、享受周到服务的重要坐标，所以成为展厅形式设计中重要的内容之一，受到极大的重视，并在展厅中得到突出的显示。

⑥采光

采光是展厅形式设计中一个重要的内容。每个陈设展览都应根据其内容的特点以及展厅的建筑形式，采用适宜的采光方式。一般情况下专题文物陈设展览从保护文物的角度出发，比较适于采取展厅全封闭的方式。利用人工光源照明。因为，封闭的展厅可以有效地控制阳光照射对文物的损坏，以及展厅的温湿度、空气的纯净度等环境指标。利用人工光源可以针对不同的文物选择适宜的灯具及光源。而综合性的、以辅助展品(复制品、照片、图、表、模型、沙盘、场景等)为主的陈设展览，从节约能源以及环保的理念出发，则比较适于采取展厅半封闭的方式，利用自然光源与人工光源相结合的方式，解决展厅的采光问题。

内容设计者应该根据陈设展览内容的需要，提出展厅采光的具体要求。形式设计者根据内容设计者的要求，结合展厅建筑的特点，设计出适宜陈设展览内容的展厅采光方案。

2.陈设展览内容形式设计要求

从更好地体现陈设展览内容的角度出发，"陈设展览内容形式设计要求"较之"展厅形式设计要求"显得更为重要。对于陈设展览内容的形式设计，内容设计者除了为形式设计提供参考的基本文件——陈设展览大纲及大纲脚本外，还需要向形式设计者明确提出陈设展览内容的形式设计要求，主要内容包括明确上展文物量、文物陈设方式的设计要求、上展辅助展品和内容的展示设计要求。

①明确上展文物量

内容设计者向形式设计者明确上展文物量，就是划定了陈设展览形式设计的文物总量，它是确定一个陈设展览规模、展区分布、展线走向的决定因素。形式设计者了解了上展文物量，就可以在一定展厅空间里，合理地布置、安排展区及展线，并将上展文物以艺术的形式全面地呈现在观众面前。

上展文物量由内容设计者根据陈设展览内容加以确定。形式设计者需要在事先了解上展文物量的前提下，有的放矢地针对展厅的实际面积、高度、结构等客观条件，进行陈设展览文物的形式设计。但在具体的设计过程中，形式设计者可能会从展厅的实际情况以及形式设计艺术美学的角度出发，对上展文物量与展厅的容量是否和谐，是否需要进行调整提出意见。形式设计者建议增减上展文物，要本着不影响陈设展览主题和整体思路的原则，与内容设计者进行充分的沟通，在内容设计者认可的前提下，最终决定陈设展览文物的取舍以及文物上展的数量。

②文物陈设方式的设计要求

如何使文物在陈设展览中尽显风采,突出特色,在很大程度上取决于文物陈设的形式设计。而如何设计好文物陈设,其中重要的一环就是内容设计者通过陈设展览大纲脚本将每件文物陈设方式的设计要求,以文字的形式诠释给形式设计者。陈设展览文物展示方式的设计要求,主要包括文物的组合,成套文物的陈设方式,每件文物的陈设方式,重要及特殊文物的陈列要求。

第一,文物的组合

陈设展览中文物的组合,一般根据文物的不同性质、材质、类型、形式、内涵、时代、用途等形成若干组合,每个组合集中反映陈设展览一个方面的内容。组合的文物陈设,较之分散的文物陈设,可以达到突出、增强陈设展览内容的展示效果,正如集团军与散兵的优劣对比,组合文物陈设可充分发挥文物的优势和强势,在陈设展览中形成一股强大的阵势,给观众一种震撼的感觉,并留下深刻的印象。

但是,大规模的文物组合陈设不太适于精品文物的展示,因为,一般精品陈设展览中的每一件文物都是一个亮点,需要个体的突出展示,而不是被忽略或淹没。

因此,如何进行陈设展览文物的组合,在陈设展览中是否需要文物的组合,都需要形式设计者根据内容设计者的要求,结合陈设展览的实际情况,在设计文物展托以及展柜类型上做出相应的考虑。

第二,成套文物的陈设方式

陈设文物中有些是成套的文物组合,例如一套茶具中包括杯和盘。成套文物的陈设设计与单个文物陈设设计的主要区别,在于展托的大小及形式。相对于一般展托,文物组合的展托应该是异形展托。另外,如果成套文物的件数较多,还会涉及展柜的形式及展柜空间的大小。这些都需要内容设计者与形式设计者之间进行交流,根据文物套件的多少以及相互之间的关系,提出陈设组合的方式,使陈设设计符合文物原有的摆放方式及使用功能,避免出现成套文物被割裂设计展示。

成套文物陈设的优势可以强化文物的展示效果,突出表现该系列文物的特色,增加相关陈设展览内容的感染力。

第三,每件文物的陈设方式

对于陈设展览中每件文物的陈设方式,内容设计者首先通过陈设展览大纲脚本,将陈设展览中每件文物的展示要求具体明确。展示设计要求主要包括文物摆放的方式(平放、竖放、横放、倾斜放等)、文物展示的角度(全方位、正面、侧面、背面、顶部、底部等)、文物特殊的展示内容(题字、题诗、纹饰、落款等)、重要文物的突出展示、展托的设计理念、相关文物的配合等。

同时,内容设计者要为形式设计者提供需要的文物背景资料,主要包括文物的照片、质地、尺寸(以毫米为单位)、重量、级别、完残程度、形状、颜色、特性、文化内涵、文物保护技术要求等。

当然,内容设计者对文物陈设的形式设计要求,主要是供形式设计者参考。而形成出彩的文物陈设设计方案,则需要极大地发挥形式设计者个人的才能,以其专业的技能、丰富的想象力创造出来。

文物陈设的方式主要通过展托加以实现,展托制作的是否合理,是否精致,会直接影响到文物展示的效果。到位的、优质的展托可以极大地烘托文物的美,相反则会降低文物的魅力,因此展托的制作与每件文物的展示有着密不可分的重要关系。

第四,重要及特殊文物的陈设要求

一些文物会因陈设展览内容的需要以及文物本身所具有的较高的历史、科学、艺术等价值,成为陈设展览中的重要文物需要突出展出。

另外,有些文物需要采取特殊的陈设手段,才能达到最佳的展示效果,例如文物体量较小,需要放大才能看清上面的纹饰;文物刻有底款;文物的纹饰、铭文分布在文物的不同界面;文物器型及用途比较特殊等。这样就需要形式设计者针对文物的不同情况,设计出辅助文物展示的相关配套设置,例如设置放大镜、镜子、纹饰展开图、特写照片、特殊展托等,使观众可以全面地、清晰地、舒适地、准确地欣赏这些文物。

对于这些重要的、特殊的文物展品,内容设计者要提出形式设计的具体要求,形式设计者根据要求有针对性地进行文物陈设的形式设计,从而使这些文物能够在展厅或展柜内处于最佳的陈设位置,达到突出及充分展示的效果,并最大限度地引起观众对这些文物以及相关陈设展览内容的关注。

③上展辅助展品和内容的展示设计要求

从广义的角度理解陈设展览的辅助展品和内容,应该是除了文物之外的所有上展内容,主要包括文物复制品、图、表、照片、模型、沙盘、场景、多媒体、互动项目等。

一般情况下,博物馆陈设展览中的辅助展品是文物的配角,但是,当它肩负起弥补陈设展览中文物的缺环或文物无法表现的陈设展览内容时,就成了陈设展览的主角。特别是一些制作精致的文物复制品,在陈设展览中可以起到以假乱真的作用。另外,从观众的兴趣以及休闲的角度出发,一些辅助展品可以烘托文物的氛围,使文物陈设产生还原、立体的展示效果,拓展了文物展示的空间,使静态的文物焕发出活力,更加生动,更加吸引观众。因此,将陈设展览中的辅助展品和内容设计到位,也是决定陈设展览形式设计是否成功的一个重要因素。

而使形式设计者能够准确地把握好辅助展品及内容的设计思路,需要内容设计者将所有辅助展品及内容在陈设展览中的作用、地位、与文物的关系、展示的效果、设计要求等,尽量详细地、深入地诠释给形式设计者。其中,十分重要的一点是要提供制作辅助展品和内容的尽量完整的背景资料,这些背景资料提供的越准确、越丰富,辅助展品的完成、质量就会有保证。这些背景资料主要包括文字、图、数据、照片、音像等。特别是文物复制品、模型、沙盘、场景等的制作,更需要具备完整、准确的背景资料才能够完成。因此,内容设计者与形式设计者之间的沟通,在这里就显得尤为重要。

值得注意的是陈设展览中辅助展品的应用,一定是陈设展览必需的,多余或无关的辅助展品会破坏陈设展览的风格,扰乱陈设展览内容的整体思路,影响文物的展示效果,成为陈设展览中画蛇添足的败笔。

第一,文物复制品

这类辅助展品主要用于综合性陈设展览,在精品陈设展览中不提倡使用,而且只有在陈设展览中是非常需要的、不可替代的、不可缺少的文物才会复制。另外,博物馆的基本陈设和专题陈设,会展示一些镇馆之宝,这些文物需要在陈设中长期展示,从保护文物的角度出发,也需要制作这些文物的复制品作为替换展品。特别是书画作品,对环境的温湿度等比较敏感,不适宜长期展示。还有一些绝品、孤品、珍品,它们是中华民族的瑰宝,更需要精心的保护,而文物复制品正好可以担当起保护文物原品的重要角色。

另外,博物馆要经常动用馆藏文物在国内外举办一些展览,其中有些文物可能已经在本馆的基本陈设或专题陈设中展出,这就需要制作文物的复制品,在原件文物外展时临时充当馆内相关陈设中的角色。

陈设展览中如果需要复制文物,内容设计者要提出具体的要求。为了保证文物复制品的精致,内容设计者要积极配合文物复制者,为其提供有关复制文物的详细资料,包括文物的照片、图、年代、尺寸、质地、大小、形状、纹饰、重量、工艺特色、完残情况等,同时文物复制者应该对文物原件有亲身的感受。

首都博物馆新馆基本陈设《古都北京·历史文化篇》,作为反映北京历史文化发展的重要陈设。为了比较全面地展示北京历史发展的脉络,一些由于客观原因无法将原件在陈设中展现,但又反映重要历史阶段的标志性代表文物,就必须复制上展。例如北京作为人类的发祥地之一,标志着北京历史的开端的"北京人",必须在陈设中表现,但因房山周口店"北京人遗址"出土的"北京人"头盖骨化石原件下落不明,在陈设展览中只能以复制品来展示。

第二,图、表、照片

图、表、照片在陈设展览中的表现形式,除了以往平面展示外,在今天发生了很大的变化,很多采用了多媒体演示的手段。图上的线条、表上的数字、照片上的景物,都变成动态的演示,成为活的画面,并配以背景音乐或解说等,增强了展示的现实感、活力及吸引力。

首都博物馆新馆北京通史陈设《古都北京·历史文化篇》,在展线上就运用了投影方式取代了过去用照片表现的内容,动感的画面极大地吸引了观众的视线,强化了陈设内容的表现。

但这些内容的处理,需要内容设计者就其在陈设展览中的位置、作用、与文物之间的关系等提出有关建议,从而决定其在陈设展览中的大小、方式、质地、颜色、风格等。特别是形式设计者在设计中要注意其与相关文物之间的配合关系,使文物在陈设展览中始终处于突出、重要的位置。

第三,模型、沙盘、场景

相对于平面的图、表、照片,模型、沙盘、场景的展示,更加立体地将需要表现的陈设展览内容以按比例还原的方式,配合相关的环境相对完整地展现出来,使观众有身临其境的感觉。

博物馆发展到今天,已经出现了生态博物馆的管理方式,辅助展品的表现,也日益趋向于追求真实、生动、感人。特别是陈设展览中一些表现古代建筑的内容,通过制作按原大小比例缩小的模型,将真实的建筑缩影展现在观众面前,给人以直观的印象。另外,诸如地形、地貌、考古遗址、瓷器窑址、生产过程、市井民情、商业贸易、战争场面、活动场面等一些不易或无法以文物表现的内容,通过沙盘、场景等可以得到生动的体现。模型沙盘、场景等加上声、光、电等高科技手段的利用,使陈设展览的表现融入动态的方式,观众身处其中,会深切地感受到现场生动的氛围,更好地与陈设展览内容产生互动。

首都博物馆新馆在北京通史基本陈列中,就运用了模型、场景等表现形式,一方面比较生动地再现了历史的情景,同时弥补了文物不足以及文物无法表现的陈设内容。在《古都北京·历史文化篇》中设置了"元积水潭码头"等场景,以及根据清代康熙南巡图卷京城局部制作的清盛世京师街景模型。

这些具有活力的展示,需要形式设计者在透彻理解内容设计者提供的充分的背景资料的基础上,结合展厅的实际情况进行设计。在设计中值得注意的是占用相对较大的展示空间的场景设计,要处理好与陈设文物及陈设内容之间的关系。内容设计者要协助形式设计者处理好这些关系,使辅助展品真正发挥其应有的作用。

第四,多媒体

博物馆陈设展览多媒体的应用,主要是将文字、数值、声音、图形、图像等内容,通过计算机处理后,将所要表达的信息传送给观众,其中最普遍的载体形式就是电脑触摸屏。

对于多媒体在陈设展览中的应用,内容设计者应该提供需要的背景资料并提出相关的要求。例如在展厅中设置电脑触摸屏时,内容设计者需要提出具体的数量、在展厅中的大概位置,以及提供文字、图、照片、音乐等内置的背景资料。

首都博物馆新馆陈设展览采用了一些多媒体手段,显示了现代化博物馆的特性及优势,例如北京通史基本陈设中反映北京古代城市建设内容的《古都北京·城建篇》,就设置了多幕多媒体节目《古都神韵》。该节目运用了多重银幕制造纵深立体影像效果的高新技术,使用多组不同角度的投影和激光全息扫描投影技术在透明介质上描绘出彩色图像,通过在多个深度空间平面扫描,绘制出具有空间层次感的三维图景,结合特定内容主题的影像素材,利用前后视觉的透视关系制造出强烈的具有视觉冲击力的立体效果。自"屏幕1"至"屏幕4",按顺序分别代表距离观众由远及近的四道银幕。每段主题的内容由四道银幕同时播放同一主题的不同影像,一组镜头组合成一个立体影像。这一全新的多媒体技术使得观众无须佩戴眼镜或者使用烟雾类的成像介质,用肉眼即可观赏投影所呈现的三维立体效果,适合多人同时观看。

第五,互动项目

在陈设展览中设置观众互动项目的目的是为了强化展览的效果,吸引观众对展览的关注,使观众参与到陈设展览的展示过程中,极大地调动观众的兴趣,并最终对陈设展览留下深刻的印象。

互动项目的设计及制作,首先需要内容设计者将项目内容、大概位置、表现方式、规模、作用等向形式设计者解释清楚,特别是互动项目与陈设展览之间的关系定位一定要准确,要符合陈设展览的特性。

首都博物馆新馆民俗陈列《京城旧事——老北京民俗展》,在"降龙诞凤添人丁"部分,即反映家庭中孩子这一主题内容时,内容设计者针对儿童天性的活泼好动,特意设置了"玩具"互动展示区,展示风筝、毽子、七巧板、九连环、空竹、兔儿爷、泥娃娃、地陀螺、麻秆鸟、呱嗒嘴、面人等老北京的儿童玩具,在形式上采取了开放式的陈设方式,吸引了不仅是广大的儿童观众,连一些成年人也极有兴趣地参与其中。这一展区成为民俗陈设中聚集观众最多,观众停留时间最长的地方,互动项目在这里发挥了重要的作用。

但是,互动项目的表现方式在不同的陈设展览中应采取不同的方式。例如文物精品陈设展览,主要的目的是让观众欣赏文物本身的精美,在这类展厅里需要营造安静的参观环境,如果要设置观众参与的空间,可以采取设置电脑触摸屏的方式,观众根据个人的兴趣,点击相关界面,了解与陈设展览内容相关的更多的信息。首都博物馆新馆专题陈设即在展厅入口或出口处,设置了电脑触摸屏,内置有关陈设文物的图片及说明文字,方便观众查阅。内置的文物照片,通过观众的操作可以局部放大,让观众真切地感受到文物所蕴含的比较全面的信息。

3.展柜形式设计要求

展柜是陈设展览展示文物的主要载体,就像人的外衣,展柜是文物的装饰、支撑、负载、保护的外衣。珍贵的文物需要展柜的保护及帮助才能在广大观众面前亮相。当然,随着社会的进步,人们自我修养的提高,那些对环境因素(如温湿度、光照等)不敏感的文物,也可以裸展,使观众与文物之间没有距离与隔阂,更加亲近,充分感受到文物带给人们心灵上的温馨或震撼。

鉴于展柜在陈设展览中的重要作用,不仅是形式设计者要在展柜设计中发挥主要及重要的作用,内容设计者也应针对陈设展览的文物,提出展柜的形式设计建议。只有综合考虑不同的文物与展厅的结构、面积、采光等条件去设计展柜,才能使陈设展览文物能够按预期的要求得到全面的、最佳的展示。

展柜形式设计主要涉及展柜类型及展柜技术要求两个方面。

①展柜类型

展柜的类型主要由需要展示的内容及文物或展品来决定。柜体类型主要包括通柜、坡柜、中心柜、异形柜等。

通柜一般适于展示综合类的陈设展览,不同质地、体量的文物在一起展示,例如博物馆中的基本陈设。另外,一些专题性陈设展览也适合使用通柜,例如书画陈设展览,因为书画作品大多以立轴为主,要求展柜具有一定的高度,适于悬挂,所以,书画展厅的主体展柜一般以大通柜为主。

坡柜一般适于各类陈设展览中展示平面的、体量不大的文物,例如书籍、印章等。书画陈设展览中的卷、册页、横幅、扇页等横向的、小型的作品也适于使用坡柜。

中心柜是为了展示陈设展览中需要突出的文物或精品文物。对此,内容设计者要在陈设展览大纲脚本中明确提出,形式设计者在此基础上,确定设计相关文物陈设的展柜。一般精品文物主要陈设在中心柜内。

异形柜主要是展示一些形式特殊、体量较大的文物或展品,例如服装、模型等。

②展柜技术要求

展柜制作水平的高低,主要取决于其技术含量的高低。对展柜的技术要求主要包括材料、大小、封闭性、温湿度、防火、采光、开启、防盗、防有害物质、防尘、固定等。针对不同的文物,内容设计者要提出相关展柜的技术要求。

第一,材料

展柜材料主要包括两个方面,一个是制作柜体的材料,一个是装饰展柜外表的材料。展柜材料首先要保证文物陈设其中的安全。其次,根据文物质地的不同,选择适宜的材料,与展示的文物相和谐。大部分展柜在选择柜体材料时,更多地考虑展柜的安全性、坚固性及耐久性,从对文物无害的角度出发,选择表面喷塑涂料的钢板、不锈钢、铝合金等材料;同时也要考虑表面装饰材料与展示文物风格的协调。

对于展柜材料的选择,内容设计者可以向形式设计者提出参考的建议,促使形式设计者在选择展柜装饰材料时,能够以表现文物内在的文化底蕴为基点,更好地烘托陈设展览内容。

第二,大小

简单地说,展柜的大小决定于文物的大小,大文物用大展柜,小文物用小展柜。但从设计的理念出发,从展示的美学考虑,展柜大小的确定就不仅仅依赖于文物的大小。有些在陈设展览中十分重要的文物,即使是体量不大,为了突出展示,也会占用较大的展柜空间,或以中心柜的形式单独突出展示。特别是一些具有艺术夸张及造型的异形展柜,更不是以文物的大小来设计,唯一追求的目标就是要达到充分、适宜、突出地展示文物。还有,一些需要以群组方式集中展示的文物,也许其个体并不大,但为了营造宏大的气势,也需要配以大型展柜进行集中展示。另外,从展厅整体效果、制作经费、可长期使用等角度出发,一般陈设展览设计的展柜以两种尺寸及类型居多。

因此,设计制作展柜的大小,不完全取决于文物的大小,而在很大程度上决定于文物在陈设展览中的地位和展示的要求。对此,内容设计者要将陈设展览中需要突出的文物,或者需要特殊展示效果的文物,与形式设计者进行充分的沟通,保证展柜的大小符合文物展示的要求。

第三,封闭性

封闭性能好的展柜可以有效地控制展柜的温湿度、防尘、防有害物质的侵入、保证空气的纯净度等,对于柜内文物的保护有着十分重要的作用。实际上,衡量展柜质量的好坏,封闭性能是其中一个比较重要的指标。内容设计者根据不同的文物,提出对展柜封闭性的不同要求,对书画、丝织品之类的文物,为了达到柜内恒温恒湿,展柜必须具有良好的封闭性。

第四,温湿度

展柜内保持一定的温湿度,是博物馆陈设展览对于文物的必备的、基本的保护措施。书画、纺织品、竹器、木器、漆器、骨器、油画、壁画、天然皮革等对温湿度敏感的文物,如果展柜内出现温湿度不稳定,就会引起这些文物的起皱、变形、开裂等严重后果。

博物馆在展示文物的同时,要时刻牢记保护文物的重要职责,不能以损坏文物为代价进行陈设展览。文物是不可再生的、传承文化的载体,要不惜一切代价去保护。内容设计者对陈设展览中需要保证一定温湿度的文物,要明确提出展柜相应的技术要求。

第五,防火

防火是包括展厅、展柜等一系列有关陈设展览设施的必备的基本要求。特别是展柜,从它所用的材料、光照温度控制、防火条件等,均须特殊考虑,要符合防火的专业标准。

在预防的同时,要设置灭火系统及设备。不同的文物,灭火的设备不同,例如纸类文物适于用气体灭火,而决不能用水。随着科技的进步,现代化博物馆在防火配套设施的利用上,会越来越先进,更有利于文物的保护。

第六,采光

文物展示效果的好坏,在很大程度上取决于展柜的采光。展柜采光方式的选择,从保护文物的角度出发,使用人工光源可以根据文物的需要,选择适宜的光源及灯具,并设定或采取对文物无害的光照亮度及效果(包括照射的角度、距离、范围等);从营造陈设展览环境及氛围,突出展示文物上,人工光源可以最大限度地掌控光源及光照度;形式设计者在设计文物照明上,人工光源可自由施展的空间范围更大。

那些对温湿度等要求较高的文物,展柜采光必须使用人工光源;而可以裸展的文物,可以利用自然光。当室内光线不足、影响观众参观时,可通过展厅中的辅助人工光源,临时补充自然光照的不足。总之,展柜采光设计应根据柜内相对固定的陈设展览内容及文物或展品,采取相应的采光方式。

从节约能源、环保的角度出发,博物馆展柜采光应采取自然光源与人工光源相结合的方式。

展柜采光无论采用何种光源及灯具,都要从保护文物的角度出发,同时具备基本的、相应的、专业的技术指标。首先,展柜灯光应该是可调控的,根据文物或展品对光照亮度、角度、范围等的要求,可调整出适宜的灯光效果。其次,在光照亮度上,应该使照射到文物或展品上的灯光呈现出均匀的效果,除非是陈设展览的特殊需要,绝对不能出现明暗不同的结果。另外,要避免展柜内灯光对文物照射时产生的眩光问题,因为眩光不仅使观众的眼部产生不适,还会影响到文物或展品的展示效果。有些文物还需要设定特殊的光照方式,例如为了保护书画作品,一些博物馆在展柜内采用自动灯光控制系统,即观众靠近时柜内灯亮,观众离开时柜内灯熄。这种光照效果一方面避免了长时间光照对文物的损坏,另一方面节约了能源及开支,可谓两全其美。

第七,开启

展柜“门”的设计,一方面要考虑安全性,另一方面要方便工作。设计中要将展柜“门”的高度、宽度及位置等作为关键点,保证陈设展览的布展、撤展、调换文物或展品、展柜清洁等操作的安全、方便、快捷。

形式设计者在设计展柜开启时,要充分考虑到文物的体量、质地、数量、安全等诸多因素,特别是放置较大体量、易碎文物的展柜,就更要特别注意文物及工作人员进出的方便,不能人为地设置障碍。

一般通柜的“门”在展柜的一侧,也有的设在展柜正面玻璃处。展柜玻璃由若干块组成,底部置于凹槽内可以移动。

中心柜的开启方式各有不同,例如有些展柜上部由玻璃罩构成,开启时先打开锁,然后通过人工手摇或电动提升玻璃罩的方法即可打开展柜。相对于通柜,中心柜的开启要灵活、方便。

第八,防盗

防盗功能是展柜诸多设计要素中比较重要的内容,因为展柜是展览文物保护和防卫的最后一道防线。

展柜防盗主要是通过性能优良的锁具来实现,锁具是保证展柜内文物安全的重要部件。博物馆对展柜锁具的要求,一般为牢固、耐用、操作方便,还要符合展柜的风格,与展柜和谐,融为一体。另外,锁具在展柜上的位置最好不暴露在外,而应相对隐蔽,这样既美观又安全。

同时,展柜的封闭性、材料的坚固、防盗报警系统等的设置,也是十分重要的防盗措施。特别是通过安装防盗报警系统,可以有效地制止文物的被盗。

目前展柜主要的防盗手段有:声控报警系统、防盗报警器、防盗报警玻璃、防盗报警纱网、多维驻波探测器、位移传感器、拉力传感器(主要用于挂书画等文物的安全防范)和压力探测器等。

对于展柜锁具的形式以及质量,形式设计者要给予极大的关注,锁具虽小,关系重大,不能轻视及忽略。

一些博物馆,常常因为锁具的问题,影响陈设展览的布展以及正常开放。更严重的使宝贵的文物丢失,给国家造成无法挽回的损失。

首都博物馆新馆展柜锁具采用了双保险的开启方式,要打开展柜必须同时使用钥匙和特殊工具才能实现(主要用于通柜)。同时,在展柜防盗上使用了防盗报警系统(主要用于墙柜)、夹胶玻璃、红外线报警器等,从而保证了陈设展览文物的安全。

第九,防有害物质

展柜应具备良好的封闭性能,以防御有害物质的侵入。对虫、霉、病菌、空气污染等具体的有害物质,还应设置相关设备及技术防范措施,并根据不同文物采取不同的办法,有效地防范有害物质对文物的侵蚀。例如纸质、木质、纺织品等类文物,虫害的威胁很大,要重点防范。

所有展出文物在进入展柜之前,都要经过消毒处理,将一切有害物质排除在展柜之外。展柜在布展前要进行彻底的保洁,保证展柜内卫生、安全。在展柜封闭性能及展厅空气质量和环境卫生良好的条件下,确保有害物质无法对展柜内的文物产生威胁。

第十,防尘

防尘是展柜技术要求中最基本的内容,防尘性能的好坏与展柜的封闭性有着直接关系,封闭性好的展柜防尘效果好。

空气中的粉尘对文物的影响,最明显的就是观感效果。假如粉尘落在文物上、展托上、展柜内,会破坏陈设展览的展示效果,甚至给文物带来危害。特别是空气干燥,扬尘天气多的北方地区,展柜的防尘功能更是重要的技术要求之一。

除清扫展柜和清理待展文物外,还应从整个展厅的角度解决防尘问题,使展厅本身具有良好的封闭性,通过科学、合理的清洁手段,保持展厅的整洁。

第十一,固定

展柜固定是保证陈设展览文物在展出期间安全的重要因素之一。展柜中的文物是观众关注的焦点,在陈设展览开放时,展柜始终处于观众的"包围"之中,难免出现被触摸、依靠,甚至碰撞的情况。有些青少年观众,由于自身约束能力的局限,有时会在展厅中打闹、跑动,难免会出现意外,撞到展柜上。这些结果,轻则使展柜摇晃,重则使展柜移位,造成展柜内文物的不稳定,甚至使文物受损。因此,为了预防这些恶果的出现,对展柜一定要进行必要的固定,确保展柜坚如磐石。

展柜设计除了要具备以上一些技术要求外,还要从观众和展示美学的角度出发,使观众方便和适宜地欣赏文物和展品。另外,还应注意展柜玻璃宽敞、透亮、清晰,展柜柜体尽量不出现对观众身体造成危险的硬角,展柜样式及颜色与陈设展览内容和谐等细节。

4.展托形式设计要求

展托是展现文物风采的载体,可以通过自身的特殊造型、风格、材料等,衬托出文物的独特魅力。内容设计者要针对陈设展览内容提出展托的设计建议,例如展托的风格、材料、保护文物的技术要求等。而形式设计者则要充分了解文物的质地、年代、尺寸、重量、颜色、造型、用途、工艺等详细情况。

从陈设展览类型区分,综合性陈设展览的展托,因为要适于各类文物的陈设,一般为长方体或正方体,并根据陈设展览内容的需要,选择适宜的展托材料以及表面装饰及颜色。对于其中一些特殊文物的展示,一般在整体展台的基础上,制作异形展托,使文物得到充分的展示。而专题陈设展览文物的展托则需要根据文物的特点,选择并制作相应风格及材料的展托。重要的、精美的文物,则需要特制专门的展托,从材料、造型、纹饰、工艺上充分表现文物所特有的文化内涵,使展托不仅衬托文物的美,更成为与文物融为一体的、带有相同文化信息的载体。

在展托制作时,形式设计者不能仅依靠内容设计者提供的文物背景资料,就贸然进行设计及制作,而应在文物保管者的配合下,亲身感受文物的魅力,亲手量好文物的精确尺寸(精确到毫米)后,再动手设计和制作展托。小件文物或者形状特殊的文物的展托,更需要在设计和制作中一丝不苟。即使这样,文物上展时,还需要形式设计者与展托制作者在布展现场密切配合,对文物展托进行最后的深加工,使文物与展托之间严丝合缝,呈现给观众最佳的展示效果。总之,文物展托的设计及制作要精益求精。

另外,所有展托都需要针对文物的特点,制定万无一失的展托固定方案,固定内容主要包括两个方面,即展托与展柜之间固定、展托与文物之间固定。展托固定可以保证展托支撑及衬托文物的安全,避免文物受到损坏。

以上一系列内容设计者对陈设展览形式设计提出的建议,可以有效地帮助形式设计者更好地完成陈设展览形式设计。内容设计者与形式设计者之间的沟通,是陈设展览形式设计之前十分重要的、不可缺少的环节。

(四)对陈设展览形式设计方案文稿进行审核及校对

内容设计者要对设计单位的形式设计方案文稿审核,以确保陈设展览形式设计方案的规范、合理、准确、陈设展览内容的全部到位。这种审核,要随着形式设计方案文稿的不断修改而不断进行,直至定稿为止。这种审核,是保证陈设展览形式设计方案水平、高质量实现陈设展览内容的重要步骤,需要极度认真、细致、深入地对待。对陈设展览形式设计方案文稿进行审核及校对的内容主要包括展区和展线、文物、辅助展品、文字及标点符号。

①展区和展线

陈设展览形式设计中关系到陈设展览内容展示效果的一个最主要的关键问题,就是陈设展览区域的划分及陈设展览路线的走向。因此,内容设计者要仔细、认真地对展区及展线的形式设计进行审核,确定形式设计方案中的陈设展览区域划分是否准确,展线是否合理,从陈设展览内容上把握其准确度。展区及展线设计,要避免出现仅仅为了追求形式上的唯美或创新,而破坏了陈设展览内容之间的相互关系,这种相互关系包括因果关系、时间前后顺序、相关内容等。好的展区划分和陈设展览线路,会有助于观众对陈设展览内容的理解,产生对陈设展览参观的兴趣。反之,会引起观众对陈设展览内容的混乱认识,以致茫然不知所措。

展区及展线的形式设计,对于布局比较规范的展厅相对容易些。而一些圆形、曲线形、不规则形等特殊形状的展厅,在展区与展线设计中则易遇到重复往返及相互干扰等问题,这就需要设计者具有一定的专业水平,能因地制宜,并推陈出新。

②文物

文物是体现陈设展览内容的载体,文物的设计是否到位,关系到陈设展览内容的展示效果。内容设计者对形式设计方案中有关文物设计的审核,主要包括所有陈设展览文物是否全部设计到位、文物陈设顺序是否准确、重点文物是否得到突出展示、成组(套)文物是否集中陈设、文物陈设方式是否准确等,通过全方位地把握文物形式设计的准确性,使陈设展览真正以文物说话成为现实。

要达到文物陈设设计的高水平,应该使文物在陈设展览中成为具有活力的、充满艺术魅力的、散发出深厚文化底蕴的、具有灵魂的东西。形式设计者应该把文物当作一个具有生命力的对象去看待,使文物本身所负载的一切,通过具有想象力、创造力的形式设计表达出来,揭示文物背后的故事,从而感动观众。

③辅助展品

辅助展品的形式设计与文物的展示设计一样十分重要,而且在理念上形式设计者可以赋予它的因素会更多。文物的陈设设计不能改变文物的原貌,而一般辅助展品则可以根据形式设计者的思路进行创作。形式设计者对辅助展品具有更多的可操作性,施展的设计空间会更加自由、广泛,可以充分发挥个人的设计才华。

内容设计者对辅助展品形式设计审核的内容主要包括:辅助展品是否全部设计到位,设计的位置、大小、内涵是否符合陈设展览内容的要求,与文物的关系是否协调等。其中的辅

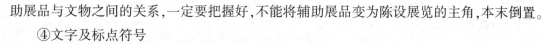

助展品与文物之间的关系,一定要把握好,不能将辅助展品变为陈设展览的主角,本末倒置。

④文字及标点符号

内容设计者对文字及标点符号的审核,首先要保证上展文字及标点符号的准确。文字内容主要包括展标、前言、标题、标题说明、文物说明、辅助展品说明等。内容设计者对这些文字要逐字、逐句、逐段的排查,以确保不出现一丝一毫的差错。

其次,对上展文字的字体、字号及颜色,标点符号的样式、大小、颜色等进行审核。上展字体、字号及颜色的设计,要根据陈设展览内容的特色统一确定。字体的选择,应该使用观众容易看懂的隶书、楷书、行书等,而草书及篆书不宜使用。字号的选择,应该以观众可以看清为标准。而字的颜色,一般陈设展览多采用黑色;如果为了烘托陈设展览内容,在部分陈设展览文字中(主要指艺术类陈设展览)可以采用一些特殊的颜色,但颜色的选择必须是陈设展览内容需要的,否则不予考虑。标点符号的位置要规范、整齐,要考虑展示的美观并符合人们的阅读习惯,标点符号不能放在一行的开头(主要指逗号及句号)。标点符号的样式、大小、颜色要统一,并与相关文字协调一致。特别需要注意的是同一级别(同一类型、同一层次)的陈设展览内容,在字体、字的大小及颜色,以及标点符号的样式、大小、颜色上要统一。如果一个陈设展览在文字及标点符号的表现上出现五花八门的样式、大小及颜色,必然会给观众带来视觉上的干扰,不利于观众对陈设展览内容的理解,影响陈设展览的效果及水平。

对上展文字及标点符号的审核,是一个十分耗时、耗力的工作,对此内容设计者要有充分的思想准备,要时刻保持清醒的头脑、敏捷的思维,并给予高度的重视。文字及标点符号虽小,但如果出现差错,也会影响到整个陈设展览的形象,所以不能有丝毫懈怠。

十、陈设展览施工制作招标

陈设展览形式设计完成后,在施工前,先要进行陈设展览施工制作单位的招标。对于施工制作单位的选择,博物馆一般会倾向于让对陈设展览内容有了深入了解的陈设展览形式设计的单位来完成。如果另行招标由其他单位完成,难免会人为地造成陈设展览形式设计与施工制作的脱节,不能很好地体现陈设展览的形式设计思想及风格,影响陈设展览制作的专业性及对陈设展览文化内涵的深入揭示。

陈设展览施工制作,主要包括展厅环境的装修、展板制作、展柜内装饰、展托制作等。其中涉及一些专业性较强的陈设展览制作,一般采取分项目招标的方式完成。这些项目主要包括展柜,复制文物,制作模型、沙盘、场景,照明,多媒体制作等。分项目招标的好处在于使陈设展览制作更加专业化,达到优势互补,使相关领域的先进技术及专家、能手,可以在陈设展览中得到应用并发挥专长,从而确保博物馆陈设展览制作的高水平。招标的目的就是优胜劣汰。

(一) 展柜

展柜招标是陈设展览分项目招标中最重要的内容之一。因为,展柜是支撑起陈设展览主线的脊梁,也是陈设展览主角文物的主要承载体,它的制作水平的高低,直接影响到陈设展览的整体效果。展柜招标中需要注意的是展柜要符合陈设展览内容及形式设计的要求。

首都博物馆新馆在展柜招标中,除提供了展柜设计图,还附加了相关要求,例如对展柜的材料、骨架、锁等,提出了明确的选材及制作标准。

目前,国内展柜生产还无法与发达国家的展柜生产水平相提并论。陈设展览中用来突出重要文物或精品文物,以及用来保护一些易受环境因素影响的珍贵文物而设计的展柜,主要是中心柜,因其造型独特,技术要求高,作用重要,大多数博物馆在经济条件允许的情况下,会以国外厂家的优质产品作为首选。

首都博物馆新馆在临时展览的展柜招标中,选用了德国一家公司提供的高质量展柜,为新馆开馆后举办的临展配置了高水准的文物展示空间。

(二) 辅助展品

陈设展览中的辅助展品,其中复制文物,制作模型、沙盘、场景等,在陈设展览制作招标中是非常重要的。特别是复制文物,要忠于文物本来的面目,在专业要求以及制作工艺上,较之一般的辅助展品,难度更大,因此在招标时要严格把关,选择专业的制作公司进行设计及制作,从而保证复制文物的质量。

实际上,所有陈设展览的辅助展品,均需要选择业内的专业公司参与制作。这些公司了解博物馆陈设展览的性质及需求,与博物馆之间的沟通比较顺畅,会减少因曲解和误会陈设展览内容及目的而造成的工作上的失误及麻烦。

(三) 照明

陈设展览照明主要包括展厅和展柜照明。

展厅照明主要包括整体展厅营造氛围的灯光设置、观众参观通道的照明、展柜照明的辅助光源等。展厅照明需要注意的是不能影响柜内文物的展示效果,如果灯光过亮,难免会将观众的视线从文物吸引到展厅的装饰和装修上,从节约能源的角度看,也是不必要的浪费。在条件允许的情况下,目前展厅照明一般多采用自然光源。

展柜照明主要涉及灯具、灯轨、光源控制等。首先,照明要以对文物无损为前提。不同的文物对照明的技术要求不同,特别是书画、丝织品等对温度十分敏感的文物,就需要给予特殊的照明设置。展柜内照明从保护文物的角度出发一般使用人工光源。

陈设展览照明制作招标,要考察投标公司的技术、专业能力和水平,特别要注意其所提供的灯具在保证光照效果的同时,要具有对文物无损的硬性技术指标。

首都博物馆新馆展柜照明招标选用了德国某公司的灯具及灯轨。相对于国内产品,该产品在灯具质量、灯光调控、灯轨使用上,具有很大的优势,具有高质量的聚光、散光的控光功能,可以在一定范围内营造出需要的灯照效果,且光色均匀、柔和。

（四）多媒体制作

多媒体制作的招标主要是考察投标单位的实力,是否能够很好地完成博物馆提出的制作要求。博物馆一般通过统一命题的方式,实际考验各投标单位的设计创作能力,从中选择最佳单位。

首都博物馆新馆在多媒体项目招标中,让各家投标公司制作一个瓷器烧造过程的影片,以此作为衡量的标准,最终选择了四家公司参与多媒体的制作。之所以选择四家公司,是因为陈设展览的类型及内容不同,对多媒体制作的要求亦不同,四家公司可以分别以各自的优势,参与首都博物馆的多媒体项目制作。同时也因为项目较多,为了争取时间,分别运作,齐头并进,从而保证多媒体制作的顺利、如期完成。

总之,陈设展览施工制作招标是陈设展览制作的前奏,在陈设展览制作之前,需要做好相关的准备工作。

十一、展厅装修及展具和展品制作

展厅装修及展具和展品制作是陈设展览实施的第三步,它是第二步陈设展览形式设计的实现过程。在具体工作运作前,要在组织及管理上制定严谨、周密、量化、工作进度、责任到人的安排,这样才能使整体工作有序地、科学地、合理地运行,达到统一管理及各方配合的完善与和谐,不出现任何漏洞及失控状态,确保陈设展览工作顺利、按期完成。

展厅装修及展具和展品制作的具体运作,需要依据形式设计者事先设计好的方案进行。

（一）展厅装修

展厅装修主要包括顶部、墙体、地面等。

1.顶部

展厅顶部装修即吊顶,主要包括:

①结构吊顶,例如钢架结构等。

②装饰贴面,即顶部表面装饰。装饰贴面一般选择符合展厅特点的材料,主要是满足展厅功能的要求。有些博物馆临时展厅顶部的表面,采取结构吊顶直接裸露的方式,不做任何装饰处理。

③灯位设置,即灯具所在位置。

④空调口设置。

⑤防火喷淋口设置。

⑥烟感器设置。

另外,吊顶内还须设置展厅照明灯光管线系统、防火喷淋系统、空调管道等。在进行展厅顶部装修中要特别注意处理好与墙体装修之间的关系,即顶部与墙体的衔接部位要处理好,两者之间不能脱节,过渡要自然、不生硬。

2.墙体

对展墙的装修主要包括实用部分(承重和支撑部分)及表面装饰两个方面。具体包括对所有墙体的基础装修,墙体表面的整体装饰(选择适于展厅环境或展览内容的材料及颜色),墙体上的门及窗(样式及装饰要符合展厅的风格),墙体内设置电源线、网络线,墙面上设置插座、开关等。

墙体装修既要与顶部装修衔接好,同样要处理好与地面装修的衔接问题,墙体与地面要和谐地融为一体。

3.地面

展厅地面装修应该与墙体装修同步进行,这样可以处理好两者之间的衔接问题。地面装修首先应做好内部设置,包括铺设电线、网络线等。地面装饰先以水泥打底,然后装饰表面。地面装饰材料首先要考虑耐用,进而从适于该展厅内容的风格入手,包括颜色的选择。地面装修特别要注意地面插座的位置及数量,确保展厅内电源的需求及使用的方便。

4.综合目标

展厅装修要满足展览所需的基本环境、条件和要求。具体而言现代化博物馆展厅应该具有以下功能及设备:

①温湿度控制

展厅局部或全部具有24小时中央温度及湿度控制系统,达到恒温恒湿。

②空气纯净度控制

展厅局部或全部24小时中央气体过滤系统。

③展厅全封闭或半封闭,使用人工光源。

④展厅人流通道

⑤展厅物流通道

⑥展厅出入口

⑦展厅无线通信设备

⑧展厅安全措施,主要内容包括:电子监视系统;报警系统;防火系统;灭火系统;防盗系统;防污染系统;锁闭系统[机制];安全通道;护栏。

⑨人性化设施

人性化设施主要包括残疾人通道、儿童服务设施、陈设展览导引标识、各种服务设施导引标识(例如电梯、卫生间、餐厅、商店等)、观众休息坐椅、观众留言簿、展厅背景音乐设备等。

对展厅的装修,要符合国家规定的标准,在选料、制作等方面要符合环保要求,同时还要严格遵循行业的标准。

(二)展具和展品制作

展具和展品制作主要包括展柜,版面,展托台,模型、沙盘、场景,照片、图、表,复制文物,照明,多媒体等。

1.展柜制作

展柜是展具制作中最重要的部分,也是陈设展览中展现文物的主要载体。博物馆在展柜制作时,一般会选择符合陈设展览需的专业厂家来完成。

展柜制作除了要符合基本的技术要求外,还要适合展厅文物的特性与风格。同时,考虑展柜使用的普遍性及特殊性。内容相对固定的展厅,对展柜的布局及样式的要求变化不大,因此,可以做成固定的展柜。而临时展厅,则要求展柜具有可移性、灵活性、多样性,以适应不同内容的展览。

如果从展柜使用的便捷、经济角度出发,在同一展厅内应考虑设置两种以上功能的展柜,一种相对固定,一种可以根据陈设展览内容的变化,调整展柜的位置及样式,后者一般指可移动的坡柜、独立柜、异形柜等。

2.版面制作

版面制作主要涉及陈设展览前言、标题、照片、图、表、拓片、纹饰展开图、文物说明、结语等。版面制作一般由中标的制作单位根据博物馆陈设展览设计的要求,使用符合标准的材料,以适宜陈设展览内容的要求,进行专业制作。特别是表面的装饰,一定要符合相关陈设展览内容的风格及特性。

版面制作的基础是展板的制作,它关系到整体制作的质量及水平。首都博物馆新馆陈设展览在展板制作上,首先,选择符合环保的板材,要具有安全性,即阻燃、防虫等。选用材料主要包括:中密度板、细木工板、有机玻璃板、钢板、铝塑板、PVC 板等。其次,根据各展厅的形式设计风格,选用适宜的展板表面装饰材料,以配合营造陈设展览氛围。

但是,随着社会的飞速发展,以往博物馆陈设展览中许多通过版面表现的内容,很大比例已经由具有现代化科技手段的多媒体技术所取代,并日益成为博物馆陈设展览发展的趋势。陈设展览中涉及的多媒体技术,主要包括幻影成像、拼频投影、双拼投影、多幕立体投影等。例如首都博物馆新馆基本陈设《古都北京·历史文化篇》中,利用投影技术来表现老山汉墓、辽皇帝北京行猎、元大都、北京保卫战、开国大典等内容;在《古都北京·城建篇》中,利用等离子显示器表现琉璃河西周燕都、东周燕都与长城、千年蓟城等内容。

3.展托台制作

展托台与陈设展览中文物的展示关系密切,好的展托台可以衬托出文物的特色及亮点,使文物得到充分的展示。

形式设计者在设计展托台之前,首先要了解文物的大小、造型、质地、重量、特点等因素,然后再进行设计。

展托台的制作一定要由专业厂家来完成。其中展托的制作,要求精度更高,特别是展托的尺寸,稍有误差就无法使文物恰到好处地进行展示。因此,展托制作单位在布展现场要准备好加工展托的设备及材料,以备随时对展托进行精加工。另外,展托的形状、质地、颜色、坚固性等一定要符合所要展示的文物的要求。

展台是展示展品的基础台面,一般作为异形展托的基础,比较适宜展示集群式和成组的展品。展台的形式要适于不同类型及形状的展品的展示。展台的大小既要满足展品展示的需要,同时要处理好与展柜之间的关系,展台过大或过小,都会造成与展柜的不和谐,影响到陈设展览的美感。

4.模型、沙盘、场景制作

辅助展品中,比较重要的是一些大型的模型、沙盘、场景等。这些展品的制作,需要有比较完整的、准确的相关资料的支持,包括文字、图、照片等,资料越翔实,成品的内涵会越丰富,展示的效果更逼真。同时,这类辅助展品要由具有专业经验的公司制作,以确保这些展品的水平及质量。

目前,随着高新技术不断在博物馆陈设展览中的应用,许多辅助展品借助科技手段,呈现出立体的、生动的展示效果。例如配合模型附加投影,以动态的影视效果,丰富与模型相关的展示内容;配合场景设置多媒体技术成像系统,营造实景氛围;配合沙盘使用灯光控制系统,以灯光演示沙盘中需要突出的内容。这些有声、动态、立体的辅助展品,极大地提升了陈设展览的动感效果,弥补了静态文物展示的不足,使陈设展览充满了活力与现实感。

需要特别注意的是,这些辅助展品的制作周期较长,在陈设展览制作安排上,要提前做好工作计划,保证展品能够按期、保质地完成。

5.照片、图、表制作

陈设展览中照片、图、表的制作,一般由陈设展览中标的设计公司负责完成。

目前,这些平面的展示,越来越多地融入了科技的展示设计及制作理念,较多地采用了具有动感的投影等方式进行展示,或在照片、图、表之上,添加一些动态的形象、实物、箭头、标志、颜色等,丰富展示的内容。在展示手段上,采取了多形式、多角度、多材料的创意,使陈设展览中相对枯燥的照片、图、表,以崭新的面貌出现,吸引了观众的注意。

为了突出博物馆陈设展览展示品的独特性,在照片制作上,应以艺术创作的视角定格构图,突出所要展示的内容,还原真实的状况及情景,具有强烈的历史感以及艺术特色;在表格生硬的格式中,添入彩色的图片、真实的材料、闪亮的文字和数字等活跃的因素,呈现给观众一个全新的模式;在制图设计中,应注意层次感、立体感以及色彩的应用。总之,在图、表、照片的展示制作中,要融入更多的文化及艺术元素,使之成为陈设展览中与文物更加和谐的伴音。

6.复制文物

复制文物是辅助展品中制作难度比较大的部分。复制文物主要指复制那些对展览内容至关重要、不可或缺,但由于客观原因原件无法在陈设展览中展示的文物,对于仅有文字记载或者存有图、照片等形象资料的文物的复制,除非是有业内认可的、公认的、准确的依据,并具备了复制文物的全部资料,才可以复制;仅凭野史、传说、推断、一家之言等,是绝对不可随意地进行文物复制的。就如同博物馆所追求的精神,对文物复制的态度,要务真、务实,尊重历史,崇尚科学。

博物馆陈设展览文物复制品的制作,要严谨、一丝不苟地依据原件忠实地复原,绝对不能有丝毫的创作。它与商业运作的复原艺术品截然不同,要忠实历史,还文物的本来面目,包括文物上的瑕疵。文物复制追求的就是真实与精致的原则。另外,文物复制需要一定的时间,在工作安排上,要给予理性的考虑,以免耽误了陈设展览。

7.照明制作

陈设展览照明制作主要包括展厅及展柜内照明。前者主要是满足观众参观陈设展览时,展厅通道的照明。后者则侧重对柜内文物和展品的照明。照明制作一定要由专业的公司完成。

照明制作是指人工光源的设计及制作。人工灯光照明主要由灯具和光源两部分组成。

灯具分为可调与不可调。目前,博物馆陈设展览使用的灯具一般均为可调。可调的概念主要指调整灯具的角度、光照范围及亮度。其技术要求一般应具有防紫外线、防内部光源积热等保护装置。主要功能有散光源和点光源。

光源主要有日光灯及射灯两大类。日光灯的特点是温度低,照度高;光纤灯在目前应该是比较理想的文物照明光源,其优点是紫外线系数低、照度高、低温、可调性强,有利于文物的保护;碘钨灯、石英灯的优点是聚光好,适于局部照明,照度高;白炽灯适于展厅环境的照明。

陈设展览的照明制作不仅是将照明设备配置齐全,最重要的是对灯光的调试,灯光调试的好坏,会直接影响到展出的效果。灯光调试对一些珍贵文物的展示起着十分重要的作用,高水平的灯光设置可以突出文物本身的特色及亮点,使文物焕发出夺目的光彩。因此,在布展时要聘请一流的、专业的灯光调试师,根据文物、展品的具体情况,调试出适宜的光照角度、亮度及范围,使文物和展品的展示达到最佳效果。首都博物馆新馆对陈设展览照明确定了《首都博物馆展品照明标准》。

8.多媒体制作

陈设展览中多媒体内容的制作,一般由博物馆通过招标的形式选定专业公司完成。目前,陈设展览中多媒体内容的制作主要包括电脑触摸屏内置,配合文物、模型、场景等的投影内容,放映厅的影视内容等图像和文字的设计、编辑及制作。多媒体内容制作水平的高低,一方面体现在产品硬件质量的好坏,另一方面体现在软件表现的内容是否揭示了所要表现内容的主题,符合陈设展览的主题、风格及氛围,并具有创新意识。多媒体内容是近年来博物馆陈设展览中一颗冉冉升起的新星,它代表着新时期社会的发展及需求,也预示着博物馆陈设展览未来发展的空间。

展厅装修及展具和展品制作涉及很多专业及个人,在项目设置、人员安排、工作管理等方面,需要制订缜密、科学的工作计划,并协调好各方面的关系,相互之间还要密切配合,才能保证所有工作顺利地完成。这种庞大的工作规模以及复杂性,在首都博物馆新馆的陈设展览制作工程中,表现得淋漓尽致。

十二、陈设展览布展

陈设展览布展是陈设展览实施的第四步,这一步与陈设展览正式与观众见面已经近在咫尺。它是展现陈设展览内容和形式设计成果的关键一步,是实现陈设展览内容和形式设计思想,由理论到实践,由纸上谈兵到具体呈现的重要过程。

陈设展览布展的过程及结果,是考验博物馆综合实力的重要标志。布展工作涉及多部门、多人员、多专业、多工种、多项目,是一个需要多方面配合、齐头并进的系统工程。正因为分支多,专业性强,相互关系紧密,因此,如何把大家拧成一股绳,使工作合理、有序地进行,保证布展的专业水平,以及布展完成后的完善及精致,都需要陈设展览组织者不仅具有组织能力,还要有专业水平。其中,专业水平是将陈设展览内容和形式设计思想真正贯穿并落实在实际陈设展览中的准绳,是保证布展结果质量的关键。而组织能力是顺利推进布展工作,保证布展工作按期完成的关键。因此,布展工作既需要专业的理念,也需要运行的缜密,要将所有涉及陈设展览实施的工作,纳入布展的工作计划中,给予合理、周密的安排,使布展工作成为一个有机的整体,严谨、规范、标准、专业、高效、有序地进行。

陈设展览的布展工作主要分两个步骤进行,首先要制定布展方案,然后根据方案具体实施。

(一)制定布展方案

布展方案主要包括三部分内容,即人员组成、时间安排、工作内容及程序。

1.人员组成

布展人员主要包括组织者(领导者)、陈设展览内容设计者、陈设展览形式设计者、陈设展览设施和设备制作者、文物管理者、保护文物的技术人员、陈设展览设施和设备安装技术人员、灯光调试技术人员、电工、木工、搬运工、后勤人员、安全保卫人员、清洁工等。

2.时间安排

布展时间就是在一个限定的时间段内,完成整个陈设展览的布展工作。布展时间要根据陈设展览预定的开幕时间、陈设展览规模、陈设展览技术要求、展厅情况等合理安排。

陈设展览布展时间(这里所指的布展时间不包括完成陈设展览大纲撰写、完成陈设展览大纲脚本撰写、完成陈设展览形式设计、完成展厅装修、落实所有上展文物、完成展具和展品制作等布展前为陈设展览所做的一切工作),一般大型陈设展览需要一个月,中型陈设展览半个月,小型陈设展览一周。

3.工作内容及程序

布展工作的具体内容及运作程序,有一定的专业性,需要按照陈设展览工作的科学规范去运行。一般布展工作的内容及顺序主要包括:首先,确认陈设展览版式设计图及文物和辅助展品坐标,之后检查陈设展览场地及通道→展柜周边及柜内清洁→灯光→展柜锁具及开启。然后将柜外图板、文字及多媒体设备等入位→柜内背板文字、壁画、照片、图、表、投影视频等以及柜内其他吊挂物等入位→展具按照坐标图入位→大型器物进场入位→核查入位→对照展具位置调试灯光→文物入场并对号成箱摆放在相应展柜前→展柜内摆放文物→固定文物→对照文物调准灯光→安放文物及展品说明牌→清洁展柜内外并封柜→文物主管部门与展厅负责部门针对陈设展览文物进行交接(参考《首都博物馆新馆展陈布展工作流程》)。

简单地说,陈设展览布展的流程就是,首先将陈设展览场地准备就绪,然后将所有上展的展品和展厅中一切装饰、布景、文字说明等辅助展品按在展厅中设计位置落实到位,并调试灯光,最后对展厅进行整理清洁。

(二)布展实施

陈设展览布展工作的具体实施,一方面要严格按照布展方案逐项推进、落实,另一方面对于不可预见的以及突发的一些问题,要及时采取有效的措施,保证陈设展览布展工作的顺利进行。

十三、陈设展览开幕

陈设展览实施的第五步,也是最后一步,即陈设展览正式揭幕开展。它是博物馆陈设展览正式与观众见面的开端,一般经过预展和正式开展两个阶段。

（一）预展

博物馆陈设展览，一般固定陈设以及重要的大、中型展览，需要经过一个预展的过程，实际就是一次面对内部范围的陈设展览。通过预展，邀请相关领导、专家最后一次对陈设展览进行验收，发现陈设展览中存在的问题，及时加以修正。通过这一程序，可以避免陈设展览中可能会出现的原则性问题，确保陈设展览在政策上、专业上没有大的失误。

（二）正式开展

经过预展使陈设展览基本完善，陈设展览可以正式开展了。正式开展前，需要制订陈设展览开幕的方案。

一般方案内容主要涉及确定开幕式的标题、时间、地点、环境布置方案、邀请来宾名单、主持人、发言人，准备发言稿、礼品（包括嘉宾和一般来宾礼品），如果有外宾参加须确定翻译人员，确定开幕式具体运作顺序安排（主要内容包括来宾接待处签到并发放礼品、引导各位嘉宾在主席台就位、主持人介绍嘉宾、开幕式发言：第一发言人、第二发言人……陈设展览剪彩、来宾参观陈设展览）。

博物馆整个陈设展览的实施，从最初的撰写陈设展览大纲、协助形式设计人员完成陈设展览设计、展厅装修及展具和展品制作、陈设展览布展到陈设展览开幕，一步步走下来，其中十分重要的一点，就是陈设展览前期的计划与安排，它是保证陈设展览实施有序进行的关键。当然，计划的安排，有时会因为某些不可预见的问题，发生细节、局部的变化，但整体方案不能改变，只是针对特殊或突发的情况将计划做相应的调整，以达到最终目标陈设展览开幕。

总之，博物馆陈设展览内容的策划与实施，是一个需要多部门、多人员、多领域、多专业、多层次、多范围的有机组合与配合，通力合作才能实现的系统工程，既需要组织的合理性、科学性、紧密性、有序性、有效性，也需要专业人员的敬业精神、专业素养、协作精神、拼搏干劲。陈设展览的最终实施，不是某一个人的功劳，它是集体智慧的结晶，是一个个智慧的闪光点串联起来成就的辉煌篇章。陈设展览带给观众的享受，是博物馆从业者最大的心愿。

第五章 坚守博物馆陈设展览的正确导向

博物馆的陈设展览是在一定空间内,以学术研究资料和文物标本为基础,以展示空间、设备和技术为平台,按照一定的主题、序列和艺术形式进行组合,实现面向大众进行知识、信息和文化传播,具有高度综合性、专业性和前瞻性的工作。当前博物馆的陈设展览理念,需要更加注重通过文物展品之间的相互联系,构成明确的思想主题,以解读文化为线索、空间规划为载体、形式语言为手段、艺术表现为辅助,深入揭示历史的演变规律,关注人类发展的前瞻问题。

第一节 实现陈设展览的思想性

今天,博物馆不能仅满足于举办多少陈设展览,更重要的是陈设展览的质量如何。质量才是决定陈设展览价值高低的尺度,才是赢得社会效益的关键。博物馆应该具有精品意识。博物馆推出的陈设展览应该成为精品之作,才能与博物馆的性质相一致,与博物馆的文化品位相符合。那些缺少思想内涵、设计制作粗糙的陈设展览,对于社会公众的文化生活没有吸引力。要持续推出精品陈设展览,需要有熟悉文物藏品的专家团队,能够不断从文物藏品的文化内涵中提炼出好的陈设展览主题,深入研究采取何种设计手段使文物展品恰到好处地表现陈设展览的主题,根据陈设展览的内容设计,精心挑选文物藏品,然后通过好的形式设计将文物藏品组织成内涵丰富的精品陈设展览。

由此可见,如同科学研究项目一样,优秀的陈设展览是精心研究的结果。那些"原始质朴的石器陶片,精致典雅的商周铜器,凝重生动的秦砖汉瓦,色彩艳丽的漆木瓷器,流畅沉着的碑刻书画,以及优美新奇的纹饰图案,精巧别致的器物造型等,这些足以让人们心动,让人们目不暇接,让人们幽思不息"。人们面对令人荡气回肠的历史画卷,面对跨越历史长河保留至今的文物珍品,情感得到净化,心灵得到陶冶,精神得到升华,进一步认识到人生的意义和价值,从而树立社会责任感,情操更加高尚,人格更加完美,努力开创更加美好的未来。

宋向光先生认为,如今陈设展览的内容设计工作面临新的挑战,"怎样在中华民族历史背景下表达当地社会历史文化特色,能否在历史发展的因果链条中凸显本地社会人文的亮点,如何当地隐藏的地域历史发展脉络与当地建设的辉煌成就有机结合,如何协调严肃的学术题材与轻松的休闲需求,如何统筹线性的内容线索与交织的多元信息;在信息化和学习型社会的背景下,在文化产品成为市场新宠的环境下,博物馆陈列内容的选择和设计是否仍要坚守学术的严谨,是否仍要坚持对民众的教化。对这些问题的思考,并不是要求我们在历史与现实之间做出选择,也不是要评判正误,而是要正视它们对陈列的影响。将这些新的思考包容到博物馆陈列中来,并在应对挑战的努力中创造博物馆陈列表达的新方式"。

陈设展览的思想主题内容与陈列艺术形式之间的关系,一直是人们关注和探讨的热点话题。不同历史时期存在着"重内容、轻陈列"或"重陈列、轻内容"的不同倾向,而目前"重陈列、轻内容"的倾向比较突出。实际上,思想主题内容是博物馆陈设展览的灵魂,陈列艺术形式必须服从于陈设展览所要展示的思想主题内容。文物陈设展览是一项科学性很强的系统工程,包括展览策划、内容设计、形式设计、展厅安排、展览制作、展品布置等多项内容。其中内容设计是陈设展览的灵魂和核心,包括遴选文物、提炼主题、拟订展名、撰写文案等各个环节。更为重要的是,要将思想主题贯彻始终。

博物馆的陈设展览并非简单意义上文物的叠加与组合,而是一个复杂的艺术创造的过程。利用工业遗产建筑筹建的南京明孝陵博物馆,基本陈列颇具特色,以朱元璋与明孝陵为主线,内容分为人、天、地三个元素。即朱元璋由平民成为皇帝或者说"天子",这是从"人"到"天"的过程;而由皇帝到"驾崩",葬入孝陵,则是从"天"到"地"的过程。陈设展览抓住这一人、天、地的变化主题,通过展示空间中高度的抬升和下降,取得了很好的展示效果。展示空间从平面到登基场景,形成高度的抬升,随后展示空间转入下沉,通向模拟地宫,形成高度的下降。

好的陈设展览是观众到博物馆的理由,观众能用心、动情参观才是好的陈设展览。好的陈设展览应集思想知识内涵、文化学术概念和现代审美标准于一体,既反映真实生活,又生动感人。作为博物馆工作的核心内容,博物馆通过对文物藏品的组合陈列展示,传播知识,履行社会教育和服务职能。每一个展览都不应该是简单的文物展品排列与组合,而应该为观众营造良好的欣赏展品的氛围。陈设展览中的所有元素之间应相互作用,形成整体,将孤立的文物还原到当时的历史文化体系之中,让观众充分理解其独特的价值,在一定范围内产生预期的效果,拉近观众与文物展品之间的距离。

大英博物馆于2003年完成了第一展厅的改造,以"启蒙运动展览"对公众开放。展示空间和陈设展览内容经过精心改造和设计,保留了最为传统的19世纪博物馆的状态。陈设展览沿用了以前大英图书馆的老展柜,尽管这些没有内部照明的老式展柜展示效果并不理想,但是文物展品却连同展柜一起讲述着历史,观众能够从中感受到启蒙运动的意义。展厅内的文物展品仿佛没有进行严格分类,只有笼统、简单的文物展品说明。恰恰可以和其后的100多个展厅形成反差,"代表着现代文明的起点"。陈设展览设计者精心构建这样一个启蒙运动时期的语境,就是希望启发观众自己寻找历史线索,自己组织知识结构,按照自己的方式理解文物展品,从而带给观众深刻的参观体验。虽然有人认为大英博物馆的陈设展览方式原始,但是它在提示人们空间环境对于观众理解陈设展览和文物展品的重要性。

博物馆举办展览应关注社会、关注现实、关注民生,关注"人文精神、艺术哲学、科技美学"等要素的结合与体现,着重研究个性化、差异化、感知化、人本化的设计理念。陈设展览工程虽然包含普通装饰内容,例如展示空间的吊顶工程、地面工程、墙体基础装饰装潢工程,以及陈设展览中使用的基础电器工程。但是从总体上来讲,陈设展览工程应该是一项兼具学术性和科学性的艺术工程。费钦生先生认为:"我们面临着大、中、小的陈展空间,高、中、低的陈展经费,面临不同内容、不同性质的展览,都要倾心去设计,不是只有场景,只有声光电才是好的设计,而是要认真做好陈展空间的整体,每个细节的设计要为主题服务,并且做到人文关怀。"

因此,必须坚持博物馆陈设展览的工作目标,遵循陈设展览的工作规律和业务规范,实现学术成果与实物展品的有机结合、知识内容与视觉表达的融会贯通、社会教育与自主学习的协调配合、文化传播与大众休闲的相得益彰。"一个优秀的博物馆,不在于馆的大小及豪华程度,关键在于是否有思想。一个没有思想,只有文物陈列的博物馆,实际与文物仓库或文物商店并没有什么区别。没有思想的博物馆,等于没有灵魂,只是城市点缀风景的花瓶,虽然具有观赏性,但缺乏启迪社会的作用。"

博物馆的未来正在朝着集历史教育、艺术欣赏、公众参与、文化传播和娱乐休闲一体化的方向发展。博物馆陈设展览的特点主要通过思想主题、题材结构、表现视角等内容方面的特点,以及信息呈现方式、视觉表达手段、传播媒介类型、艺术表现风格等传播方面的特点反映出来。当代博物馆陈列呼唤多样化,社会公众对博物馆陈列的需求趋向多元,希望看到更多不同题材、不同视觉表达方式,给人们以创新启迪和审美愉悦的陈设展览。各类博物馆也希望通过陈设展览突出本馆特色,陈列内容的多样化呈现,有助于使文物藏品以更加深刻的内涵呈现在观众面前,有助于观众在比较中获取更多的文化信息,在比较中深入思考。

当代博物馆陈设展览应该鼓励创新,鼓励创建具有鲜明特色的陈列风格。正如加拿大康宁玻璃艺术博物馆馆长所说:"我的使命就是让人们对玻璃感到兴奋。"这句话直观地解释了有趣的博物馆对于观众的影响。陈设展览形式的多样化表达,可以更加有效地激发观众参观的兴趣,改变观众在博物馆的视觉疲劳感,实现愉快的参观体验,使观众多维度地接触展品信息,在愉悦的参观体验中丰富知识、技能和学习能力。观众在博物馆里不仅能以愉悦的心情学习知识,还能得到身心的放松和文化的享受。

突出功能是现代主义的准则,主张"形式服从功能","功能就是形式"。在博物馆陈列设计方面,现代主义认为只要能完美地表达展示功能的设计形式,就是好的陈设展览设计,人们就会理解接受,以此作为评价陈设展览设计是否最佳的重要标准。但是形式仅仅表现单纯的功能,不是设计真正的全部内涵。上海博物馆绘画馆的窗格、竹子、假山石,它们的真正用途与绘画作品的内涵本无多少关系,而是为营造一种展厅氛围,传达一种江南地域文化、审美情趣,使观众产生美感和对美的追求、向往,这种文化气息浓郁的氛围是一种有趣联想,一反过去单调疲乏的功能性的设计。

因此,在陈设展览设计时既要符合基本功能的构成规律,又要克服现代主义对功能理解的局限性。也可以说,既要否定现代主义片面反对传统和装饰的做法,又要反对忽视甚至损害使用功能的矫揉造作。以展板上的装饰布为例,除了要阻燃、吸音、结实以外,在设计时还要考虑美观,创造出富有视觉感染力的陈列效果。放置文物安全是展柜最基本的功能,但是在设计时还要注意款式的美观,与陈设展览内容、展厅整体效果相协调。所以,陈设展览设计是包括了人的生理、心理、物质、精神等诸多方面因素的综合性设计,其中有意义的氛围营造,不仅反映陈设展览内容和观众审美需要的真实感受,而且折射出设计功能的丰富层次。

中国历史博物馆(现中国国家博物馆)的"中国通史陈列",自原始社会开始,至清朝灭亡结束,结合中国历史发展特点划分历史阶段,其特征是以考古发掘及传世文物为基本展出材料,力求全面、系统地展现中国历史,这不仅在世界上独一无二,也是我国博物馆事业历史上具有划时代意义的重要陈列。"中国通史陈列"的展览模式,在相当长时期内,影响了全国的省级博物馆,甚至市县级博物馆。很多陈设展览都是以每个朝代和时期的政治、军事、经济、文化四大部分进行划分,形成固定的陈设展览模式,于是很多博物馆应有的特色难以突出,也影响了观众参观博物馆的兴趣。

20世纪90年代上海博物馆新馆落成,作为一座艺术性博物馆,陈设展览突破以往惯例,取得创新性效果,获得普遍赞扬。于是很多博物馆又争相学习上海博物馆的陈设展览形式,同样地忽视了自身的特色,走向另一个极端。"有人讲要让文物自己说话,其实文物自己是不能说话的,还是要靠我们的展陈工作者通过内容设计和形式设计把文物内在的信息揭示出来,展示给观众。"但是,目前陈设展览内容中必要的文字说明和辅助材料太少,只是简单地描述文物名称、时代、出土地点等基本信息,过于简单笼统,普通观众往往看不懂陈设展览希望表达的文化内涵,导致兴趣索然,如此博物馆的陈设展览难以抓住观众。

美国媒介批评理论家 N.波斯曼(NPostman)继《童年的消失》《娱乐至死》之后,又推出《技术垄断:文化向技术投降》一书。针对美国一切形式的文化屈服于技艺与技术统治的弊端,他不无忧虑地告诫世人:"我们容许一种技术进入一种文化时,就必须要睁大眼睛看它的利弊。"在我国,尽管高科技尚未在博物馆这种文化体中生根,但是我们也必须密切关注、冷静分析其利弊得失。今天,当一些博物馆出现娱乐化倾向之时,当有人倡导博物馆要"尽可能地满足观众的娱乐性需求",要"与真正的娱乐一样,本身必须具有足够的娱乐性、刺激性和发现性",应该"与其他娱乐形式或娱乐设施相结合"时,博物馆专家们应对此予以高度关注。

苏东海先生强调,娱乐固然是文化的一种重要功能,却不是文化的核心价值。文化的根本意义在于提高人类的精神境界,满足人类心灵上的需要。应当指出,虽然审美与娱乐存在着内在的关联,但是绝不能将二者混为一谈。审美过程虽然可以使人愉悦,但其终极追求则是"善"与"美"。如果陈设展览设计过分追求消遣、娱乐,充其量也只是迎合了一些人寻求刺激和娱乐的浅层次需要,就会放弃审美追求,降低艺术品位,最终沦于低级趣味。思想性和艺术性是博物馆不可放弃的基本追求,陈设展览的目的不应该转归于寻求感官刺激和世俗娱乐。

免费开放后,博物馆观众呈现出新的特点,低收入人群、劳动阶层人群和离退休人群的比重显著提高,家庭群体观众也有明显增加,参观活动的"休闲"色彩更为浓厚,观众在博物馆中表现出更大的自主性,学习和文化休闲成为观众的主要需求,而且学习与休闲的结合更为紧密。观众在博物馆中的学习,不再会满足于单纯的记忆,而希望享受发现、推理和验证的乐趣。因此,应该改变以往博物馆给予观众枯燥、单调的印象,尝试通过多样化的科学普及方法,使参观者在博物馆得到休闲式学习体验。观众喜欢参与互动的体验,娱乐性应该成为观众在博物馆体验的一部分内容。

第二节　实现陈设展览的学术性

作为知识和思想传播的载体,陈设展览首先要符合展览传播的需要,即它们的创作必须服从展览传播目的、展览主题和内容表现的需要,必须要有学术支撑,要符合现代人审美的需要,既要有较高的艺术水平或相当的技术含量,还要有较强的艺术感染力。观众进入博物馆的展示空间,参观活动主要包括阅读文字、聆听讲解、欣赏展品、观看视频、亲身体验和动手操作等。因此,陈设展览应该力求造型简洁、语言鲜明、色调和谐、创意新颖、特点突出。今天,应当重新审视、评估博物馆所拥有的文化资源,并将其整合、转化为博物馆文化赖以深化的资本,通过各种新颖、多样的展示内容和手段,经常更新文物展品,展示历史文化的内涵与魅力,使博物馆保持长久的吸引力。

湖南省博物馆定位为历史艺术类博物馆,特别强调自身拥有的马王堆馆藏文物资源在历史性、艺术性方面的重要地位,形成以马王堆汉墓展览为核心,辅之以青铜、陶瓷、书画、考古发现等内容的常设展览,向社会提供独具特色的陈设展览,赢得了普遍的好评。博物馆陈设展览水平的高低,取决于科学研究质量的高低,其中对文物藏品的研究,往往不局限于对一座博物馆的个别馆藏文物的研究,更要对相关文物藏品整体进行深度研究,只有对文物藏品的特点进行长期不懈的探索,发掘其文化内涵,提炼出具有鲜明特色、使观众耳目一新的选题,才能为举办高水平的陈设展览创造必要的前提和基础。

文物展品既是观众到博物馆参观的主要对象,也是实现博物馆文化传播的主要途径。

"走向盛唐展"是近年来举办的规模最大、规格最高、展品最丰富的展览之一,也是学术和社会影响较大的展览。自2004年10月开始,先后在美国、日本以及中国香港等地的6家博物馆展出,观众总数达到127万人次,取得了空前成功。"走向盛唐展"具有鲜明的主题与丰富的展品,其思想的精深、艺术的精湛、展品的直观形象,不仅给人们以美的享受,而且通过所蕴含的和谐之美,向观众揭示出一个多元、开放、包容的辉煌时代。

2004年初,国家文物局决定启动河南博物院功能提升工程,从陈设展览、服务设施、藏品保护、数字化建设等方面实施整体功能提升,在展示艺术和表现手法上寻求新的突破,注重高新技术和材料的合理运用,探索新思路,尝试新模式,积累新经验。其中"中原古代文明之光"基本陈列,在对中原地区的历史进程、博大精深的文化内涵,以及文物特征进行综合研究的基础上,以河南出土文物和考古资料为依托,通过丰富的文物藏品和知识信息,力图表现中原地区在我国文明进程中的核心地位,表现各重要历史阶段的文化面貌和文明成果。

历史考古类博物馆展示的是过去的历史,是对人类文明发展历史和文化遗产的研究、认知、保护和再诠释,有着更多的历史厚重感,明显地透射出凝重、庄严和悠远的深层文化内涵。长期以来,出土文物对于历史学家、考古学家而言,其价值的重要性毋庸置疑,然而对于社会公众来说,理解和认识出土文物的价值,则存在着明显的困难。这种理解和认识的困难,成为文物藏品资源转化为文物展品资源、实现文化传播功能的主要障碍。消除这种障碍不仅有赖于人们文化素质的提高和历史知识的积累,更需要博物馆认识、理解这种社会需求,用科学普及的方式,更为主动地向社会公众阐释出土文物的综合价值。

博物馆中的出土文物展品,由于年代久远,损毁严重,完整器物较少,往往仅局限于一些质地普通,但是不易腐朽的石质、陶质、玉质等器具,更由于受社会生产力发展水平的制约,其审美价值与艺术价值相对较弱。虽然这些文物展品的学术研究价值珍贵,然而对于普通观众而言,其重要意义却不易理解,所隐含的一些文化内容甚至容易引起争议。为此,陈设展览设计必须借助田野考古发掘报告中的第一手资料,通过对内容枯燥的考古发掘报告的细致释读,归纳其中的内容,详细介绍文物藏品来源、文物分类、出土地点、收藏时间、历史背景等文化信息。

良渚文化距今约5300~4300年,是中国新石器时代晚期的一支重要的考古学文化。良渚遗址位于杭州市余杭区良渚镇一带。20世纪80年代以来,对遗址区内祭坛和贵族墓地、大型建筑基址等遗址的考古发掘,引起世界性的轰动。良渚遗址区内保存的诸多大型遗址点及其周边环境,以及通过考古发掘出土的数以万计的精美玉器、石器、陶器、漆器、木器和骨器等各类器物,共同构成了良渚遗址丰富的内涵,揭示中华文明起源进程的重要历史,成为中华五千年辉煌文明的实证。良渚博物院的展览主题,注意用文化时空坐标阐明良渚文化在人类文明史上无法取代的崇高地位,以及良渚文化对中华文明的起源探索所起到的巨大作用。

　　良渚博物院展览主题为"良渚文化实证中华五千年文明",从良渚文化的考古研究、良渚古国的再现、良渚文明的揭示三个方面,向公众传播发现良渚遗址、认识良渚文化、确立良渚文明的考古历程,以及良渚文明在中国和世界同时期或同类文明中的重要地位。陈设展览的内容和形式,均以遵从科学性、学术性为前提,无论是前言、说明等版面,还是对环境氛围的把握和艺术形象的表现,都依据考古发掘报告所提供的科学信息,尽量减少不必要的考古学术描述和历史资料铺陈,而充分利用出土文物本体特色,展示文明的魅力。同时,在陈列展示过程中,运用多样化的方式和手法,来弥补内容枯燥的缺陷。以一个又一个针对良渚文化之谜的发问形式,引导参观者去探寻良渚文化的未解之谜,感受良渚文化和良渚古城的魅力,体会良渚玉器的杰出成就,理解良渚文化"文明之光"的文化特征。

　　同时,良渚博物院对基本陈列进行不断地充实,注意吸收新的学术研究成果,对文物展品进行适当的更换和调整,增加新的内容。例如2007年发现的良渚古城,是目前我国所发现的同时期营建规模最大、配置级别最高、出土文物最精美的古城遗址。为此,良渚博物院对此前已经基本定稿的陈设展览策划文本,及时做出重要调整,对展览目标重新定位,增加良渚古城的陈设展览内容。目前,良渚古城的地位和价值从博物院前厅到第三展厅、尾厅,都有充分、连贯的反映。例如在第一展厅,把有关古城发现的社会历史文化解读,作为良渚文化70年探寻道路的重要一步加以展示,也相应地推出了遗址——文化——文明三个递进式的概念。通过良渚博物院这一平台,不但把良渚文化的专业知识尽量准确地表述出来,并且让观众既看得懂,又爱看,获得"一座可观、可玩的博物院"的美誉。

　　我国农业历史悠久漫长,有着自身的发展规律,如果以历史朝代横向展开,无法清晰地展现农业发展变化的脉络,而且文物展品本身也往往不是随着朝代而出现。但是梳理万年农业历史,不难发现,我国古代农业对世界农耕文明的贡献突出地表现在四个方面:一是物候的利用,二是作物育种,三是生产工具的发明与传承,四是水的治理与利用。这是我国农业文明的核心价值。因此,中国农业博物馆的"中华农业文明"陈列,坚持选取上万年农业历史中的文明点纵向延伸,而不是采用以往通史陈列的手法横向展开。例如,生产工具的发明与传承部分,没有全面展示各式各样的农具,只选取了犁、锄、镰、磨四种。犁是耕种工具,锄是中耕工具,镰是收获工具,磨是加工工具,四种工具大体上概括了我国古代农业生产的主要方面。

　　目前,陈设展览设计制作有两种模式,一种模式是设计与制作分别由不同的单位承担。另一种模式是设计与制作由同一个单位承担。一般推荐后一种模式。因为陈设展览设计与建筑设计不同,建筑设计公司一般只搞设计,不搞施工。而陈设展览则不同,选择由陈设展览设计水平高、制作能力也很强的单位统一实施,便于组织协调。一般来说,陈设展览设计制作的单位主要负责展览的总体设计、结构设计、版面设计和版面制作,至于油画、雕塑、多媒体景观模型等内容,大多是委托其他专业公司和艺术家进行设计制作。因此,即使由同一个单位承担设计与制作任务,也需要通过适当方式,将各方面的优质力量和优秀人才吸引进来,实现既定的目标。

博物馆的陈列设备是为陈列服务的工具,它的设计思路,关系到文物的安全、使用的便利,与观众视觉效果也有着直接的关联,同时还要与博物馆的性质、建筑风格融为一体。此外,陈列设备本身又要具备艺术的造型,不能只注意实用而忽略了美观,也不能只顾美观而忽略了实用,应贯彻经济、实用、美观的原则。陈列设备对华丽图案的追求,以及烦琐的雕刻、沉重的装饰的使用,都会吸引观众而起到喧宾夺主的作用,因此应当避免。陈列设备的材料并不是价格越昂贵越好,有时珍贵的文物展品配以朴素的展具也会相得益彰,关键在于运用得当,能够突出文物展品的形体美、色彩美、质地美,并形成色彩层次,增强陈设展览的艺术气氛和效果。

目前,我国博物馆陈设展览的精品意识普遍不强,推出的高质量精品之作不多。博物馆陈设展览水平不高的原因,往往是因为没有将陈设展览看作是一项综合性很强的文化创造。一些博物馆的文物藏品征集和研究等基础工作与陈设展览工作脱节,缺少明确的思路和目标,直接造成陈设展览中的文物展品缺乏系统性和内在联系,难以形成专业性的展示主题内容,或展示主题内容缺少专业研究成果的支撑,导致博物馆的陈设展览缺乏鲜明个性和地方特色,其结果必然失去观众的参观热情。

在我国,陈设展览设计不应失去中华民族千百年来形成的文化积累,应具有鲜明的艺术个性和时代特征。例如,我国古代文物展品的文化内涵非常丰富,具有特殊性,无论是纹饰、色彩、器形,还是铭文、质地等,都能从不同的角度展示文物的特色和个性,给人们以历史的感悟、科学的启迪和艺术的享受。但是,古代文物展品与现代人们生活之间往往存在着较大距离,需要必要的文字说明给予帮助。通过通俗易懂、生动优美、简洁流畅、富有趣味的文字说明,将陈设展览的内容主题、时代特征、文化寓意,以及学术观点等清晰地描述出来,这样可以使观众能够准确、快捷、方便地获取博物馆文化信息。

实际上,实现博物馆陈设展览内容的通俗易懂,并不意味着展览设计和制作的水平可以降低,反而要对陈设展览的各个方面提出更高的要求。通常在博物馆展柜中,呈现在观众面前的各种器物,是孤立的终结制成品。对于这些文物展品的原料成分、制作过程采取的工艺和技术、使用过程中所承载的文化信息在陈设展览的说明介绍中往往并不涉及。应通过鲜明的陈设展览主题,将文物展品的生命历程和社会联系串联起来,揭示其所反映的传统生活方式与技艺、蕴含在文物展品中的情感与智慧,共同叙述文物展品生动的背景故事,将文物展品置于与之相关的"人""自然"和"社会"环境之中。

此时"文物实物展品不再仅仅是欣赏的对象,也不再是博物馆展览中唯一的陈设要素,而成为故事叙述系统中的要素之一,扮演着故事叙述中物证的角色"。如此,文物展品才能成为陈设展览的传播重点,成为观众最关注的内容。面对这样的要求,文物展品研究就不能再囿于物质的层面,而应努力揭示其背后的精神因素。将文物展品研究纳入整体文化背景下,强化文物展品研究与相关领域学术研究的关联。例如,陈设展览设计与文物展品布置要取得良好的传播效应,还应当熟悉认知心理学、教育行为学和人体工程学等相关知识,使观众以自然轻松的心态,在良好的情绪环境中参观。

由故宫博物院主持研发,微软亚洲研究院、北京大学提供技术支持的"走进《清明上河图》"数字展示,是一项全新的历史文物数字化展示项目,技术应用与内容诠释结合得非常紧密,堪称国内具有较高水平的历史文物数字化展示范例。该项目利用三维声音定位技术,复原《清明上河图》诸多场景中的人物对话、背景声音等,使观众了解画面中人物的身份、行为,从而较为准确、细致地理解《清明上河图》所表现的社会生活面貌。当观众参观时,可以看到鲜活生动的展示方式:当画面以原尺寸放映时,画面缓缓移动,并播放背景音乐;当放大某一局部时,背景音乐减弱,在这一局部画面中人物的对话响起,宛如电影的一个片断。

"走进《清明上河图》"数字展示项目中的对话共有700多段,全部由故宫的研究人员依据画面中人物的衣着、动作进行考证、分析,撰写出符合这些人物身份、性格与环境的对话,并具有一定的故事性。这一项目在充分尊重历史文物完整原貌的前提下,利用现场感很强的声音,使表现宋代社会生活面貌的这一著名历史画卷,呈现出令人身临其境的展示效果。这种展示方式,强调通过视频、音频等多种媒体形式,使观众能够在参观陈设展览的同时了解更多的知识,并且通过使用观众能够参与其中的多媒体手段,增强互动性,从而加深观众的理解和记忆。

第三节　实现陈设展览的知识性

当前,博物馆陈设展览处在从传统工作模式向信息化与个性化、学习型与服务型的模式转换过程中。要尊重陈设展览工作的客观规律,坚持陈设展览为博物馆发展服务,坚持"以人为本"原则,关注陈设展览的社会效益,根据陈设展览内容和观众接受程度,选择适宜的视觉表达方式和信息传播设施,为广大观众奉献丰富多样的优秀陈列。同时,创意在博物馆陈设展览活动中占有重要地位。好的创意要在文物展品与观众之间产生共鸣,不仅给人以耳目一新的感觉,也会在情感、艺术、文化上触动观众的心灵。

20世纪80年代后期,中国农业博物馆曾开展家庭育林活动。活动的材料由加拿大方面提供,每份包括一个由再生纸制成的可折叠纸盒、一包营养土、几粒林木种子、一张记录表。活动对象主要是小学生团体观众。活动先由博物馆组织观众参观有关森林的展示,然后分发材料,每人或每几个人一份,由专家讲解怎样在家中育苗。学生回家后按照专家讲授的要点及纸盒上的提示,将纸盒撑开,装上营养土,洒上一定量的水,在土里埋好种子。在春天温暖的日子里,大约经过一周时间,种子萌发长芽,再过几天,长出几片叶子,就成为一棵树木的幼苗。整个期间,学生在记录表上认真填写,学校老师随时了解、检查,并和博物馆联系。经过若干时日后,学生们带着自己的"家庭作业"再次集中到博物馆,经过检查、评比,所有合格的小苗,连盒集中移植到博物馆一块预置的土地里,这里就是该学校班级的林木苗圃,学生们可以随时前来观察和参与照顾。

河南博物院每年推出的"青少年系列暑假活动",主要针对8~12岁的青少年,通过专业人员的培训辅导,在掌握一定历史和文物知识的基础上,独立编写一件文物的讲解词,并用自己的方式加以介绍,从而间接培养了孩子们的自主性、创造力和与人沟通的能力。其他的适时短期形式,例如结合临时展览,举办征文比赛、绘画评选或专门为孩子们设置工作室,模拟考古或文物修复的现场等,通过一系列的灵活形式,为青少年创造动手参与和实践的机会,让孩子们在娱乐中学到知识。这类主题鲜明、内容多样的活动,适合青少年天性活泼、好奇、体验、求知等特点,深得孩子们和家长的喜爱。

对于博物馆来说,如何用非专业人士能听明白的方式进行传播,使观众兴趣盎然地参观展览,并获得对该领域知识的理解最为关键。"只有那些能将专业知识用非专业的方式进行成功阐释的博物馆,才有可能获得传播上的成功。"对文物展品的研究,不仅重视对物品性状的研究,更要重视对人的研究。人是文化创造、享用、保管、传承、发展的主体,文物是人们生活状态的反映,文物展品所蕴含的人文精神,应是研究的重点。从展览教育方式上看,传统的博物馆以文物展品陈列为主。而现代博物馆注重启发式教育,提倡和吸引观众参与互动体验,力图使观众从被动的受教育者变为主动的知识的探索者,使到博物馆的观众,都可以根据自己的需要和爱好,在知识的海洋中自由地、主动地摄取知识营养。这一深刻变革使得博物馆发生了质的变化。

从某种意义上讲,博物馆是各学科、各行业与外部世界沟通与交往的窗口,肩负着让社会了解本学科、本行业的责任。对于绝大多数观众而言,进入博物馆意味着他们进入到一个新的领域。湖北省博物馆的"郧县人"陈设展览,没有停留在仅仅将"郧县人"介绍给观众,而是在展览的序幕中,建立了一个人类发展的坐标体系,将世界各地发现的古人类化石的历史年代标注在坐标体系之中,直观地展示"郧县人"在人类发展历程中的位置。湖北省博物馆的文字馆在展示中国书写文字发展历程时,对比陈列和诠释同时期古埃及、古希腊、古巴比伦、古印度文明的文字与书写载体和各种实物资料,做到了陈列信息与世界文明的衔接,引起广大观众特别是青少年观众的极大兴趣。

深圳博物馆的陈设展览中,将新中国第一张股票、深圳第一家"三来一补"企业合同、土地拍卖"第一锤"、股票市场开市钟、首批无偿献血者登记卡、邓小平视察深圳时乘坐过的汽车,以及早年投入特区建设的基建工程兵集体转业名册等作为珍贵文物展品,与观众见面。陕西历史博物馆购置了一批自动语音导览器,内有中文、中文学生版、英文、日文、韩文和法文等不同版本和语种的内容,中文版请全国著名的播音员,外文版请各国本土播音员录音,听讲效果很好。同时还购置了团队讲解器,凡是听讲解的观众每人佩戴一台接收器,讲解员用平时说话的音量即可进行团队讲解,为营造无声博物馆做出了有益尝试。

作为社会公益事业,博物馆在陈设展览选题上应注意根据时代需要、社会热点等多方面开拓选题,为社会发展服务。2006年4月,南水北调文物保护工程全面展开,其中中线总干渠河北段长463公里,途经河北邯郸、邢台、石家庄、保定25个县市,所经区域为太行山前古文化埋藏的核心地带,文化遗存十分丰富。至2010年9月完成全部田野考古发掘工作,33家考古科研机构共同参加的这场文物保护大会战,共完成97处考古发掘工作,发掘面积27万余平方米,出土文物2万余件(套),发掘出土了一批文化内涵丰富、文物价值较高的重要文化遗存。一段时间以来,了解南水北调文物保护成果成为社会公众的文化需求。

为此,2011年3月,河北省博物馆(现河北博物院)举办"河北省南水北调工程文物保护成果展",通过500件文物、200余幅图片,全面展示河北省南水北调工程文物保护工作的丰硕成果,所有出土文物均为最新考古发掘成果,所有图片均为首次公开展出,引起社会较大反响,观众络绎不绝。此次展览主题明确,不仅仅是出土文物和考古资料的汇展,还反映了考古和文物保护工作的严谨与艰辛,以及考古发掘成果的丰硕与多样。展览中淡化了学术性,强化观众感兴趣的考古知识和出土文物,增强吸引力,使整个展览简洁大气,重点突出又富于变化。

随着国家考古新成果的不断涌现,一些遗址博物馆内的陈设展示也将以"动态"代替"静态",以"进行时"代替"过去时",使古老文明对话当代科技,在实体与虚拟的对接中,传统与传播共同推进博物馆社会化的进程。四川成都金沙遗址博物馆,在考古遗址的探方内相应放置了多幅图片介绍发掘场景,并在主要文物出土地点播放电视短片,由考古学家介绍发掘时的情况。由于新技术的引进,满足了观众参与互动的心理,也使那些曾经让人觉得晦涩难懂的历史知识和厚重沉闷的陈列展示环节,变得生动、有趣、亲切、丰富,更容易被人们接受和记住,将文物展品体现的"历史"转换成某种可以"体验"的内容,成为与参观者沟通交流的结合点。

考古遗址博物馆以考古发掘文物展示为特色,专业性很强,更需要做好普及知识的工作。德国巴登-符腾堡州考古博物馆为了培养儿童从小就喜欢追溯历史、探究奥秘的兴趣,将考古发掘现场做成模型,用各种卡通人物在现场进行发掘工作。这种展示方式故事性强,表现力强,将深奥的考古学成果转换为新的表现形式,找到严谨的考古专业和儿童兴趣的结合点。随着人们在博物馆中由被动的受教育者转变为主动的参与者,博物馆的"寓教于乐"理念渐渐深入人心,参观博物馆的过程成为令人身心愉悦的艺术与知识体验,也丰富了博物馆的活动内容,增加了博物馆的吸引力。

"今天的观众,获取知识、信息的方式已和过去不同,他们再也不会耐心地去阅读所谓系统的、干巴巴的知识传授了。他们喜欢听故事,希望从情节中去获得知识和信息。因此,展览首先要让观众耳目愉快,要感染观众,在观众爱看之后再把知识、信息传达给他们。"设在澳大利亚维多利亚博物馆中心位置的森林展馆,除了有大量维多利亚地区的典型树种以外,还有各种各样的鸟类在其中自由飞翔,也有蛇等其他动物爬行其中,有趣的展示手段和恰当的人文故事,成为连接观众与科学之间的桥梁。

英国国家海滨博物馆的陈设展览,不仅仅停留在简单的展品摆放与文字说明上,而是通过种种科技手段让历史重现,将300多年前工业革命时期威尔士人的生活,动态地展现在参观者眼前。博物馆内有100多件视听展品,其中36件可以与观众进行互动。在博物馆的人文展厅中,有斯旺西的电子街道图,点击一条街道,屏幕就会将观众引向该街道上现存的传统老屋。随着踏在石板地上的马蹄声和嘶鸣声,镜头在这座老屋前停下,随后会带观众踏上阶梯进入房屋,屏幕上也显示出工业革命时期房屋的主人、侍者,以及他们的具体工作、健康状况。如果需要进一步了解主人去世后的住户情况,可以继续点击。在风景展厅中,参观者可以通过点击屏幕上的地图,了解该地段当时街道的情景和污染状况。

严建强先生认为:"展览中的实物展品,远离自己的文化坐标和使用场景,以孤立、静态的方式呈现在现代材料制成的容器中。巨大的时空间隔使当代观众难以与它们对话,理解它们在生活中的意义。虽然我们强调采用博物馆语言来阐释它们,但要把它们复杂的背景、丰富的内涵与深刻的意义充分揭示出来,并非一件容易的事。"要让观众看得懂,获得更多的知识,在大多数情况下都要借助文字说明,做出系统深入的叙述与解释。因此,陈设展览的各层文字说明,成为文物展品和陈设展览的必要导引,成为陈设展览重要的中介手段。文字说明同时还具有引导和激发观众思考、引发兴趣、沟通情感、产生共鸣等多重作用。

"中国文字发展史陈列"是中国文字博物馆的基本陈列,在前期设计准备阶段,就对空间高度、展板大小、室内色彩、展品灯光等方面做出严密的论证工作,使陈设展览形式适应观众的感觉系统特性及心理需求,充分考虑观众的感受。此外,展览的6个展厅中,都设计有互动项目,观众通过动手选择甲骨、金文图形,输入电脑后体会汉字从古到今的发展演变历程。特别是推出了互动影像厅,充分开发文字与观众的互动方法,设置字谜竞猜、练习毛笔字、文字名片设计、雕版印刷等项目。在材料工具与书法展区,观众可以通过多媒体设备进行互动游戏,体验不同书写工具、书写方式对不同书写材料的不同书写效果。

中国文字博物馆的这些互动项目设置使观众在轻松、愉悦的环境中动手动脑,体会文字的魅力与趣味,更好地传播文字文化的知识。在创新陈设展览手段上充分发挥场景直观生动的特性,丰富展示效果。例如利用动画剪影的手法介绍内容,串联文物陈列。此外,陈设展览按照文字演变的时间顺序,设计制作了原始制陶、青铜铸造、造纸术、照排技术演示等与文字有关的场景。这些场景的设置,突出了陈设展览的主题,让观众感受古代的生产生活氛围,了解文字诞生及演进的过程。同时,配合陈设展览制作4D影片(《甲骨文》,利用先进的科学技术,把原本深奥的甲骨文专业知识展示得栩栩如生,让观众了解甲骨文的产生、发展和演变。

通俗易懂的文字说明是连接博物馆与观众的重要媒介之一,必须做到深入浅出,才能使观众通过文字说明了解陈列内容,增加对陈设展览的理解,使参观者有所收获。但是,传统的文字说明多强调文物来源,最常见的说明内容一般为:出土时间、出土地点、文物时代、文物质地,有的还标明文物尺寸,文字说明信息量较少。上述内容具有一定的资料价值,但却不是大多数观众所关注的内容。要使观众愿意阅读,文字说明在内容编排和艺术设计上都要做出精心的安排。陈设展览对于文字撰写人员有较高的要求,必须熟悉相关的专业,必须有很好的写作技巧,必须具有用简洁通俗的方式表达复杂专业内容的能力。

博物馆通过陈设展览,可以让人们直观地看到历经沧桑遗留下来的文化与自然遗产结晶,从直观到感性,会更加全面地认识历史变迁。浙江自然博物馆为适合更多参观动机与知识背景不同的观众群,新馆展示采用双二元配置结构。仓储式标本展示主要满足专家和学生的需求;常规展示主要适应一般观众的要求。允许观众更多地了解文物藏品在博物馆中如何被保存与维护,允许观众认知文物藏品中客观存在的生命过程,以及博物馆人员如何开展日常工作,这意味着赋予观众更多尊重和权利,使观众在博物馆中的参观体验更加丰富多样。

浙江自然博物馆在展示内容安排上,以探索人与自然的关系为视点,将自然、自然史和自然与人类三重内容融为一体,将观众引向对生物多样性及重要性的思考,增进对自然环境的兴趣与责任感。在展示手法上,强调异质、立体和复杂的空间构造,营造随和、亲切的自然气氛。力求克服同质、线形和平面化的展示空间导致的观众参观疲劳和漠然。在展示特色上,注意自然科学知识传播与人文关怀的结合。同时,新馆的陈设展览希望能在一定程度上打破自然与人文的人为隔阂,把自然科学知识的普及与人类的生存状态有机地结合起来,促使观众形成环境与人类生存息息相关、人类必须与大自然和谐共存的观念。

第六章 改善博物馆陈设展览的社会形象

博物馆要很好地为观众服务,其陈设展览必须要以观众为中心,不仅仅考虑"我能给观众什么",而且要考虑"观众需要什么"。吸引公众参观是博物馆发挥传播与教育功能的前提。今天的观众获取知识与信息的方式已经和过去有很大不同,人们往往并不需要在博物馆里接受系统的知识传授,而希望了解文物展品背后的故事,期盼在从未有过的体验中获得知识和信息。因此,陈列展览首先要让观众充满好奇,要激活观众情趣,使观众参观之后回味无穷。

第一节 实现陈列展览的观赏性

19世纪50年代之前,一般民众对参观博物馆毫无兴趣,不仅对内容看不懂,而且视觉上也感到疲劳和不适。英国著名的工艺美术家H.寇尔(H.Cole)首次提出要把工艺美术与陈设展示内容有机结合,例如,通过油画、水彩画、雕塑、木刻等帮助观众了解陈设展览内容及重点,既减少疲劳,还可以在身心愉悦中得到美学享受。此后,陈设展览的理论与技巧不断创新,博物馆领域也出现了专职的陈设展览设计人员,极大地改变了陈设展览形式设计水平,影响着博物馆的公众社会形象。今天,博物馆的陈设展览向着艺术化、人性化、数字化等方向发展,努力寻找更符合现代博物馆陈设展示特点的传播手段。

随着科学技术手段的发展,陈设展示形式远远超越了传统的图文展板的静态展示,例如模型演示、景观再现、视频展播、幻影成像、主题剧场、互动体验项目等各类动态展示,通过视觉的新颖性和冲击力,很容易激发公众主体参与意识,唤起共鸣。陈设展览技术在博物馆的合理应用,依托于文化创新的设计理念,实现陈列展示功能需求与新技术、新材料的合理把握,陈设展览设计与艺术表现形式的相互渗透,陈列展示空间与自然环境的和谐共生,体现出博物馆专业人员与展览设计与施工制作等方面的高度协调配合。

每一个陈设展览都应具存独特的品质,审美风格应当与展示内容相呼应,绝不能因为盲目追求形式美,而伤害陈设展览的思想性和科学性。反之,如果陈设展览所表达的视觉感受、所营造的环境气氛与展览主题和内容设计互为表里,就可以使陈设展览的主题、内容、信息、知识与形式、视觉、环境、感受相映生辉,使陈设展览的思想性、学术性和知识性,伴随观赏性、趣味性和互动性，浸入观众的脑海心田，给观众留下深刻的印象。"那么这种审美不仅有利于观众理解展览内容，甚至美本身就成为参观学习的动力。"

杭州茶叶博物馆通过环境整治，将周围的户外场所作为展览的辅助空间，有效地创造出活泼有趣、生机盎然的景观。龙井茶和虎跑水是杭州的"双绝"。首先，博物馆充分挖掘茶文化内涵，展示出 100 多种丰富多样的茶树品种，对各品种的产地、名称、类别详细说明，营造出内容丰富的室外展区。观众不仅可以看到常见的灌木型茶树，还可以观赏 5 米多高、自然生长了 50 多年的大茶树。其次，博物馆做足"水"的文章。通过环境整治工程引西湖活水，采用深潭蓄水、分层筑坝、浦泉、山涧、溪滩等手法，对水系进行处理，营造多种水景，形成室外品茶区域。通过种种努力，茶叶博物馆拓展了博物馆文物收藏、公共展示、旅游休闲、美育启智等多方面的功能。

近年来，一些博物馆结合自己的地域特点，构建突出自己特色的陈设展览的同时，不断推出新的陈列形式，应用先进的科学技术手段，摆脱过去以展板为主的说教式的展示形式，加入多媒体技术，对灯光、温度进行运用调节，采用可操作模型、触摸屏等动手参与项目，使观众在轻松愉快的活动中学到知识。陕西西安秦始皇兵马俑博物馆不断探索陈设展览的形式创新，通过现代科学技术的合理应用，增加观众的文化体验。在展厅中设置了多媒体演示系统，展示秦始皇陵区的航拍录像、俑坑发掘过程、俑坑结构的三维动画图、兵马俑修复过程等，这些都有助于观众了解秦始皇陵的全貌，有助于深入理解与秦始皇兵马俑相联系的深层文化内涵。

浙江自然博物馆新馆的"自然·生命·人"基本陈列较多地运用景观和高科技手段，但是并没有给人们留下过度的印象。"地幔对流""高仿真达尔文机器人剧场"、"抛物线观测仪"等与陈设展览内容相得益彰，有力地支撑了努力追求体验、探索和发现的设计目标。"绿色浙江"的山地、湿地和海岛等生态系统景观，都是组织专业技术人员赴实地考察，择取生态系统景观信息并进行模拟设计，高仿真翻模制作而成。这种通过对于细节精益求精的制作，维护博物馆真实性、科学性和直观性特征的做法，值得提倡。

在博物馆的复原陈设中，通过选取某一历史现象的场面或某一自然生态的场景实现"情景再现"，深入挖掘真实的历史氛围和生动的生活情景，挖掘特定人物有血有肉的精神世界内涵，通过文物与环境组合、文物与模型组合、文物与图像组合等方式，在不改变文物原状的基础上，对展示空间进行技术处理，恰如其分地再现历史氛围，恰到好处地模拟历史情景，强化时空中的历史真实感，摒弃脸谱化、符号化的表现模式，改变传统陈设展览呆板、单调、静态的方式，通过各种表现手段的应用，丰富陈设展览的艺术语言，达到内容设计与形式设计的和谐统一，在带给观众视觉享受的同时，使之能够更好地感悟陈设主题。

营造博物馆内不同区域的光照亮度，是陈列展览照明设计中常用的一种方法。L.I.康曾（L.I.Kahn）说过："光是一切存在的赐者。"一般而言，亮度分布比较均匀的环境会令观众感到愉快,使参观者视线集中,如果亮度差别过大,就会引发观众视觉疲劳,甚至会造成不愉快的心理感觉。但是如果亮度过于均等,则会使观众产生呆板、单调和漫不经心的负面情绪。因此,陈列展览设计应更加注重研究观众在参观过程中的心理活动规律,灵活运用照明环境艺术,用光照亮度的科学合理变化来增强陈列展览和文物展品的观众亲和力。

在欧洲部分传统建筑的博物馆展厅中,可以看到进入陈列展厅的自然光同时与灯光配合使用。德国布兰德霍斯特博物馆顶层的展厅设计,将光从顶棚上方引入室内,通过用半透明纤维材料制成的天花板过滤,使明亮的顶光均匀地散播于展厅内,参观者可以在静谧与光明的展厅里,欣赏和探究文物展品背后所隐藏的故事。同时,下面一层展厅的采光方式,通过吊顶上方侧墙上的窗口,将光线引入室内,再经过白色百叶,把从顶部折射下来的自然光线柔化,并散布于展厅内的各个区域。另外,部分补充的人工光源也是必需的,特别是在天气不好的情况下。统计表明,经过一段时间的运行后,50%~70%的开馆时间,可以单纯使用自然采光系统而无须耗费一度电,这不仅为艺术品提供了最理想的光源,也节省下了一大笔博物馆的电能费用。

希腊雅典的新卫城博物馆 2009 年 6 月竣工开馆,蓝天是这个博物馆的设计概念之一。博物馆展厅环绕着明亮的自然光线,这里用于展示雕塑的光线,不同于用来展示油画和素描的光线,从博物馆展厅里可透过玻璃幕墙看到不远处的帕特农神庙。在陈设展览中,采光与色彩的定位应由陈设展览的主题内容所决定,陈设内容是环境设计的基础,采光与色彩设计是表现形式,来烘托和表现陈设展览的主题,传达陈设展览的韵味与氛围。例如"云南文明之光——滇王国文物展"所采用的明亮采光效果,给人耳目一新的感受。

博物馆陈设展览不是任意的艺术创作行为,而是受到博物馆使命、博物馆学理论、博物馆藏品、陈设展览主题和博物馆观众的制约。尽管如此,博物馆陈设展览的创造空间并不狭小,涉及专业领域众多。例如在陈列艺术方面,涉及博物馆学、历史学、建筑学、艺术学等;在实际操作方面,涉及空间设计、平面设计、电气设计、结构设计、多媒体设计等;在制作工艺方面,涉及装饰装修工艺、摄影印制工艺、雕刻油漆工艺、绘画雕塑工艺、金属制造工艺、文物保护技术、安全防卫技术等。所有设计、工艺和技术都为陈列展览的完成而服务,这充分表明了陈设展览的综合性。

在陈设展览场所会有各类展柜、展具、灯光、音响、视频设备,以及其他多媒体展示设备,在展览设计中必须精心地进行配置,才有可能取得良好的展示效果,并有助于表现陈设艺术的感染力。例如,陈设展柜设计必须遵循实用与审美相结合的原则。陈设展柜直接服务于文物展品,是博物馆藏品公开展出时的保管器具,因而必须满足安全防范的各项要求,诸如防盗、防火、防虫、防尘、防潮、防光害等。同时,陈设展柜必须具有良好的展示功能,各个部位的尺度比例均须符合人体工程学的原理,使得观众参观时感觉舒适。陈设展柜的开门方位、开门方式、构造亦须符合使用方便性的原则,以利于工作人员提高效率。此外,陈列展柜是决定整个陈列艺术形象的主要因素之一,结合陈列展厅内部装修,它可以创造出博物馆环境特有的艺术气氛和气质,提高文物展品的表现力,给观众以美的享受。展具是文物陈设中文物与展台对接的部分,是观众视线最敏感的部位之一,往往需要特殊的工艺制作。展具的首要功能是保护文物安全,尔后是美观精致,不影响文物展品的美感,不影响观众的观赏。灯光不仅是满足人的视觉功能需要和照明的主要条件,也是创造空间、美化环境的基本要素。灯光可以构成空间,改变空间,美化空间,但是也能破坏空间。因此,博物馆陈列展览照明灯具的选择和运用,直接影响展示空间设计的效果。

形式设计和技术运用的终极目的,都是张扬文物展品的文化个性,而不是为形式而形式,为技术而技术。应该信守博物馆陈设的基本理念,避免不顾主题特性、背离艺术规律、混淆艺术和技术、盲目追求高科技手段,从而降低陈设展览的文化与艺术品位的问题出现。博物馆陈设是由多种展示要素构成的,其中包括文物、图片、艺术品、模型、蜡像、道具、建筑、景观、影像、符号、文字、声音、灯光、多媒体等。一方面,陈设艺术寓于技术要素之内,前者要通过后者来展现,另一方面,艺术效果也不是技术要素的简单堆砌。在博物馆的陈设展览中,技术从属于文化艺术,而不能僭越或替代文化艺术。

"20世纪80年代,外国博物馆学家评论我们的陈列是挂在墙上的教科书。这一针见血地指出了我们陈设的弊端。"当前,博物馆事业正在迎来空前繁荣的时代,为陈设展览提供了更加广阔的平台。但是,我国目前的博物馆陈设设计现状,仍然是喜忧参半。喜的是伴随蓬勃发展的博物馆事业,优秀的陈设展览设计不断涌现;忧的是量大面广的陈设展览,出现形式和风格的相似、雷同,缺乏理论研究和新的探索。身处博物馆展厅之中,仔细观察不难发现,大多数参观者属于走马观花式的浏览,参观活动结束后很多人对展出内容依然只是一知半解,这样不仅使展览的效果大打折扣,博物馆的教育功能也没能得到充分发挥。

目前,不少博物馆的陈设展览仍然缺少个性和特色,许多陈设展览选题没有新意;主题提炼不足,平铺直叙,面面俱到;内容枯燥乏味,学究气浓,通俗性不足;展览结构混乱,逻辑性不强,多为教科书的翻版,展览表述过于理性,感性不足;展览信息安排繁杂混乱,不易为观众接受。在我国传统的陈设展览理念与实践中,一般是强调思想性、学术性、知识性等,观赏性问题长期得不到重视而很少提及。有时甚至将其置于被排斥的地位,将观赏性与思想性等对立起来。缺乏空间变化的陈设展览,不仅使人们感到压抑,而且令人感到乏味,无疑大大妨碍了人们对陈设展览观赏性的认识和营造。

早在1936年,上海市博物馆馆长胡肇椿就曾指出,"博物馆是完成文化艺术使命的机关"。1947年,中国博物馆学家韩寿萱也在一次演讲中强调:"陈设的本身就是一种艺术。"他在介绍欧美博物馆时说道:"他们的陈设,是先选定一个展览目的,然后根据这个目的,西瑞金叶坪革命旧址去收集实物,研究实物,再创造适当的环境,陈列其中,使陈列品更有意义。而最重要的,是他们的陈设能将高深的学理通俗化、具体化,使人易于了解。或者把杂乱无章的实物,整理出个系统,看出了异同,鉴定了时代,使参观的人们可以了解历史上的演变和文化上的进步。"这样的博物馆陈设"有意义、有系统、富于美感、易于领受"。

造成我国博物馆展览水平不高的一个关键原因是陈设展览规划与设计不到位。事实证明,一个陈设展览精品的形成,并非仅仅取决于好的题材立意与高科技手段,更为重要的是取决于内容与形式的统一和协调。例如,上海博物馆的青铜器陈设给参观者以深刻印象,展示空间选用类青铜色织布做展墙基色,其上还镶嵌了体现金属特性的金线条,并在展柜台座上设计了仿古装饰纹样,与展品的艺术风格相映成趣、互相衬托的陈设形式和造型别致、各具千秋的一件件艺术珍品共同成就了一个颇具古雅、凝重艺术气质的陈设展览。

第二节　实现陈设展览的趣味性

博物馆的动态展示技术最早起源于世界博览会。受 1851 年伦敦世博会启示,英国伦敦科学博物馆最早将动态陈设运用到展览中,将展品进行动态展示,使观众能够多方位、多角度地观看展品。此后,一些科学与工业博物馆仿效这种做法。20 世纪早期,德意志科技博物馆就以提倡观众参与而被称为"按电钮式博物馆",可以说是以注重教育为基本属性的科技博物馆现代流派的新起源。"在那一时期由美国 F.奥本海默(F.Oppenheimer)所创建的'探索馆',成为体现这种教育思想的样板。他设计了介绍科学原理和应用并让观众探索、实践、亲自动手进行参与互动的大通展品,独树一帜,其匠心可贵,使科技馆的教育思想,得到了辉煌灿烂的发展,赢得了社会广泛的认同。从此,开创了科学中心的新时代。"

在我国,建于 20 世纪七八十年代的博物馆,陈设展览手段往往比较单一,基本以文物、图片、雕塑、绘画等为陈列展示的主体。20 世纪 80 年代,北京科学技术馆第一次将高科技运用到陈设展览中,它的基本任务是向公众普及科学技术知识,传播科学思想和科学方法,提高公众的科学文化素质,培养创新精神。随着社会生活的变迁,我国博物馆的陈设展览概念发生了巨大变化,在科技类博物馆、自然类博物馆等博物馆实践中收到良好效果的基础上,高科技手段逐渐从科技类博物馆进入到以文物藏品为主的社会历史类博物馆,在各类博物馆展示中得到广泛的应用,已经成为陈设展览中不可缺少的组成部分。

今天,广大民众的文化需求呈现多样化发展,文化传播形式不断创新,所有的文化信息都有可能被纳入博物馆文化之中。随着高科技的迅猛发展,如今世界已经进入电子信息的时代,计算机和网络技术正日益进入公众生活之中,广大民众尤其是青少年人群接受知识的主要途径往往依靠电子媒介等形式,它们作为一种有效的信息化手段,能够更全面、更直观、更有效地传达信息。博物馆以普及知识为使命,以陈设展览为传播手段,现代科学技术正是当今有效、也容易被大众所接受的传播方式,可以使观众获得全新的参观体验。

　　浙江余姚河姆渡遗址博物馆陈设展览内容的设计,力求将专业性与趣味性紧密结合,在每一个部分设计一两个亮点,营造气氛,增强展览的观赏性,以达到雅俗共赏的目的。通过播放动画短片《我的家园》,动态演示河姆渡文化先民营建干栏式房屋的过程,包括砍伐树木、裁截木料、开板取材、劈削加工、挖凿榫卯、挖坑垫木、立柱架板、铺盖茅草等建造干栏式房屋的各道程序,使静态的、不美观的木构件展品,通过生动的展示手段,加强陈设展览的观赏性,更深层次地传播中国传统建筑文化的知识。

　　陈设展览是一种信息传播的载体,要从观众的认知习惯和水平出发,科学合理地安排好展览的信息层次。随着当代博物馆陈设设计手段的日趋多样,应适当地借助现代科学技术的成果,直观地再现某些场景。在短短的十多年间,从讲解器到多媒体,从二维图像到三维展示,再到数字化博物馆,科学技术成果的应用和推广,使物馆不断以更为新颖自然的手法,深入浅出地展现文物展品的博大精深与发展历程,精炼地概述历史事件的起因、过程和结果,从而在普及知识的过程中寓教于乐,达到更佳的展示效果,显示出博物馆文化与科学技术的结合,也使博物馆愈加年轻鲜活起来。

　　今天,以数字化技术武装的声光电技术和电脑设计技术,促进了博物馆高科技项目的研发与更新,拓展了陈设设计思路,丰富了陈设设计语言,使陈设展览中的有形展现、无形再现成为现实。通过文字记载影像化,让遥远的社会历史与自然环境得以重现,使观众有身临其境般的感动和震撼,获得"进入历史场景的感觉"。中国农业博物馆陈设展览中的"都江堰场景",有根据地还原岷江分流的情景,利用声光电技术展现水利工程的壮观,利用多媒体演示细解水利工程的原理,使参观者看到、听到、感受到两千多年前先人是如何使桀骜不驯的滔滔江水驯服地服务于人类,并直到今天还造福广大民众,从中体验中华文化的智慧与深厚。

　　"关于如何使博物馆变得有趣,这是不同博物馆根据自身特点见仁见智的问题。但可以肯定的基本原则是,博物馆不是高高在上向观众灌输、布道的古板教师,不是让观众看完就忘的枯燥课本。有趣的博物馆应当能满足观众的多种需求,能够令观众有所触动、有所思考、有所回味。"如今博物馆普遍采用触摸屏、电子书、场景复原、电动图表、高清全息投影等多种手段,突出对重点内容的表现,更加深刻生动地揭示陈列的内涵,增强内容的表现力和视觉的冲击力,丰富陈列的艺术语言,并吸引观众参与其中。但是,场景模拟必须要有确凿的史实依据,切不可随意发挥,否则反而会误导观众。

　　任何现代科学技术的应用都必须有实体文物和相关资料的支撑。采用新技术,是对陈设展览思想性、学术性、知识性的强化,其中任何虚拟展示都应该尊重历史,严格按照陈设展览主题和内容设计进行制作和呈现。只有文物展品才是陈设展览中的主角,现代科学技术只能是博物馆展示中的辅助手段,只是为了使陈设展览在叙述上更流畅,在效果上更直观,在形式上更丰富,最后达到博物馆文化传播的目的。新技术的应用所带来的不应该只是感官或肢体的互动,而应该追求陈设展览和观众之间思维的互动。陈设展览的思想性往往寓意其中,含而不露,意在言外而不张扬,让观众自己领悟,自己品味。

当前,应避免博物馆陈设展览的千篇一律。由于不同地区历史文化资源不同,陈设展览的主题与内涵理应存在诸多区别。因此,应保证每一个陈设展览独特的审美风格。中国国家博物馆的油画《开国大典》观赏性很强,画中的麦克风等又以实物展出,画、物组合,观众对隆重的开国大典场面的观感自然就会更加强烈。在文物展品的背后往往蕴含着极其丰富的历史文化信息。任何一件文物展品都与当时很多事物有着密切的关联,绝非孤立存在,对前来博物馆参观的绝大多数人来说,最想知道的正是文物背后的故事,以及与其相关的文化信息。但是博物馆传统的陈设展览方式较少顾及观众的感受,提供给观众的信息单调而有限。

由于科技手段与新材料、新技术、新工艺的应用,博物馆陈设展览的信息传递变得直接、快捷、便利、集中、形象、生动,并由传统的静态展示转向动静结合,全面、有效地增强了陈设展览的视觉冲击力。科技的进步是永无止境的,随着科技的不断进步,陈设展览的观赏性前景将越来越广阔。实践证明,恰当适度地运用互动和高科技展示手段,是对传统展示方式的有效补充与完善。例如陕西汉阳陵遗址博物馆的幻影成像,陕西历史博物馆的高清晰数字短片,从观众竞相观看的盛况可知,不仅没有冲淡文物展品本身的主题,影响陈设展览的科学性和系统性,反而调动了观众的参观兴趣和主观能动性,加深了对陈设展览的印象。总之,随着博物馆理念的不断更新,以广泛使用高新技术为表征的展览设计,日益受到博物馆界的重视。

20多年来,博物馆界始终不渝地从诸多层面发掘高科技的正面作用,例如拓展信息载体,弥补文物藏品不足的缺憾,增强视觉冲击力,满足观众的参与和娱乐需求。近年来,现代新兴科技如光纤、激光、全息照相、立体声、多媒体等技术,普遍应用在世界博览会上,对观众产生了强烈的视听觉冲击。随后,电子影像、大型影像、多重影像、立体影像和虚拟影像、幻影成像等新技术也纷纷进入博物馆,大大提高了陈设展示的感染力。特别是上海世界博览会期间,中国馆的动画版《清明上河图》,设计者融合了动态投影和三维成像等技术,通过12台投影仪,将长128米、宽6.5米的《清明上河图》投影映现在展墙上,使画中的人物和场景都变得可以活动,栩栩如生,超越了这幅画作原来平面静态的表现,给观众带来一种新颖的感官体验。

采用现代科学技术必须着眼于实际效果。作为新型传播手段,新技术虽然具有不少优点,但是在具体运用时也需要注意博物馆陈设展览的特殊要求。目前,很多博物馆热心于新技术的运用,以为新技术应用得越多、技术越高端,就会越吸引观众。可现实的结果是,很多新技术由于损耗大、使用率低、布局不合理,以及与展览内容关系不密切等原因,未能很好地服务于观众。实践证明,陈列艺术不是高科技的同义词,声光电等新技术也并非多多益善,要充分考虑其必要性、适当性和综合性,高科技的运用也不能喧宾夺主,它的角色只能是衬托者,而不应成为主角。

由于高科技产品的出现与应用,丰富了博物馆陈设展览设计制作的方式方法,也为习惯于原有陈设手段的观众带来新的感受,因而受到人们的欢迎。于是,近年来无论是新馆建设还是旧馆改造,必将高科技陈设展览项目列入其中,而且投入比重越来越大。一些博物馆甚至认为只有更多地使用现代科学技术手段才是求新、求变的最佳方式,认为高科技项目使用越多,越能推陈出新,越能显示经济实力,越能提升博物馆的档次。在陈设展览设计过程中,弱化传统陈列手法,片面追求所谓创新,在博物馆之间形成"互相攀比""盲目跟风"的趋势,导致陈设展览重复模仿,展示手段千篇一律。

宋向光教授指出:"对博物馆陈设性质认识的分歧,陈设目标的异化和模糊,陈设内容的同质化和程式化,陈设展示的技术化和娱乐化,陈设形式的视觉及感官至上,陈设工作体制的市场化,这些新问题摆在人们面前。"陈设展览通过对视频、音频、动画等媒体加以组合应用,可以创造崭新的参观体验,促进观众视觉、听觉及其他感官和行为的配合,扩大内容信息的传播,营造陈设展览的环境气氛。陈设展览需要观赏性,但是目的是通过观赏性,更好地表现思想性、知识性、艺术性,展现陈设展览的主题。绝不可割裂观赏性与思想性等方面的关系,不顾陈设内容适合与否,强行要求增添指定的高科技手段,造成展示形式对内容的误导。更不能本末倒置、喧宾夺主,为了追求展厅艺术效果,采用艺术品的堆砌取代文物展示,造成陈设展览效果的杂乱无章。"我们必须认真对待当代博物馆陈列表达的场景化、影视化、虚拟化倾向。"

正如苏东海先生所说:"文物博物馆事业的现代化不是什么声光电的问题,而是紧追时代,赋予时代内涵的问题","我们不要把声光电等同于现代化,不要以为声光电就是现代化博物馆的标志"。先进的科学技术手段应能更好地衬托文物展品,现代技术和新型设备应是表现文物展品文化内涵的工具,完美的陈设展览形式应与文物展品的文化内涵相统一,无论是场地、展柜,还是灯光、美工,以及辅助陈设等各种有效方式和手段,均应最大限度地展示文物展品的文化魅力,并给予观众美的享受。同时,应努力营造优美、洁净、高雅的参观环境,使观众一进入博物馆就能沐浴在文化氛围之中。

在博物馆的陈设展览设计中,应注重最新研究成果和新技术、新工艺、新材料的引进,这既是社会发展和科技进步的必然,也是提高陈设展览质量和水平的需要。但是,高科技项目在现代博物馆的应用过程中,日益显现出一些弊端。例如,高科技项目价格相对昂贵,一旦大量使用,势必过多占用有限的陈设展览经费;一些不是很成熟的高科技项目,由于缺乏维护经费和技术人员保障,在长时间、高频率地使用后,容易出现故障;随着现代科技的发展,新产品不断出现,高科技项目升级换代频率加快,不断被动淘汰。

博物馆陈设展览的学术文化内涵和公众参与属性,要求博物馆在陈设展览中对新技术、新工艺、新材料有选择地适度运用。应用各种现代科学技术手段,目的是为了深化陈设展览内容、丰富展览展示形式,而不能将科学技术手段的应用,当作陈设展览是否创新的重要标志,不能将博物馆的陈设展览变成科技博览会,那样反而使文物展品变成了配角。面对陈设展览中出现的种种弊端,博物馆应该力求技术与艺术、内容与形式、继承与创新、审美与娱乐的有机统一,谨防对技术的盲目崇拜和无度滥用,自觉抵制业已出现的庸俗化和娱乐化倾向。

因此,要重视陈设展览艺术与陈设展览技术的统一。只有用文化理念驾驭技术要素,并将各个技术要素有机地整合起来,才能使陈设展览产生赏心悦目的艺术效果。"正确认识陈列艺术与技术的本末关系,从而在尊重二者各自规律的前提下,适度界定二者之间的界限,有助于当今博物馆陈列在满足观众日益增长的个性化需求的同时,依然坚持自己的基本理念,永远不失自己的本质特征。也只有如此,才能使观众在欣赏陈设展览时沐浴高新技术之惠泽,产生温柔敦厚之美感,并在审美体验中使情感得以升华。"

第三节 实现陈设展览的通俗性

公众参与是社会进步的重要标志。博物馆要把一成不变的静态知识变得生动有趣起来,就要从观众的角度出发设计陈设展览,以观众为中心提供各种相关服务,注重人文导向,使陈设展览人格化,服务人性化,使观众真正在博物馆里得到悦目、悦心、悦智的享受。日本名古屋工业大学的研究室对日本 19 家博物馆观众满意度的问卷调查显示,展览中如果有30%的展品可供观众参与,观众的满足感会有很大提高。日本江户东京博物馆内有一个大型微缩沙盘,展示东京桥的历史场景,而在桥的上面,有近千个表现人生百态、五行八作的小人雕塑,生机盎然,妙趣横生。为了使观众能够详细地观看雕塑的细部,博物馆在沙盘的四边设置了望远镜,体现出人性化的管理特点。

博物馆应就陈设展览的内容和形式,不断征询观众的意见和建议,欢迎观众留言,及时了解观众的心理动态和潜在需求。例如一项关于"当代大学生眼中的博物馆"的调查结果表明,针对"什么样的博物馆会得到当代大学生群体钟爱"的问题,排在第一位的是"历史民俗"类,占34.5%;"艺术"类位居第二位,占32.8%;而"军事"类和"名人故居和纪念馆"类所占的比例则很小,分别为3.4%和1.7%。而在对中小学生的问卷调查中却发现,很多的中小学生把"军事"类博物馆列为首选,"名人故居"的被选比例也很高。由此可见,博物馆应该有针对性地认清自己的目标观众群体,在展览策划运营中才能做到有的放矢。

加拿大魁北克文明博物馆,在对观众调查的基础上,确定陈设展览的内容和形式,并将陈设展览首先制作成小模型,到社会各层次的观众中去征求意见,哪怕是幼儿园的儿童也不漏掉,在大量调查摸底工作的基础上,再引进或投入制作,使每个陈设展览都具有不同的观众群体。连云港博物馆充分发挥馆藏文物的资源效应,不断丰富陈设展览内容。在四川汶川大地震发生后,为了及时向社会民众宣传防震减灾科普知识,博物馆及时与地震部门联系,举办防震减灾科普知识展览,并开展地震科普知识讲座和地震应急逃生演练,在相关媒体上进行提前宣传,许多市民前来参加咨询活动,在社会上收到良好的反响。

参观博物馆不同于在课堂上听讲,观众在获得知识的同时还希望获得一份美感和享受。陈设展览就是要在人与物之间创造出一个彼此交往的中介,为人们提供一个具有美学属性的空间,让观众赏心悦目、缓解疲劳、放松情绪。由于珍贵文物不可随意触摸,一些青少年到博物馆参观时会感到枯燥。为此,中国科学技术馆通过大量可以让观众亲自动手实践的展陈设施,生动形象地展示了电磁、力学、机械、声光、信息、核技术等多种学科的基本原理和科技成果,特别是那些光怪陆离的辉光球、五颜六色的巨大肥皂膜,毛发直立的静电反应,都令青少年观众惊讶不已,使他们加深了对相关科学原理的理解。

上海博物馆结合书画、陶瓷、玉器等文物展品,对中小学生开展趣味墨拓、修复"唐三彩"、软陶制玉、扎染等手工体验活动,让参与者在石板上刻下文字或图像,然后制作拓片;把陶器、瓷器碎片分离,并修补完整;在白布上学染色;用软陶模仿古代玉器形状,制作成玉蝉、玉龙、玉鸟等。他们还举办纸文化系列活动,包括艺术剪纸、手工制造宣纸、掌握木活字印刷技术和做套色水印信笺。让孩子们在动手制作过程中感受传统、品味生活。当中小学生们亲手制作出一个个饶有趣味的艺术作品时,就会从中感受到成功,体验到自我价值。

博物馆的陈设展览和社会教育项目应该充分发挥体验性、互动性、参与性等特征。"让公众了解博物馆的工作人员在做什么,这实际上也是博物馆魅力的一个有机组成部分。"新西兰国家博物馆就设有讨论室,观众还可以通过预约参观文物库房或与专业人员接触、交流。这些展厅以外的相关活动能大大提高观众的满意度。博物馆既要成为文化信息中心,也要成为文化体验场所,利用陈设展览让观众直接参与,并形成互动体验,使文物展品的信息以生动的方式传递给观众,通过视觉、听觉、嗅觉、触觉等体验,获取需要的知识,获得难忘的感受。

在 2009 年的国际盲人日,罗浮宫艺术物馆给北京带来一场独特展览,在"触·觉——从罗浮宫到世纪坛"展览上,参观者可以亲手触摸罗浮宫艺术博物馆所藏公元前 2 世纪至 19 世纪的西方经典雕塑的复制品,所有复制品都是由法国国立博物馆联合会模型工坊制作而成,观众可以通过触摸感受雕塑作品的力与美。同时,在每一件陈列展品旁都放置了中文和盲文的两种介绍,使盲人也能感受到艺术家的表现和匠心。

2009 年,浙江省博物馆"十大镇馆之宝"汇展及评选活动引爆杭城,在杭州的各大新闻媒体对此做了一系列连续报道,激起观众对博物馆文物的兴趣和激情,也成为社会公众关注的热点,观众积极参加投票评选活动,成为博物馆把馆藏文物精华更好地展示给社会公众的一次有益探索。

博物馆陈设展览设计要善于调动观众的审美意识和审美情感,尽力缩小陈设展览与观众的空间距离和心理距离,寻求与观众的共鸣。日本九州博物馆的藏品仅有 2000 余件,但是参观人次却位居日本各大博物馆前列。究其原因,主要是该馆紧紧抓住了观众的心理,一切展示活动都以观众为中心。如果一个展品连续 6 天观众停留的时间不到 10 秒,就进行撤换。在日本九州博物馆的实验室,公众可以近距离观看或尝试实验操作,甚至可以透过保管文物藏品的库房开窗通道,参观库房里面的技术人员如何修复、整理和保管文物藏品,深受观众喜爱。

在博物馆的陈设展览活动中,观众不应该是被动接受的一方,而应该是陈设展览的主动参与者。美国德州监狱博物馆是一家集展览、教育、旅游为一体的综合性慈善机构,该馆从囚犯和狱警的角度展示了 1848 年以来德州监狱系统的发展历程。陈设的展品以囚犯使用的物品为主,其中除生活用品、行刑工具、囚犯带入的违禁品及自制的越狱用品外,还有囚犯自己创作的绘画、雕塑等"监狱艺术品"。博物馆还别出心裁地设计了一个模拟囚室,游客只要花上 3 美元就可以穿上囚服在里面照相留念,体验一下当"囚犯"的感觉。

博物馆应千方百计地拉近观众与文物展品间的距离,着力考虑观众的心理需求,追求展示空间的机动性与可塑性,着力于展厅文化氛围的创造和展品文化意义的激活,通过陈设展览将观众带到特定的情境氛围之中,使他们深入地参与其中,达到在认知、行动、反馈等方面的全方位参与。垃圾博物馆坐落在美国康涅狄格州斯特列福镇,是在垃圾分类处理厂的基础上扩建而成的,作为环保教育设施之一,免费接待公众。在这里,游客可以了解到绿色的塑料瓶可造地毯、25 个汽水瓶可制作一件再生的短上衣、1 吨旧报纸再生使用可少砍约 17棵树和节省 4100 瓦电能、利用废弃金属代替铁矿石生产新钢铁等。通过参观,人们不仅了解垃圾处理的过程,还可以增强环保意识。

现代信息技术的应用,改变了博物馆藏品的陈设展览方式,也提高了人们对信息的处理效率,从而使我国博物馆的管理水平有了明显提升。多语种的自动讲解系统的应用,使博物馆对参观者的服务能力有了明显提高。良渚博物院的陈设展览,按照"雅俗共赏"的要求,解读和传递良渚文化的专业元素,让观众"看得懂、喜欢看",并做深、做透良渚之谜和良渚玉文化两篇文章,除了运用传统的文物展示、场景营造等陈列手段外,还采用声光系统、多媒体技术、4D 影院等现代科技手段,实现室内展示与室外体验相结合,提高博物馆陈设展览的可视性、可读性和参与度,给予观众更加清晰的印象和直观的感受。

在举办"天地经纬"展的过程中,河南博物馆与中国地属局、中国国家博物馆、北京天文馆、中国社会科学院考古研究所、北京自动化研究所等多学科专家联合攻关,围绕古代科技成果的展示和利用、地动仪模型构造和基本工作原理,以及陈列架构、科技内涵延伸、环境创新、公众参与等方面,进行了诸多探索和共同研究。这一展览使人们在探索历史类博物馆如何通过现代技术手段展示古代科技原理的方式方法、探索陈列如何向观众传递和正确对待不断发展着的科学空间、探索如何让观众参与到陈设中并通过亲身体验来缩短陈设与观众的距离等方面，积累了一定的经验。

2010 年 7 月，黑龙江省博物馆举办了"生命起航——卵的奥秘"暑期特别展览，这是针对少年儿童参观群体，集趣味性、科学性为一体的陈设展览。通过展示鸡、鸭等的孵化过程，引导大众关注生命、探索自然。博物馆购进专用孵化设备，将传统的展板展示转变为活体互动，将原有的引导讲解转变为主动吸引，将整个孵化过程完全呈现在广大观众的面前。展览以鸡、鸭等的孵化过程为载体，展示部分禽类和爬行动物的诞生及发育过程。所有孵化卵面向少年儿童实行免费幼雏征名、领养活动。凡在指定时间内报名的少年儿童，均可以亲自挑选其中一枚孵化卵自己进行命名，博物馆对其指定的孵化卵进行特定编号，待孵化出壳、展览结束后免费赠与其领养，借此提高少年儿童对自然环境的保护意识。

心理学家 M.麦克卢汉（M.McLuhan）博士说："触摸行为对于电视机下成长的一代人来说是非常重要的课题。他们从孩提时代起，就已经接受了电视图像的透视，现在需要从深度方面来处理事物了。"博物馆的少儿教育应该受到应有的重视。中国科学技术馆新馆中，有一处科学乐园展厅，专门为 3～10 岁的儿童所设计。展厅面积近 4000 平方米，是目前国内最大的儿童专项展厅。展厅共分 9 个单元，如科学城堡、认识自己、山林探秘、欢乐农庄、戏水湾、安全岛、创意工作室等，内容包括认识自然、认识自己和身边、工农业交通、环境、防灾和趣味活动等，共计有展览项目 140 多个。

科学乐园的一切，都按照为儿童服务设计安排。展厅的设施和布置，都考虑到儿童的身体和认知特点，整个展厅色彩和谐温馨，各展区都用不同的颜色区分，背景音乐舒缓优美，各类提示亲切有趣，各展项的体量、高度和手柄的松紧度都符合 3～10 岁儿童的身材和体能。为保证小观众的安全，所有设施、器材都做了防电、防撞、防扎、防磕碰等处理。小朋友在乐园里就是玩和动，展厅中不仅有动手的项目，还有动眼、动耳、动脚、动嘴、动鼻子的项目，在玩和动中激发兴趣，得到体验，获得知识，增长见识，发现喜好和特长，或者就是玩个高兴，玩个痛快。

美国波士顿儿童博物馆有一段脍炙人口的名言：我听了，可忘了；我看了，记住了；我动手了，明白了！中国古代诗人陆游也曾作诗道：纸上得来终觉浅，绝知此事要躬行。香港太空馆有一项让观众亲自体验在太空翱翔的滑翔项目，观众可以乘着滑翔器，遨游于太空，有一种身临其境的感觉。"陈设展览的形式可以有多种多样，有的是质朴无华、素面朝天，有的则是五彩争艳、匠心独运，但无论是哪种形式，都有一个共同的出发点，就是要从观众的角度来看，以更好的和更有吸引力的方式让观众欣赏和观摩。"

博物馆的陈设展览在内容上应科学高雅，在形式上应喜闻乐见，努力在大众化与专业性之间寻求平衡。在首都博物馆，除了设有专门的教育互动区，还在陈设展览的设计上注重参观者的感观感受，在展品、图片之外，还有多个多媒体展项，包括声光电等现代科技的表现形式,以及参观者能亲身参与互动的展区,以强调"体验、感受、互动"的方式传递展示信息。在河北黄骅海盐博物馆"天工开物——中国盐史"展览中,系统展示与盐有关的历史、技术、文化,及其在国民经济中的重大作用,采用水墨淡彩风格绘制的二维动漫"熬波图",采用动感手段,生动再现了元代海盐制作工艺,增强了感染力和吸引力。

在大英博物馆的"日本传统手工艺展"期间,邀请了多位当代手工艺大师来做讲座,同时表演茶道和插花,并且在活动室里可以观看日本墙纸的制作过程,使观众与展示内容之间没有阻碍,实现最真实的接触,观众在这里感受到的是主动学习而不是被动接受。在英国维多利亚和阿尔伯特博物馆,介绍19世纪装饰风格的时候,设计师复制了那个年代的椅子,供观众亲手拆卸、组装。

由此可以看出,陈设展览和公众教育在今天的博物馆中结合得越来越紧密,形式也更加多元化,尤其是更加注重观众的参与、体验,从而达到信息的双向传递,这正是现代博物馆与传统博物馆的区别。

第七章 现代博物馆的重构与发展：集群化运营

第一节 博物馆集群的背景

对于多个博物馆的运营管理，目前在国际上主要有两种相关的概念，一种称为"博物馆集群"，另一种称为"博物馆系统"。前者由哈佛大学教授波特于 1990 年提出的"集群"概念衍生而来，后者则由美国博物馆联盟于 2001 年提出；前者涵盖范围较广，后者则主要指有隶属关系的各博物馆。

1990 年，哈佛大学商学院波特教授提出"集群"的概念，"指的是公司、供应商及相关机构形成集聚，在一定的城市区域内联合发展。从成本和效益看，高度集中有利于降低制度成本（包括生产成本、交换成本），提高规模效益和范围效益，并提升市场竞争力，其被认为是经济发展的一个重要战略工具"。

从"集群"进一步引出"博物馆集群"概念，是指各博物馆及相关企业集中分布，并共同从事博物馆相关的工作和活动。博物馆作为传播文化和科学的重要场所，通过集群可以提升自身的经济效益，丰富博物馆文化消费内涵，巩固博物馆与其消费者的情感关联，同时还对社会可持续发展做出有价值的贡献。

2001 年，美国博物馆联盟提出"博物馆系统"这一概念，其指的是"具有复杂组织结构，在至少两个地点拥有若干场馆设施的博物馆运营系统"。在此基础上，美国博物馆联盟进一步将博物馆系统分为以下两种组织模型：

组织模型 A：随着一个博物馆系统的发展壮大，可能发展出一些具有自主性质（独立管理能力）的子单元，在组织模型 A 中称之为关联馆。超大型博物馆系统若坚持作为单个综合实体运营有时会面临挑战，所以自然应当允许系统内的不同构成单元在某种程度上享有自主管理权限。然而关联馆还不能算完全自主的独立博物馆，因为它们在管理和资金等某些方面依赖于整个博物馆系统的支持，这些支持是由上级主管机构面向全系统提供的集中式服务项目。

组织模型 B：有些博物馆系统属于综合、超大的机构。它们依靠上级主管机构集中式服务的支持而以一个高度一体化博物馆系统的形式存在，其总馆之下存在一个或多个分馆。由于这些博物馆系统的构成单元相互之间具备紧密的关系，因此，应将所有场馆视为整体，各分馆并无独立的管理权限。

从"博物馆集群"和"博物馆系统"的概念可以看出,"博物馆集群"是一个更加宽泛的概念,它不限定聚集的对象,也不限定对象间聚集的方式。在"博物馆集群"的概念中,博物馆之间或博物馆与其他机构之间都能进行各种形式的集聚,其最终目的是为了提高博物馆的社会和经济效益;而"博物馆系统"这一概念主要指的是博物馆间的集聚,且在集聚过程中强调不同博物馆间的隶属关系。由此可以看出,"博物馆系统"更像是"博物馆集群"中的一种形式。

面对日新月异的科技变化和社会发展,博物馆未来的发展将更加多元和开放,因此,我们将从"博物馆集群"的角度,探讨博物馆之间的合作与发展。

一、博物馆集群的理论基础

任何一种现象的产生都有一定的理论基础。产业集群是产业发展的一种内在规律,既属于经济学研究的范畴,又属于社会学研究的范畴。从经济学的角度看,它是一种新的区域经济组织形式,具有传统的单个大企业所无法比拟的组织优势。经济学研究经济现象,它的核心概念是经济效益;但同时,产业集群作为一种特殊的营利性社会群体,又属于社会学研究的范畴。社会学研究社会现象,它的核心概念是社会效益。从社会学的角度看,产业集群是一种生态型的社会组织,具有自我发展、自我更新、自我完善的能力。博物馆作为社会职能与一定市场职能的集合,既要以社会效益为重,同时又要兼顾一定的经济效益,实现公益性事业与经营性产业系统发展。

(一)从经济学角度看博物馆集群

产业集群理论的产生和发展有着非常深刻的经济学背景,西方学者对此进行了大量的研究。

1.博物馆集群的经济驱动力

①"外部经济"理论

"外部经济"理论是由著名经济学家马歇尔(A.Marshall,1890)提出来的,他在对诸多企业在同一区域集中的现象进行考察之后,认为企业在一定的地理空间上的集聚并组成集群是为了获取外部规模经济的效益。通过产业集聚乃至形成集群,其实质是通过生产过程的可分性,将各个阶段进行专业化分工并形成专业化的优势,在此基础上依据产业链的联系,把因专业化而性质趋同的中小企业聚合起来,形成规模型企业特征的规模经济生产①。上海申康发展中心就是一个典型的产业集群,此中心对市级公立医疗机构的国有资产实施监

---

① 张慧文.2013.金融服务业的集群化发展理论与实证研究.上海:上海三联书店,57

督管理,同时担负投资举办市级公立医疗机构的职能。通过此平台,还可以实现内部23家临床医院的信息共享,形成跨院一站式服务。通过这样的产业集群既可以使各个医院互补短长,节约成本,提高效率;又可以降低病人的就医成本和时间,给市民带来了极大的便利,对促进全市医疗事业的发展具有很大的推动作用。

产业集群是一系列共同要素作用的结果,这些要素包括行业经验曲线的积累、人力资源市场共享、专有技术的创造和外溢等,各个微观主体集聚的程度越高,产业集群的成长就越迅猛。在一定区域内的博物馆通过集聚形成一定规模,并在此基础上产生更广泛的影响力,从而实现在人力资源、物力资源、技术资源等方面的优势,加速集群范围内各个场馆的发展。

②"集群经济"理论

韦伯(Alfred Weber,1997)最早从成本节约的角度,提出了产业集群形成的动因。韦伯在深入观测了当时的工业在某一区域集聚的现象之后,认为排除劳动力和运输成本等区域外的重要因素,由集群带来的成本节约是导致产业集群形成的重要因素。他把产业集群的成本因素归纳为4个方面:分别是劳动力、技术设备、经常性开支及市场化的成本同时,他认为产业集聚进而集群化的过程可以分为两个阶段:一是靠企业自身简单重复式的规模扩张从而引起产业集中化的阶段;二是依赖于大型企业的出现并以其完善的组织运行方式,引发许多同类企业的加盟,进而形成明显的地方性聚集状态并形成集群化效应的阶段①。

博物馆的集聚在一定程度上可以实现区域范围内的资源灵活调配,也可以认为是一种节约资源的做法。这将会吸引更多的场馆加入,尤其是在资金、人员上相对缺乏的小型场馆,通过大馆资源的借用和分享,可以在一定程度上弥补自身的不足。这样做同时也可以减少大馆的资源浪费。

③"新竞争优势"理论

波特(2007)从产业竞争优势的角度对产业集群的形成进行了分析,将产业集群理论的研究推向了新高度②。波特在《国家竞争优势》一书中提出,"产业集群"是指"在特定区域下的一个特别领域,存在着一群相互关联的公司、供应商、关联产业和专门化的制度和协会"。他认为一些国家的产业所具有的持续创新升级能力,使得该国家及其国际竞争力都得到明显提升,而这些产业创新与升级的背后,是产业基于"钻石模型"的发展思路:即生产、需求、企业战略与竞争和相关支撑产业4个因素的相互作用,使得产业形成地理上的集中,并最终产生产业集群独特的竞争优势。产业集群的发展模式突破了企业和单一产业的边界,它更加着眼于一个特定区域中具有竞争和合作关系的企业、相关机构、政府、民间组织等的互动,为我们提供了一个思考、分析国家和区域经济发展并制定相应政策的新视角。该集群

---

① 张慧文.2013.金融服务业的集群化发展理论与实证研究.上海:上海三联书店,57
② Michael E.Ported(迈克尔·波特).2007.国家竞争优势.北京:中信出版社,132—137

越发达,该集群内部的各个机构也都会发展得越好,相互之间不是竞争关系,而是将产业相互之间的竞争转化为合作的优势,实现整个区域内的快速发展。博物馆的集群同样可以依照这种经济模式建构自己的集群化区域,在该区域中实现各微观主体的协同发展。

2.产业集聚和产业集群

产业集聚是一种基于产业链和增值链的简单劳动分工关系,是指同一类型或相关类型产业,也包括各种不同类型的产业在一定区域范围内的集中与聚合,并由于集聚效应和外部经济而使得这种集中与聚合更加具有空间布局的规律性和地域的选择性。在现代社会里,产业集聚外在表现形式更多以城市、城镇工业区为代表。

产业集群则是指大量不同专业化背景的产业(或企业)以及相关支撑部门、辅助性机构等在一定地域范围内的柔性集聚,以密集的合作网络形成联系,并深深根植于其所在区域不断创新的社会文化环境中,反映的是在集聚基础上基于信息和知识联系的"创新链"机制。

相比而言,产业集群在以下两个方面特征更加突出:

①合作网络特征明显

集群内各主体基于网络的联系而产生相互的交流。密切合作、相互学习,同时也频繁地进行各种集群交易活动,共同推进区域的发展和企业的持续创新。

②根植性特征突出

集群内的企业往往具有相同或近似的社会文化背景或共同价值取向以及制度政策环境,企业经济行为深受其所根植环境的影响,容易在沟通机制、交易规则以及知识等方面形成共识,因而也容易产生聚合效应,能够深度建立制度机制,同时也可能避免交易时产生的"外部不经济"问题("外部不经济"指某些企业或个人因其他企业和个人的经济活动而受到不利影响,又不能从造成这些影响的企业和个人那里得到补偿的经济现象①)。

通常,产业集群是产业集聚更深层次分工基础上发展、孕育产生的结果。产业集聚很大程度上只是地域集约化经济的初级阶段,而产业集群则表现为地域集约化经济的高级阶段,应该是产业集群可能和理想的发展前景。博物馆数量每年都在快速增长,地区集聚的趋势不断加强,作为博物馆地域集约化发展的高级阶段,博物馆集群化也将会伴随科学技术发展、经济不断提升成为未来的一种重要趋势。

(二)从社会学角度看博物馆集群

产业集群除了作为一种经济学现象,受到经济学家的关注,同时作为一种社会现象,逐渐成为社会学家关注的对象。从"资源互依"理论和"新经济社会学"理论的分析,我们可以

---

① 百度百科,2014 年 12 月 20 日,关于"外部不经济"的解释 http://baike. baidu. corr ^ link? id = NZj9jFphwppOCKtIYQFZRycdMq-2exP0_qjqFUHLUKfgdPII_xFAkO Hxsl XUwt0fse8p_N_2963_21aqs7KXX_

看出产业集群的现象是蕴含有深刻的社会原因的。

1."资源互依"理论

博物馆的集群，是以组织合作策略的概念为发展基础。组织合作策略是指寻求资源整合的合作伙伴，互相分享资源、经验及知识，补充其不足，增加其优势，双方互惠的效益包括增加观众和收入、有效地实现博物馆教育和研究的目的，并促进公众使用、实现公民文化权利，扩大展览和收藏，增进公共关系及获得专业人才等。

最早该组织合作策略产生的原因是资源不足：一个组织不可能拥有所有需要的资源，组织因为本身资源的缺乏而必须依赖与其他机构进行合作，以取得发展上必要的资源，称之为资源的互依。博物馆学者黄光男指出，博物馆必须寻求社会资源，以使得博物馆的功能实现最大化。他认为，博物馆为反映大众对于其服务的需求，需要更多的资源与人员，如果没有向外寻求合作，就很难实现这个功能。此外，通过与其他博物馆或机构的合作，可以使得博物馆服务更广大的公众以及少数的弱势群体等。而通过外部资源的取得，博物馆能够进一步拓展其教育的角色，增加学习的功能。最后，博物馆具有全民教育与社区学校的功能，通过合作，博物馆能够在社区中扮演更重要的角色，可以直接影响到广大公众的日常生活。

"资源互依"观点从组织理论出发，是最经常被引用的管理理论之一。胡克斯汉姆指出当组织面临资源、人力或知识的不确定性时，这些组织便会转向与其他组织建立合作关系，取得资源，以弥补自身的不足。"资源互依"关注的是组织与提供本身资源外在的利害关系人、合作伙伴之间的沟通与协商的过程，以取得组织预期的资源与价值。该理论还支持组织间的相互依赖并非随机产生，而是与组织的使命、形态、功能范畴和服务对象有关。组织间存在复杂的互依关系，在彼此不同的互依程度与形态下，必须争取可能的外部资源，并选择不同的合作策略，以解决本身资源不足的困境。

(三)"新经济社会学"理论

新经济社会学理论强调，产业集群虽然是一种经济现象，但同时也作为一种社会现象，可以用社会学的角度去研究。产业集群究其本质来说，是一种劳动分工与协作的制度性安排，是基于一定的区域文化积淀，通过区域成员间社会网络的互动而得以构建的，也是嵌入区域特定的文化习俗、价值观和网络成员信任网络之中的[①]。博物馆的集群化发展对当地的经济势必会产生一定的影响，这种影响就是通过博物馆之间搭建形成的社会网络，在当地的社会结构中产生的影响在经济方面的反映。

二、博物馆集群的现实意义

根据国际博协 2007 年维也纳大会所达成的共识："博物馆是一个为社会及其发展服务

---

① 陆辉.2011.产业集群研究的新视角：新经济社会学理论述评.科学·经济·社会,2

的、向公众开放的非营利性常设机构,其主要职能是为教育、研究、欣赏的目的征集、保护、研究、传播并展出人类及人类环境的物质及非物质遗产。"近年来,全世界博物馆数量在不断增加的同时,也从未停止思考如何与社会发展同步,如何在相互协助、资源共享的环境下实现一系列的社会职能。在上述经济学、社会学理论的基础上,博物馆通过相互之间的依赖获取资源从而弥补自身的不足或者进一步增强自身的能力,相互之间通过优化的合作策略,从而回应难以预测的市场变化。

(一)博物馆集群的外部环境

1. "21 世纪博物馆面临的新挑战之一是如何扩大参观人数"

博物馆已成为海内外游客领略中华文化的重要旅游目的地。而现实情况是,参观量的上升速度远不及博物馆的兴建速度。大型博物馆经常举行特展,公众便一窝蜂前往参观,对于场馆造成一定运营的压力,而小型场馆却因为资源较少、影响力较小而门庭冷清,这种现象使得人财物的资源都向着大馆集中,而小馆却更加拮据。加洛博士(Genevifeve Gallot,2001)曾经预言 21 世纪博物馆面临的新挑战之一是如何扩大参观人数。面对这种困境,黄光男指出,博物馆通过合作网络的建构来寻求更多的社会资源,使得博物馆功能发挥到最大,从而服务更大范围的公众。在博物馆集群化的背景下,群体所创造出来的稳定结构以及产生的效率将会大大增加整个群体的竞争力。

另外,博物馆免费开放的浪潮曾经让国内的博物馆之间竞争趋于白热化。由于很多的私立博物馆是依靠社会捐款以及门票来维持日常的运作,而公立博物馆通过政府的财政支持来运营。没有了门票的支撑,规模较小的私立博物馆更缺少了与大型公立场馆竞争的优势,机构的不对称性也逐渐加强。除此之外,不断发展的休闲景点也逐渐成为与博物馆争夺观众的新的竞争对手。Bulter 提出,从英国的统计数字可以看出,博物馆需要与新的休闲景点争夺观众。面对这种资源抢夺大战,波特曾经提出化竞争为优势的概念,即通过建立合作网络的方式,将相互竞争变成资源的共享和发展上的协作。

2. "无网不胜的时代,让科学开始流行"

这个世界永远在变,不管是从甲骨文到竹简,还是从活字印刷到电子出版,不管是 PC 还是移动终端,抑或是未来的可穿戴设备,载体永远都在变。然而,历经千年,竹简都已腐朽,《诗经》还在传诵。技术的核心永远是人以及人所创造的内容价值,"内容为王"依旧是博物馆科学传播过程中的不二法则,是吸引公众的制胜法宝[①]。不同的博物馆都拥有自己的标志性藏品或者"镇馆之宝",这些优秀的展示内容孤立地放置在不同的场馆中虽然可以让观众记忆深刻,但是却很难通过更加优化的资源配置形式实现对整个时代生物、地理、历史等

---

① 宋娴,王小明.2014-9-2.让科学更加有趣和流行.新民晚报.第 5 版

学科知识的完整重现。博物馆被称为地球数十亿年来生物演化密码的基因库，那种身临其境获得科学与艺术的享受是任何媒介都无法实现的。

在互联网大发展的今天，新媒体成了一支不可或缺的新生力量，成为了科学传播的生力军。博物馆也在不断努力，试图以更加开放的姿态搭建与公众沟通的桥梁。新媒体技术的发展也正在为博物馆的集群创造更加便利的技术条件，让公众在虚拟与现实的互利共生中爱上博物馆，让科学开始流行。

3."博物馆可为其所在地区经济做贡献"

英国政府自 1845 年通过博物馆法案的颁布制订了英国区域文艺复兴计划，区域文艺复兴计划的初始愿景就是设想一个优秀市民博物馆网络，该网络汇聚整个国家的博物馆资源，例如拥有世界上的重要藏品，该博物馆网络服务于英国主要的人口集中地。英国区域文艺复兴计划对 21 世纪的英国博物馆提出了 7 个目标，其中一个重要目标就是促进地区经济复兴。博物馆是人们来到英国旅游的主要原因之一，作为城市复兴的催化剂，博物馆被当作城市再开发的重要因素，逐渐让城市变得流行起来。复兴计划的工作小组因此也要求博物馆与当地的民间委员会、企业、地方政府以及私人部门开展多方合作，并提出有针对性的合作计划。这给原本疲软的城市经济打了一针兴奋剂，在博物馆集群的发展带动下，当地经济逐渐发展到一个新阶段。

英国区域文艺复兴计划是国际上博物馆集群的典型案例，其对于经济所做出的卓越贡献让公众看到了集群化趋势对于地区经济的积极影响。

(二)博物馆集群的内在需求

在列举博物馆集群化发展的理论基础时，我们提到了"资源互依"理论，主要是指当机构在发展的过程中缺乏所需的主要资源时，试图开始寻求合作伙伴，借由其他机构的资源来弥补其不足，实现自身的发展。博物馆的发展同样需要依赖于资源的聚集，例如专业的人才队伍、公益事业与市场运作并举的经营能力、收藏和策展的专业技术能力等，而这些资源也逐渐成为博物馆之间以及博物馆与其他机构之间合作互惠的结合点，在资源的优化配置中逐渐成为集群化发展的几大要素。

1.集群弥补人力资源的不足

博物馆的人力资源不仅仅包含正式编制的人员，还包括志愿者、专家顾问、合作学者等。对于规模较小的场馆来说，人力资源不足将会大大影响场馆的运作。上海科学传播与发展研究中心对全国自然科学类博物馆人才队伍建设状况的调查发现，我国自然科学类博物馆中总体学历水平偏低，尤其科技馆最为明显。不同场馆在人力资源方面的需求不同，有的博物馆主要是缺乏展示导览能力的培训，有的博物馆则是缺乏为观众服务的人力资源，因而其不在于增加专业培训，而在于人力资源的增加。对于不同场馆的实际情况，我们需要给予不同方向的支持。

在博物馆集群化的运作下,对于人力资源不足的情况,通过核心馆的安排,协助合作博物馆开展参观导览的服务活动,同时在场馆人员联动的情况下相互之间的联系增加,也解决了小场馆人力资源不足的难题。另外,在人才的增加上,很多场馆也面临同样的问题,规模较小的博物馆在专业人才的引进上缺乏竞争优势,这样很容易造成人才向优秀场馆集中,而规模小的场馆无法吸引到优秀人才的局面。通过博物馆的集群,拥有资源的博物馆协助专业人才培训,协助人力资源的发展与管理,从而帮助弱小场馆的正常运营。或者通过人力资源共享的方式整合整个博物馆系统,实现系统间的主体互动,甚至通过大规模整合的方式进行调整,重新就人力资源的均衡分配进行合作,实现人力资源的合理优化配置。

2.集群弥补财力资源的不足

经费是博物馆经营的重要资源之一,经费的不足是博物馆所面临的现实困难。财力资源的不足,将会影响到整个场馆的运作①。博物馆在执行教育、展示、收藏、研究等职能的过程中,都不可缺少资金的支持。部分博物馆为了获得资金支持,有时不得不依靠和寻找短期的项目资金来维持基本的运营,而这些举措最多只能作为国家政策的体现,并不是从考虑博物馆长远发展的角度开展的,很可能在这种短期效益的背景下造成资源的浪费。台湾宜兰县在开展网络合作计划时,推动者便确信其合作过程将会受到当地各博物馆的欢迎,因为很多的博物馆都会因为可以成为合作伙伴成员之一而获得资金的支持,从而帮助他们解决经费困难。

博物馆通过集群的方式汇聚群体的力量,由小聚大,以整体的力量进行大型的展览策划或者共同举办有影响力的活动,同时在向政府申请经费时也更加有优势。这种集聚可以更容易使博物馆获得经费资源的分享,同时增强在这个合作的过程中培养博物馆人员的能力。

3.集群弥补物力资源的不足

博物馆的重要职能之一就是收藏和展示,而这一职能的发挥对于场馆本身的硬件设施要求较高。随着场馆建设热潮的退去,接下来的任务就是如何维护场馆的运营,保持博物馆常开常新。而馆舍陈旧、场地缺乏及收藏经验的不足,往往是小型博物馆物力资源缺乏的表现。一些私人博物馆拥有良好的藏品但是缺乏收藏的经验,而一些具有充足场地的公立博物馆,却经常因为没有及时更新的展品而无法维持博物馆的吸引力。

意识到博物馆在物力资源上的缺乏之后,博物馆通过建立集群化的关系,推进多元化多维度的资源整合及分配,以"大馆带小馆"的方式,协助小型场馆开展展览展示,而大馆与小馆之间通过合作的方式,实现资源的灵活调配,丰富场馆的展示资源,同时使得不同地域的资源得到合理地配置。大馆与小馆之间的合作,进一步扩大其涉及范围,为不同地区的场馆

---

① 田洁菁.2012.博物馆网络合作的动机探究.科技博物,16(1):39—70

开拓展示新思路,实现整个区域博物馆系统的可持续发展。

4.集群弥补信息资源的不足

随着互联网技术的发展,社交媒体、众包、物联网、自然用户界面等一大批新媒体开始在博物馆中涌现,传统的传播模式和媒介生态模式在新媒体"润物细无声"的影响下开始进入一个崭新的时代①。大大小小的博物馆都开始适应这个以消费者为主导的世界,并在这个世界中与其他各种机构、组织相互竞争,而对于信息咨询的获取将会成为影响博物馆完善自我,吸引消费者的重要因素。

不同的场馆对于不同领域的专业知识认识程度不同,在各个领域中的分享与合作将会增加咨询的价值。例如,小型场馆在制作展览的能力上比较弱,资金支持力度不大,他们希望可以有一个平台提供关于展览制作的有关资料,例如制作商的信息,展览制作的价格等,而这些信息将直接为他们减少了与厂商接洽的时间成本和人力成本。博物馆的经营需要具备各项专业信息咨询,通过分享取得这些相关的知识可以协助改善场馆的运作,减少人力、时间和金钱上的浪费;博物馆通过集群可以获得自己无法独立发展的核心信息咨询,从而达到场馆运营的目的。身处有限资源环境中的组织,集群、协作的方式是达成资源互相分享及有效运用的方式②。

5.集群弥补营销资源的不足

波特曾经指出,集群成功的最主要因素是其特殊性。文化成为城市竞争力的要素,经常被期待能发挥更广泛的经济功能。每个文化特区都有其独立性,并整合到该区域的整体文化策略当中,每个文化区域必须反映其当地文化特色,社会和经济的需求。博物馆群被视为城市发展的催化剂和文化营销的典型,是文化群居的典型之一。

就地方的博物馆集群而言,通过互相联动来实现博物馆之间的合作,形成核心馆和其他博物馆的整合,从而塑造成为当地一个文化特色行销典型③。对于小型场馆来说,它缺少营销的资源,而大规模的博物馆可以借由活动将其整合在该区域内,一并进行营销,带动小场馆的参观量。

6.集群弥补教育资源的不足

博物馆通过集群化的发展实现馆际的合作,而在合作的过程中产生的显著效果就是互相的借鉴与学习,尤其对于合作过程中处于弱势地位的小馆来说,他们在与大馆集群的过程中获得更多最新的咨询,学习如何运作博物馆的经验。以台湾宜兰县推出的共同成长计划为例,通过参与该计划,许多场馆都获得了促进博物馆集群化的动力,核心场馆协助该集群

① 宋娴,王小明.2014-9-2.让科学更加有趣和流行.新民晚报,第5版
② 田洁菁.2012.博物馆网络合作的动机探究.科技博物,16(1):40—71
③ 廖敦如.2008.地方博物馆群推动策略联盟发展整合营销之契机与困境——以宜兰县博物馆群为例.科技博物,12(2):5—26

中的小博物馆开发创意商品并帮助其销售,同时,还安排课程讨论,结合实务协助其他博物馆找到合适的设计师共同开发文创商品。

第二节　博物馆集群化历程

一、博物馆集群的形成

博物馆集群化运营是基于集群化合作框架实现的,集群框架的建立首先必须确定集群内的核心机构,确立整个集群的目标,然后根据合作目标建立合作网络,并明确网络中各个博物馆的角色与责任以及相互之间的合作内容。

(一)确立集群内核心机构

博物馆集群的形成必然是在相关机构提出合作的倡议后开始的。合作倡议提出后,首先要明确一个管理该集群及其合作关系的核心机构,该核心机构可以是倡议机构,也可以是集群中的其他机构,或者是参与集群合作的机构共同成立一个新的合作管理组织。虽然核心机构有多种选择,但并非任何一个有意愿的机构都能成为核心机构,且核心机构必须慎重选择。

1.博物馆集群化运营研究

①核心机构的选择

核心机构负有领导和管理博物馆集群的责任,因此对博物馆集群的顺利运营起着至关重要的作用。博物馆集群要想得到当地政府、投资方以及公众的认可,并能够按照计划运营,核心机构的选择尤其重要。核心机构可以是政府机构、学会、协会、基金会、大学、研究院(所),或者集群中一家或几家博物馆。政府机构可以是主管博物馆的某个委办局,在国内,例如文广局、科委等以及这些委办局下属的与博物馆相关的单位,或是某些专题类博物馆的上级主管部门。学会是指与博物馆相关的或与科学传播相关的,或者是某个科学领域的学会。协会也是指与博物馆业务相关的协会,例如科学技术协会、博物馆协会,或者这些协会下属的二级机构。大学和研究院(所)是指有与博物馆学、科学传播,或者与集群中博物馆展示内容相关的专业研究力量机构。基金会和博物馆则是任意一家或几家有意愿并且有能力运营和管理博物馆集群的基金会或博物馆。

②核心博物馆标准

若核心机构为博物馆,则并非一个区域的任何一家博物馆都能成为核心博物馆,因为核心博物馆的确立是有一定标准的。标准的制定可以从 5 个角度出发:地位、位置、基础设施、能力与承诺、服务支持与认可,其中具体内容详见下表。

表 7-1 核心博物馆标准

核心博物馆标准	具体内容
地位	博物馆在区域乃至国内外的影响力
	藏品或展品的数量与质量
位置	与集群内其他博物馆在地理位置上相对接近
	能作为行政中心被认可
	人流量较大
基础设施	硬件设施:展品或藏品的规模大小以及射击的领域和范围
	博物馆展陈设备与技术的先进性
	软件设施:博物馆工作人员的知识水平和专业水平
能力与承诺	能力:博物馆运营管理能力
	筹集资金的能力
	观众数量
	已有合作关系网络
	员工发展与培训投入
	管理额外关系的能力等
	集群形成之后,观众数量增加
	观众服务范围与质量得到显著提升
	为合作网络中的其他成员提供咨询建议,包括藏品收藏与管理、展览
	策划与运营、教育活动策划与推广、观众拓展等博物馆运营的方方面面
服务支持与认可	博物馆受到的认证或认可
	获得的政府或其他机构的支持

总的来说,只要有足够实力为集群中其他成员提供服务的机构就能成为核心机构,从而承担起领导和管理整个博物馆集群的责任。

(二)确立集群目标

集群目标即为集群成立之初的愿景。在保证总体目标不变的基础上,集群在发展的不同阶段,其具体目标需要不断调整。随着集群的不断发展成熟,其具体细分的目标辐射范围可以更广,也可以逐渐集中,或者是不断调整每个阶段目标的重点。

1.集群总体目标

博物馆间形成集群的目的就是解决独立运营的困境,因此,集群的核心目标就是为公众提供更高质量的博物馆展览展示、教育活动内容与服务项目,支持公众终身学习,同时实现自身的可持续发展,提升博物馆在领域内的影响力,并带动区域经济文化发展。

2.集群细分目标

将集群的总体目标进行分解细化后,可以为集群中成员的选择提供参考。集群的细分目标可以从收藏、研究、展示、教育、营销、员工提升等再分为多个方面,下表简要列举了博物馆集群化运营后,博物馆职能范围内可以提升的能力,以供参考。

表 7-2　博物馆集群的细分目标举例

细分领域	细分目标
收藏	建立高水平、数字化的藏品管理体系,促进集群内资源共享
研究	依托集群内的学术机构,增强博物馆的整体专业水平和学术研究能力,突出博物馆特色
展示	提升展览展示手段,改善公众访问藏品与服务的能力
教育	拓展教育服务项目的内容和对象,让学校和社区更广泛地参与其中
合作交流	拓展集群内部以及集群与外部的文化交流与分享,发展、培育与博物馆相关的关系,提升集群形象与影响力
营销	集群成员建立共同营销策略,改善博物馆资金状况,增强博物馆可持续发展能力
员工提升	通过合作交流与各种培训方案实现员工职业能力提升

(三)集群内合作网络构建

集群合作网络的构建包括两个方面:一个是集群成员,另一个是成员间的关系。网络的建立首先基于集群目标确立相关的潜在成员,然后就各个潜在成员的发展现状、需求以及个体意愿,确定是否将其纳为集群成员。在确定集群成员的同时确定其与集群的关系及其在集群中的定位。

1.确定集群成员

集群一般是基于一定地域范围建立的,因此集群的潜在成员可大致分为两类:一类为区域内机构,一类为区域外机构。区域内机构间的合作交流更为紧密,区域外机构与集群的互动关系较为松散。

①潜在成员的选择

无论是区域内的机构,还是区域外的机构,潜在的集群成员主要有以下几类,首先就是博物馆。博物馆又包括政府及政府相关机构下属博物馆,高校博物馆、企业博物馆、私人博物馆等。除此之外,还可纳入集群的机构包括基金会、政府机构、图书馆、大学、科研院所、历史古迹等等。区域外机构主要是指集群主体所在区域之外的机构,例如外省市或国外相关机构。

②合作网络的扩展

集群不需要在第一时间就建立完善的网络,而是在不断发展和改进的过程中根据集群的需求与目标的变化调整网络成员的构成,将网络慢慢完善。集群中区域内机构与区域外机构也并非一定先发展区域内的成员,再发展区域外的成员,而是根据集群的发展需要,同时发展与两者的关系。若是有一些集群成员原本就有比较广泛的合作网络,则要站在整个集群的角度,继续巩固和加强这些合作关系。

2.集群成员角色与责任

集群成员包括核心机构和其他成员,核心机构肩负着推动集群发展的最主要责任,而其他机构则根据自己的定位在集群中发挥自己的优势,同时享有集群化运营带来的益处。

①核心机构的责任

作为集群最重要的组成部分,核心机构对集群负有最主要的责任,核心机构需要纵览全局,制订集群的战略规划,管理集群的日常运营与合作交流,帮助集群成员实现观众拓展、员工培训、博物馆专业水平提升等目标,还应致力于为整个集群创造最大的经济、社会、教育及文化价值。

②其他成员的责任

各个成员的定位与角色需要根据集群的目标以及各个成员的特点确定。例如高校博物馆、大学与科研院所可以为集群的学术研究和藏品研究提供支撑,为展览设计提供学术指导;基金会的职责是为集群筹集基金以及拓展合作关系;图书馆可以促进集群资源共享;企业博物馆可以帮助集群共同营销,提供博物馆产业化运营的专业知识和经验等。

（四）明确集群合作内容

集群合作内容主要根据集群合作关系的发展程度确定,学者田洁菁通过研究,将博物馆集群合作网络分为 3 个阶段①。第一阶段为项目阶层,此阶层为合作的初始阶段,为解决双方所面临的较小问题以及进行交换信息而形成合作,合作网络间的伙伴互相依赖的程度较低;第二阶段为联合阶段,着重于协商解决或明确计划,主要是指以问题导向而形成双方共有的合作目标;第三阶段为系统阶段,强调集体策略,合作网络有更广义的目标,同时更系统地解决问题,伙伴可以分享愿景并共同达成协议。集群网络间的合作,视不同情况有不同合作阶段,从而具有不同的合作内容。不同的合作阶段没有优劣之分,只因不同的目标而形成的阶层,从而会带来不同的效益。博物馆集群之间的合作也可从项目合作开始,逐渐进阶为系统性的合作。

二、博物馆集群运营

集群较之于一个独立机构最大的不同就在于成员之间没有紧密的联系,也没有有力的

---

① 田洁菁.2013.博物馆合作网络建构解析.科技博物,17(1):133—161

约束关系,是一种灵活的合作关系。这是集群的最大特点,是其优势,同时也造成了集群管理上的困难。不同模式的集群目标不同,组成成员不同,成员间的合作关系也不相同,因此集群的运营不能一概而论,本部分内容主要是提出几点集群的运营原则。

(一)明确集群目标与章程

集群的运营管理应由核心机构负责,但集群中的成员,尤其是集群中关系较为紧密的机构必须参与集群的目标制订以及战略规划的制订等一系列集群的决策。集群在形成之初就要制定管理章程,明确整个集群的运营原则、核心机构和各个成员的角色和责任。章程的内容应包括以下内容:集群的目标与使命,管理原则,集群框架体系,各成员的角色、权利与义务,集群成员的争议调解,集群人员、经费的管理等。

一般而言,集群是一个较为松散的合作网络,对于每一个集群成员而言,这都是一次新的尝试。集群的网络关系和目标是在不断发展变化的,但无论过程中发生怎样的变化,在不同阶段,集群都要通过章程明确成员各自的责任。

在集群中,核心机构尤为重要,核心机构必须始终坚持集群的目标,具有对各个机构的领导力,同时具有解决各种问题的能力。同时,还需要从集群的整体出发,在管理好集群内部关系与项目的同时,以集群为基础不断拓展对外的关系与业务,为公众提供一流的博物馆服务。

(二)制订并公开集群战略规划

在明确了博物馆集群的目标与章程,确定了博物馆成员与合作网络之后,集群就需要制订战略发展规划。此规划是在集群总体目标的基础上细化出来的步骤计划。战略规划中需要明确每一项任务,同时明确每一项任务的主要责任机构和所有参与机构,且最好能明确每一个参与机构的职责。即使在制订战略规划时不能明确,在具体实施该项计划之前也必须先明确各自的责任。同时在规划中还应明确每项计划的评估考核机制和问责机制。只有做到这样,计划才能落到实处,而不是停留在理论上,或是各个机构互相推诿。由于集群并不是一个真正独立的机构,运营管理的原则对相互之间的约束力较小,因此,对合作项目更应该有明确的约束条款。

为了更好地接受社会以及投资者的监督,集群在每个阶段的战略目标最好能够对外公开。在公众监督的压力下,会给集群这样管理制度不健全的、松散的集合体以无形的压力和约束力,有利于提高计划的效率和执行效果。

(三)集群绩效的第三方监督评估

对集群绩效的评估可及时了解集群的运营效果以及是否达到预期目标,同时,通过评估获得的数据,也可以帮助集群更好地开展工作。例如,可以及时调整目标与策略,使资金使得更加合理,得到一些突发状况的处理方案等。因此,对集群绩效的评估,不仅可以给投资者、公众和集群成员一个集群化运营的报告,也可以实现效果反馈的功能,对保证宏观策略的正确性和具体活动的实施具有不可替代的作用,从而促进集群的良性发展。

集群的绩效评估,首先要组建评估小组,评估应该由第三方评估机构或者是集群的上级政府组织,评估小组应当由这些机构的成员组成。评估小组成立之后,需要确定评估目标,确定评估的目的是什么,评估的内容有哪些,评估需要对谁负责,评估结果会应用于哪些方面,评估结果应该怎样呈现,等等。这些都明确以后,需要构建评估体系,根据不同的评估内容制定评估指标,再根据不同的评估指标建立评估方案,然后按照方案实施评估,最后对数据进行统计分析得到形成报告。

集群绩效评估在集群的阶段性目标与计划确定后就要启动,评估的目标、框架、方案等的确定都是根据集群的目标、计划和评估需求制定的,第三方评估小组要根据整个评估方案制订评估计划,在不同的阶段完成不同的评估任务,同时第三方评估机构要及时跟进集群的发展,根据集群规划的调整,同时调整评估计划。

三、博物馆集群化效果评估

集群想要达到其运营目标并实现良性的可持续发展,不断地评估和改进是必不可少的。集群化运营是否达到预期目标,需要通过有效的评估证实。评估的实施者最好为第三方评估机构,或者集群的投资者,包括政府、基金会、企业等。评估从两个角度进行,一个是绝对指标评估,其中又包含4个方面,分别为业务评估、财务评估、人员评估和综合价值评估。业务评估主要为集群目标的实施效果评估,集群综合价值评估,包括科技、教育、经济、文化价值;另一个是相对指标评估,也就是集群前后运营效果对比。

若是博物馆在成立之初就是以集群形式存在的,则不需要进行相对指标的评估,集群前后效果对比主要是在集群形成之初进行。由于集群目标是集群自己制定的,因此集群目标实施效果与集群前后运营效果对比都是针对集群本身,虽然评估是客观性评价,但是是基于主观因素实施的,因此客观性仍然不足。如果想要得到更加客观的评价,就需要进行更广泛,更客观的社会综合价值评估。

(一)集群目标实施效果评估

集群目标实施效果评估顾名思义就是对集群目标实现情况的评估,较为简单。评估指标的选择只要对照集群目标即可,若集群目标较为笼统,涵盖面较广,则要先对目标进行细化后,对每个细化目标制订一个或多个评估指标。

对集群目标实施效果的评估通常需要在集群运营的过程中就进行相应的评估,而不能在目标节点结束后才开始评估。例如博物馆集群在改善公众体验方面的评估,就需要在日常运营的过程中实施。

集群不同的目标对应相应的评估指标,每个评估指标需要再逐级细化,直到细化出可操作或可量化的指标,然后用此指标进行评估,采集数据,进行计算或描述。下表简要列举了部分集群目标的评估指标,但此指标仅为一级指标,并非可操作性指标。

表7-3　集群目标实施效果评估指标不完全列举

目标	评价指标
建立高水平、数字化的藏品管理体系,促进集群内资源共享	藏品的收藏方式与途径
	藏品管理设施的先进性
	数字化管理的覆盖率
	藏品管理人员专业水平
	藏品领用周期
	藏品保存现状
	藏品保存环境
增强博物馆的专业水平和学术研究能力	各类学术成果的数量
	各类学术成果的认可度
	学术研究人员的数量
	学术研究人员的质量
提升展览展示手段,改善公众访问藏品与服务的能力	展品、展项更新改造的数量
	展品、展项更新改造的效果
	临巡展的数量
	临巡展的观众访问量
	临巡展的展出次数与地域范围
	博物馆线上项目与数字化项目的数量
	博物馆线上项目与数字化项目的访问量与效果
拓展教育服务项目的内容和对象,让学校和社区更广泛地参与	博物馆观众数量
	观众族群(年龄,职业,学校、社区等)
	特殊观众访问量(残障人士、偏远落后地区、养老院等)
	重复访问的人数与次数
	教育项目的数量
	教育项目的形式
	教育项目的参与数量与对象
	教育项目所及的地域范围

续表

目标	评价指标
拓展集群内部以及集群与外部的文化交流与分享，发展、培育与博物馆相关的关系，提升集群的形象与影响力	集群内部交流合作项目的数量
	集群内部交流合作项目涉及的内容
	集群内部交流合作项目涉及的人员数量及覆盖面
	集群外部交流合作项目的数量
	集群外部交流合作项目涉及的内容
	集群外部交流合作项目涉及的人员数量及覆盖面
	集群内机构得到的国内外奖项
	集群内机构参与的国内外各项会议、活动的数量
集群成员建立共同营销的策略，改善博物馆资金状况，增强博物馆可持续发展能力	共同营销策略的数量
	共同营销涉及的业务范围
	共同营销带来的利润增长
	营销项目所及的地域范围
通过合作交流与各种培训方案实现员工职业能力提升	员工培训项目的数量
	员工培训内容的广度和深度
	员工培训项目的可参与人员数量与范围
	员工培训的效果

（二）集群前后运营效果对比

在集群形成之初，需要对集群前后的运营效果进行对比，需要对比的指标仅限于集群实施的项目。任何评估指标用于对比的集群前的基数，应当是参与此项目的各个机构的总和。

集群前后运营效果的评估指标需要根据具体的项目确定，但博物馆集群化要达到最初的目的，有一些指标应该是较为通用指标，例如观众数量的增长量，参与博物馆教育项目的公众的增长量，展览巡展次数的增长量，临展观众的增长量，藏品使用率的增加值，研究成果及其影响力等。

集群前后运营效果还有一些评估指标需要根据各个成员加入集群的主要目的和责任确定。例如以扩展观众为主要目的加入集群的博物馆的观众地域范围的扩增量；以员工培训为主要目标的集群成员的员工培训次数的增长量，接受培训的员工数量的增长量；以提升研究水平为目的加入集群的成员的研究成果的增长量，研究人员的能力提升值；以改善经济状况为主要目的加入集群的成员获得投资资金的增长量，博物馆经营收入的增长量等。

（三）集群财务状况评估

在博物馆集群中，绝大部分成员是博物馆，因此其中有一些成员或多或少受到政府财政的支持,或者社会公益性捐助。博物馆作为具备一定公益性的机构,有义务将其关键数据向公众公开;而对于这些资金支持者,博物馆也有责任对其提供财务状况。

美国的慈善导航是专门针对博物馆等非营利性机构的财务状况和透明度进行评估的机构,制定了专门的评估方法和指标,对非营利性机构的财务状况与问责制和透明度进行综合评估。我们对博物馆集群财务状况的评估可以借鉴美国慈善导航评估非营利性机构的做法。集群财务状况的评估主要针对集群合作性的事务和财务,而非单个机构的财务状况。

(四)集群人员评估

支撑博物馆集群良好运营的必定是一批专业人才,因此对博物馆集群的人员评估也是集群实力的一种反映。对于人员的评估分为两个方面:一是人员供需匹配情况,二是人员发展情况。人员供需匹配情况主要反映的是集群是否有与其目标与任务相匹配的人员支撑,人员发展情况是指集群是否对现有人员进行了良好的管理,使每个员工在各自的岗位发挥了最大的作用,并采取了积极的措施帮助员工发展个人职业生涯。

(五)集群社会综合价值评估

集群综合价值的评估是脱离集群本身的评估,是站在政府机构或者普通公众的角度评价集群所创造的经济、文化、教育价值,是更宏观的评估。综合价值评估也分为两个方面,一个是客观评价,一个是主观评价。客观评价是集群所创造价值的定量评估,主观评价是来自公众、上级政府机构以及专家和同行的评价,可以通过问卷调研、访谈等形式得到。

对于经济、文化、教育价值的评估也有相应的评估指标,表7-4列举了部分评估指标,对每个指标的评估都可以通过客观数据和主观评估两种方式实施。

表7-4 集群综合价值部分评估指标

价值	评估指标
经济价值	集群带来的旅游收入
	通过集群的各项活动带来的区域外人员来访的数量,以及产生的经济收入
文化价值	集群的文化成果(展览、书籍、影片等)传播的区域范围
	集群的文化成果(展览、书籍、影片等)传播渠道的多样性
	集群的文化成果涉及的受众数量
	集群的文化成果得到的国内外的认可
教育价值	参与集群各项教育活动的受众的能力提升情况
	集群的教育项目给特殊人群、偏远地区带来的价值

四、博物馆集群化运营优化

集群的运营是一个不断发展变化、不断优化的过程，是一个实践、评估、反馈、改进的过程。因此，集群对于第三方的审查评估结果，对评估指出的问题以及提出的修正意见要合理地采纳，并应用于新的实践中，从而对集群管理进行优化。总的来说，这些优化包括集群目标的优化、集群网络的优化、集群项目实施过程的优化。当然，若第三方的监督评估存在不合理的地方，也可以由博物馆自身提出，由评估机构进行优化。

(一)集群目标优化

集群目标的改变标志着整个集群发展大方向的变化，因此需要慎重考虑，如同最初确定集群目标一样，集群目标的优化也要结合第三方评估结果、集群的实际发展现状、集群成员的需求，并在集群成员的共同参与下进行。

一般而言，集群的总目标是一种使命性的描述，因此，一般情况下不需要大的改变，集群目标的优化主要是指一些细分目标的优化。下面几种情况需要对目标进行优化：

1.集群目标过高

集群目标制定时太过理想化，目标实现存在困难，也就是目标定得太高。当然，此种情况要排除由于成员在目标完成过程中不够努力而造成的目标不能完全实现。

因此在考虑降低集群目标时，必须公正地分析过去目标完成过程的实际情况，并充分考虑目前集群发展的现状。

2.集群目标过低

第二种与第一种情况相反，是集群在制定目标时过于保守，或者集群的发展较好，发展程度超过预期目标，也就是目标定得过低。在这种情况下，集群也不能盲目地提高目标，而是要首先分析集群发展较好的具体原因，因为影响集群发展的除了内因之外，还有很多外部因素。因此在目标优化时，要充分考虑新阶段集群内部发展因素与外部环境因素。

3.集群目标无意义

集群的目标既不能使集群中的任何成员受益，也不能创造任何社会价值，也就是说集群的目标是无意义的。这种情况也需要慎重甄别，因为集群的很多目标的价值都不是立竿见影的，可能需要长期的积累才能见成效，因此短期内没有体现价值的目标并不都是没有意义的。若是确实不能创造任何价值，集群成员也都认为其没有意义时才能进行优化。

4.集群发展方向调整

集群发展重点需要转移，也就是细分目标的重要性排序应当发生变化。集群的主要发展方向是由集群目前的发展状况、集群成员的需求以及社会政治、经济、文化环境决定的。因此，要综合考虑各种因素才能决定集群的重点目标。

（二）集群网络优化

集群网络跟随集群目标的变化而变化，当然，若是集群目标不变，集群网络也可以发生改变。集群网络优化是指集群的整个架构需要改变，架构的改变包含两个方面，一个是集群成员的变化，包括成员的增加或减少；另一个是集群成员之间合作关系的变化，包括新增合作关系，减少合作关系，或者某种合作关系的增强或减弱。

决定集群网络的优化也有几个因素，例如集群目标、集群发展现状和发展需求，集群现有成员以及集群潜在成员的意愿等。

1.集群发展状况

集群网络主要还是根据集群实际发展状况进行优化，在集群需要拓展新的合作关系时，可以拓展成员，同时拓展新的合作关系，或者巩固某些合作关系。随着集群的发展壮大，某些初期的合作关系可能已经不再需要了，这种情况下也可以取消这些网络关系。

2.集群成员意愿

集群成员考虑自己的发展情况，希望退出集群独立发展，或是某些成员违背了集群的使命和管理章程，也可以令其退出集群。或是有新的潜在成员希望加入集群，也可根据集群未来的发展目标考虑是否将其纳入。

（三）集群项目实施优化

集群项目的实施对于集群的发展来说是最重要的，因为没有很好的执行力，无论多美好的蓝图都是纸上谈兵，毫无意义的。集群项目实施的优化主要有两个方面，一个是集群的管理机制与流程不合理，第二是缺乏有效的考评机制，导致集群成员的执行不力。

1.集群的管理机制与流程不合理

一般而言，集群管理的不合理，主要责任在于集群的核心机构：一种情况是核心机构缺乏领导力，另一种情况是核心机构未能通过一定的运营机制体制将各个成员凝聚在一起，第三种情况是制订的集群规章制度不合理或流于形式。

2.缺乏对成员的有效考评机制

集群成员的执行不力可能是因为在成员进入集群时未明确其义务与权利，使得成员之间的合作关系缺乏约束力；还有可能是集群对各个成员缺乏行之有效的考评机制，对成员执行结果没有一个合理的评判和奖惩，这些都需要在集群制度上进行优化。另一种可能是集群成员在进入集群之初需要解决的问题已经通过其他方式解决，或者成员自身的发展方向已发生转变，集群中的项目已经不是其重点发展方向，这种情况下，集群就需要考虑对网络的优化。

（四）集群监督评估优化

监督评估对于集群的反馈和集群的目标计划制订是至关重要的，因此监督评估必须要评估关键内容，同时做到公正客观，而且通过数据采集和处理得出的结果必须是有意义的。

监督评估优化主要有两种情况，一种是集群的目标和计划发生变化，评估也要发生相应的改变，另一种是集群原本的评估体系存在不合理之处需要优化。集群原本评估体系的优化又分为 4 种情况。

1.评估框架不合理

评估框架不合理主要指评估内容不合理或是一些评估指标不合理。这种情况需要在几个方面检查评估框架，首先要深入理解集群的运营目标，做到评估框架能够完整客观地反映集群运营目标的效果，其次要确认框架中的每一项评估内容所对应的评估指标的科学性和可操作性，以及所得结果的有意义性。

2.评估方案不合理

评估方案不合理也就是评估指标的数据获取方式或者数据处理方式不合理。这种情况可能是在一些步骤上出现了问题，例如数据收集的对象太过片面，不符合统计学原理，或是一些官方数据的采集渠道不权威；数据收集的载体不科学，例如问卷或访谈设计不合理；还有就是数据的呈现不科学，也就是数据的筛选、统计不够严谨和科学。这些情况都需要在优化时进行调整。

3.评估实施过程有失公正和客观

评估实施过程有失公正和客观往往是评估人员的主观原因造成的，这就需要对评估人员的评估行为进行严格的规范，或者是通过不同人员的多次重复评估，以减少人为原因造成的误差。

4.评估规划不合理

评估规划不合理主要体现在未能在合适的时间进行相应的评估，错过了最好的评估时机。在进行评估规划时，必须要有全局意识，配合集群的计划实施进行评估，并且要安排好评估前期的工作。

（五）集群运营优化过程

对集群运营的优化需要事先制定流程，并在实施的过程中严格按照此流程执行。此过程可分为 4 个阶段，分别为：就评估结果的可采纳性征求成员意见，通过集群决策机构决定最终需采纳的意见，针对每一条意见制订相应的改进措施和实施计划，按照计划实施优化。

1.就评估结果进行成员意见征求

第三方评估机构提供的评估报告是集群实施优化的重要参考，评估结果应该在所有成员中共享,并通过问卷、访谈、会议等形式征求集群成员对于评估的意见和看法。需要征求的意见分为两个方面:一个是对评估本身的意见,另一个是对评估结果的意见。对评估本身的意见是指对评估方案、评估方法、评估实施过程等的意见建议;对评估结果的意见是指让成员指出哪些意见是可采纳、可实施、可改进的,应当由哪些机构进行怎样的改进等。

2.集群决策机构决定采纳意见

在完成对评估结果的意见征求以后,集群理事会、集群管理委员会等相关集群决策机构需要根据征集的意见以及集群发展现状,通过会议决定需要采纳的意见,形成最终决议,并指定不同改进意见的执行负责人、负责机构以及参与机构。

3.制订改进措施与实施计划

根据集群决策机构的决议,负责不同评估意见改进的个人或机构需要制定对相关意见建议的改进措施和实施计划,具体内容包括:需要在哪些方面进行优化,每个方面改进后需要达成的效果是什么,每个方面改进的具体措施有哪些,每条改进措施的实施计划。要明确计划时长,并分阶段制定目标,还需要明确不同阶段性目标的实施由哪些机构执行,由哪些机构配合,由哪些机构进行目标的确认。

4.优化计划执行

经过集群理事会或管理委员会会议或相关决策性会议确认通过的改进措施与计划,接下来便可进入实施阶段。实施过程要严格按照计划执行,如有特殊情况需要调整计划时,相关负责机构须提供说明性报告。负责整个优化项目的个人和机构要实时跟进项目的实施过程,并向集群决策机构及时反馈优化进展情况。

第三节　博物馆集群的模式与特点

博物馆集群是一个相对宏大和宽泛的概念,纵观全世界,由于各博物馆的历史背景和发展演变情况各异,同时各博物馆集群的目的也各有不同,因此,往往会形成多种模式的博物馆集群。这些模式各有优劣,各具特点,发挥不同的作用。各类博物馆集群模式从不同的切入点为各个博物馆乃至整个博物馆行业的进步与发展起到促进和推动的作用。同时,这些宝贵的博物馆集群经验也为当下博物馆集群化发展提供借鉴和参考。

一、博物馆集群的模式

根据国际上的实践经验,博物馆集群往往有多种不同的模式。通过对不同国家和地区博物馆集群模式的探究,根据行政上的组织形态,博物馆集群模式分为垂直和水平两种模式。在垂直模式中,根据行政体系构建方式的不同,可分为先因性和后因性两种;在水平模

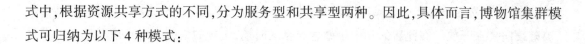

式中,根据资源共享方式的不同,分为服务型和共享型两种。因此,具体而言,博物馆集群模式可归纳为以下 4 种模式:

（一）后因性垂直管理模式

后因性垂直管理模式是指:原本各自为政的博物馆,发展到一定阶段之后,由政府、相关机构或某个博物馆牵头,因为发展过程中的各种需要整合成为一个博物馆群体,各博物馆受统一的行政体系管理。这种集群模式需要各博物馆间资源与行政层级的互依以及策略和文化的高度契合。英国利物浦博物馆和德国博物馆岛均为该模式的博物馆集群。

1.政府主导,化零为整——英国利物浦博物馆集群

1986 年,利物浦当地博物馆与美术馆组成"国立摩西河畔博物馆与美术馆群",成为中央政府直接提供经费的国家级博物馆,2003 年更名为"利物浦国立博物馆系统",目前的机构包括:利物浦世界博物馆、沃克美术馆、列弗女士美术馆、国家保存中心、苏德雷之屋、梅西赛德海事博物馆、国际奴隶制度博物馆以及利物浦博物馆。

利物浦国立博物馆系统由原属同一地方政府管辖的地方博物馆组合而成,当初这些博物馆因经营不善,甚至不得不变卖馆藏以求生存。这个行为引起中央政府的高度重视,且适逢地方政府组织改造,后经收归国有并规划成为国立博物馆系统,通过群聚的方式进行管理,集中行政体系、分享经验和能力。利物浦博物馆系统受董事会管理,经费主要来自中央政府并通过文化媒体与体育部获得补助;其他收入则由利物浦博物馆贸易公司所运营的纪念品商店、咖啡店及会议服务中获得。

如今,利物浦国立博物馆系统行政体系集中,由总馆负责行政体系的管理,总馆是合作网络中控制资源的行动者,影响力较大。同时,设立总馆长与管理中心,所有博物馆的人力资源、藏品管理、营销服务、公关策略及财务管理等均由专人负责。中央政府协助总馆进行行政体系集中管理,并长期补助经费,集群内的博物馆有共同的经营策略。

2.基金会统筹,合作共进——德国博物馆岛

德国博物馆岛位于柏林市中心,由老博物馆、新博物馆、国家展览馆、博德博物馆和佩加蒙博物馆 5 个博物馆组成,这些场馆建于 1824—1930 年间,历史悠久,为人们展示了 20 世纪以来博物馆建筑设计风格和陈设模式的变革。1999 年,博物馆岛被联合国教科文组织列入世界文化遗产保护地。

博物馆岛作为柏林国家博物馆的一部分,由普鲁士文化遗产基金会支持,旨在保存并研究普鲁士和世界文化遗产。基金会的资金来自德国 16 个联邦以及联邦政府。基金会支持下的柏林国家博物馆群体经过几个世纪的演变,最终成为展馆遍布柏林的博物馆系统。

1822 年在普鲁士国王推动文化艺术学习的风潮下,老博物馆的前身皇家博物馆建成,成为整个博物馆岛后续建设的开端。1830 年老博物馆正式开放,紧随其后,新博物馆（1855 年

建成)、国家展览馆(1876年建成)、博德博物馆(1904年建成)以及佩加蒙博物馆(1930年建成)陆续向公众开放。在此后的几十年德意志帝国时期,帝国的繁荣为博物馆岛带来了大量珍贵的艺术藏品。在第二次世界大战后,博物馆岛的藏品或运往国外保存或被销毁,其建筑外观亦受到重创。1970年后修缮工作陆续进行,藏品也相继回归到博物馆岛。

1990年东西德合并后,博物馆岛的管理和组织进入了稳定而长期的阶段。在行政管理上,由普鲁士文化遗产基金会进行统筹管理。普鲁士文化基金会设有董事会及一名主席,由董事会成员和主席监督并指示总监的工作。该基金会的总监必须享有很高的学术声誉并受到博物馆业内的高度认可,其职责为监督并开展各博物馆的中心任务,并向公众代表整个博物馆群体,是柏林国家博物馆所有员工的最高领导。同时,博物馆岛的每个博物馆都有独立的馆长,由总监、董事会成员和基金会主席联合任命。总监下属的部门职责包括人力资源、财政预算、项目策划、国际馆际合作、公共关系、资金赞助、教育和信息科技管理等。

(二)先因牲垂直管理模式

先因性垂直管理模式是指:由政府、相关机构或某个实力强大的博物馆统筹安排,在成立之初就构建一个包含多个博物馆或相关组织的博物馆集群框架,根据此框架,发展或建立多个博物馆,形成一个有机的博物馆集群。这种模式的博物馆集群亦具有统一的行政体系管理,由于是自上而下构建一个全新的博物馆集群,因此,不存在各博物馆间行政管理、文化价值等相互磨合的问题,在运营管理方面更加顺畅。古根海姆博物馆、史密森学会、英国科技馆集团以及台湾地区博物馆系统都是这种模式的博物馆集群。

1.加盟连锁,扩大影响——古根海姆博物馆

古根海姆博物馆是所罗门·R.古根海姆(Solomon R.Guggenheim)基金会旗下所有博物馆的总称,它是世界上最著名的私人现代艺术博物馆之一。1959年,由著名设计师赖特设计的古根海姆美术馆对外开放,之后博物馆先后在纽约苏荷、西班牙毕尔巴鄂、意大利威尼斯、德国柏林、美国拉斯维加斯开设分馆。

克伦斯(Thomas Krens)于1988年成为古根海姆博物馆的新任馆长,他在博物馆运营中的创举之一就是将古根海姆视为一项品牌,进而向全球寻求地域性扩张,这种经营方式与商场上的连锁店的管理模式相仿。古根海姆博物馆以古根海姆基金会作为其强大的资金后盾,在管理体制和运营体制方面都具有自身高度的变通性,这样不仅大大降低了运营成本,而且发挥了巨大的联动效应。同时,古根海姆博物馆形成了固定的赞助群体,它的文化品牌和国际路线,还有成功的运作为它赢得了国际金融、运输、媒体等巨头的合作与参与。

克伦斯的国际分馆政策是基于以下想法建构而来:馆藏品是美术馆可灵活运用的重要资产,应做最大化的利用;在国际化及激烈竞争的社会中,博物馆必须活化经营模式,探讨和评估任何可能发展的机遇;在世界地球村的时代,文化、民族、国界日益模糊,文化艺术产业

的成功必须紧跟世界发展趋势。此后,博物馆制定了加盟条件,并积极寻找合作方,与地方政府、银行等合作,在全球各地建立分馆。

古根海姆是一家全球性的以连锁方式经营的艺术场馆,这种运营管理模式被称为"古根海姆模式"。在古根海姆的加盟合作计划中,加盟条件为:把古根海姆作为一个品牌来使用,招募加盟者;由加盟者支付使用古根海姆品牌的加盟费,及总部所提供的专业咨询、策展服务等费用;由加盟者负担新博物馆可行性评估、土地取得、馆体兴建、维护、经营、管理、人事等费用,并自负盈亏;加盟馆获得总馆一万件典藏品的展示权,不须支付作品借展费,但作品自总馆至加盟馆的交通、运输、保险以及展览本身的相关费用,仍由加盟馆自行负担;总馆规划的大型展览,优先提供加盟馆展出,但须共同负担规划、巡回等各项费用。加盟条件虽然有一定的固定框架,但是实际上古根海姆仍然根据合作方的不同而灵活变动合作计划。

2.个人发起,全民参与,政府统筹——史密森学会

1846年,史密森学会(Smithsonian Institution)在美国首都华盛顿正式成立,该机构是美国一系列博物馆和研究机构的集群,包含19座博物馆、美术馆、国家动物园以及9座研究中心,共拥有1.365亿件艺术品和标本。该机构是美国唯一一所半官方性质的博物馆机构,是世界上最大的博物馆系统和研究联合体。管理和经费来源于美国政府拨款,其他捐助以及自身商店和杂志的销售盈利也在其中。

史密森学会最初的资金和建立动机源于科学家詹姆斯·史密森(James Smithson)的捐赠。1846年美国国会通过了建立史密森学会的法案,明确该研究院致力于"知识的增加和扩散",至此,史密森学会正式成立。之后,政府以及公众就"知识的增加和扩散"这一理念进行广泛的讨论,以确定最有利于该理念实践的研究院组成形式,最终,史密森学会确立为一个集博物馆、研究所、图书馆等为一体的综合机构。为确保这一综合机构能够顺利地运转,研究院设立了管理委员会统管所有事务,管理委员会下设秘书长对各项事务进行具体的管理。

史密森学会采用"民办官助"的合作模式,在合作过程中,由个人向国家捐赠设立基金会,并提出相应的要求进行筹建,具体操作与实施则由国家统筹。研究院由美国国会负责,国会将行政管理权授予史密森管理委员会,其成为研究院的最高行政机构管理委员会由美国首席大法官、美国副总统、3名美国参议院议员、3名美国众议院议员以及9名市民组成。管理委员会下设秘书长一职,负责研究院的具体事务。除此之外,史密森学会还设有法律顾问团和监事会等相对独立的机构,分别为研究院提供法律保障和监督管理。

3.建立分支,形成集群——英国科技馆集团

英国科技馆集团的前身是伦敦科学博物馆,自建馆起,该馆就由国家文化遗产部门(National Heritage)管理运营,自1975年开始该馆以开设"分站"(Out Stations)的形式逐步进行扩张。1975年在约克开张的国家铁路博物馆是其第一个分站,之后,又陆续将国家媒体博物

馆(布拉德福)和科学与工业博物馆(曼彻斯特)纳入为自己的"分站"。自2012年4月1日起,这些科技馆和博物馆统称为英国科技馆集团(Science Museum Group,SMG)。

该博物馆群体行政管理上的变化发生于1984年,随着"国家文化遗产法案"(1983)的颁布,博物馆群体脱离政府部门的监管,成立了自己的董事会。董事会成为管理这一系列分支博物馆的行政主体,董事会之下以伦敦科学博物馆为主馆,负责具体事务的执行与整个集团的统筹规划,各分站博物馆的运营、财务、人事任命、藏品运营管理等均执行统一的管理规划方针,同时亦根据各分馆具体情况设定针对性的运营方案。整个博物馆群体作为一个非政府的公共机构,在公共领域独立运营,其经费主要来源于政府部门和独立基金。

随着博物馆群体的发展壮大,各个主题的科技类博物馆组成了一个有机的整体,各类藏品分布于各博物馆中,涉及的主题包括科学、技术、工程、医药、设计和企业、交通和媒体,这些藏品在世界范围内都属于非常全面、丰富和立体的,对于呈现世界科技、工业、医药、工程技术、媒体等的发展情况具有重要意义。

4.协会支持,整合资源——台湾地区博物馆系统

台北城历史古迹密度高,在"文建会"的支持下,台湾地区博物馆系统于2005年启动。该计划主要是通过古迹保存与再利用以及文化资产的活化利用,构建文化核心区博物馆系统。该计划不仅能带动博物馆发展,还能通过博物馆集群效应,带动整个文化系统的建设,重现台北旧城历史新风貌及提升核心区文化意象。"文建会"希望通过该计划,推进古建筑的修缮和保护、建立文化步行道、文化观光街车系统以及文化观光导览系统,从历史到未来、从线上到线下,以博物馆系统的构建为切入点,打造完整的台北文化中心。另外,台湾地区博物馆系统的建设对其他类型博物馆系统建设显然也有着引领作用,例如自然史博物馆系统、产业史博物馆系统等①。

台湾地区博物馆系统以台湾博物馆为中心,整合周边古迹、历史建筑,包括土地银行(原劝业银行及三井会社)旧址、台湾铁路局旧址、公卖局(原专卖局)等古迹建筑物,以呈现台北文化园区的人文历史风貌。

系统内的各博物馆均有共同的经营策略,由台湾博物馆作为总馆进行运营管理以及资金的统筹协调和安排,并由该馆长负责整个行政体系的管理,馆长下设研究组、典藏管理组、教育推广组、展示企划组及行政室等几个部门。整个博物馆系统由政府辅助,"文建会"协助古迹和博物馆群进行整合;另外,由独立组织针对地区古迹进行集中管理,专人负责古迹的保存、维护、再生。

(三)服务型水平合作模式

所谓服务型水平合作模式,主要是由一家或数家实力强大的博物馆牵头,利用自身资源

---

① 田洁菁,林咏能.2011.合作新视野,台湾大博物馆系统建置.科技博物,13(3):71-95

和品牌优势,聚集大量中小型场馆,助其发展,从而使资源使用效率最大化,也提升自身的影响力。在这一模式中,各场馆不进行组织改造,仍旧维持各自的独立运作,但大馆通过为小馆提供各种服务,将各场馆凝聚成一个具有密切互动的整体。新西兰蒂帕帕国家博物馆即是这一模式的典型代表。

1.资源输出,促进博物馆共同繁荣——新西兰蒂帕帕国家博物馆

新西兰蒂帕帕国家博物馆位于惠灵顿,于1998年开馆,全年开放且免费参观,平均每年约有130多万人数参观。蒂帕帕国家博物馆是新西兰唯一的国立博物馆,通过合作网络担负起协助新西兰其他博物馆发展的任务,主要有4大行动计划:配合政策目标、预期使命以保护新西兰的文化遗产;增进、分享与新西兰相关的文化;发展、培育与博物馆相关的关系,增进对公众的服务;增进博物馆藏品和知识的使用机会。

新西兰蒂帕帕国家博物馆在其博物馆策略中鼓励博物馆寻求联盟或合作的机会,同时强调蒂帕帕国家博物馆在国家博物馆服务系统(National Services)所应扮演的国家功能,主要是扶持其他博物馆,以对馆舍提供适当的支持。该国家服务计划目标是形成地区博物馆合作网络的集团工作模式,由地区博物馆担任协调者,作为蒂帕帕国家博物馆与其他博物馆联络及沟通的桥梁,协助国家博物馆传递相关信息到地区,以形成合作群体。

新西兰蒂帕帕国家博物馆由馆长主管国家服务系统,国家服务系统设有博物馆发展经理。在博物馆发展经理下分设3位博物馆发展主任,分别支持北岛和南岛博物馆的发展,以及经营与毛利关系的发展。博物馆发展主任主要任务包括执行计划和策略发展两个方面:拜访当地有关部门,与当地的群体建立面对面的关系;将国家博物馆所能提供的服务讯息传递给当地博物馆,并响应当地博物馆的需求。

2.政府推动,促进博物馆合作提升——英国区域文艺复兴计划

英国区域文艺复兴计划由博物馆、图书馆及档案馆委员会(简称MLA)推动,英国MLA之所以推动区域文艺复兴计划,是因为政府认为区域博物馆面临许多问题,缺乏组织及责任的确认,因此鼓励博物馆间的合作,以提升效益及增加创新价值。在确认问题后,即进行方向的设定,确立计划目标,呼应博物馆应有的社会责任,增加全民使用的机会,并进而促进旅游、经济及社会发展。

该计划的执行策略是成立地区中心博物馆带动博物馆系统发展。MLA在英格兰的9个行政区各设一个地区中心博物馆,被选为地区中心的区域可获得3年的补助。中心博物馆负责博物馆系统展览内容提升、优秀经验的传承、教育活动的推广,并强化现有藏品的管理与维护,负责培训地区博物馆专业人员,协助重要馆藏的维护并提升专业研究。

整个推动博物馆网络合作计划,是由政府提供预算,但由MLA实行,以成立地区中心博物馆带动博物馆网络发展的方式,提供经验传承、协助区域博物馆提升展览质量及展品维护等。区域中心博物馆除了提升本身的典藏和服务外,须推出专为强化小馆的措施。另外,地

方机构与博物馆发展办公室提供咨询和支持,并由国立博物馆分享技术与馆藏,期望以此能更准确地解决小型馆舍所面临的问题。

区域文艺复兴执行策略以成立地区中心(regional hub)带动博物馆网络发展,以大馆带小馆的方式,提高博物馆素质并积蓄永续发展的实力。地区中心提供经验传承并协助地区博物馆专业人员的训练、研究能力的培养及提升展品维护的专业经营等。在区域文艺复兴计划中,由中心馆负责行政体系的管理,是网络中取得和控制资源的行动者,影响力较大。

(四)共享型水平合作模式

在共享型水平合作模式中,各博物馆合作关系中并没有任一博物馆占有绝对主导的角色,但这并不代表所有的组织均拥有相同的资源或能力,而是指各场馆间拥有自身独特的资源,通过协同合作,彼此分享资源,达到共同发展的目的。在这样的合作模式之下,馆际间可以实行共同营销、共享资源整合与票券整合等方式进行合作。英国区域文艺复兴计划和大台南地区博物馆都体现了这样一种模式。

1.合作共建,互补短长——大台南地区博物馆群

2009年,台湾成功大学博物馆与台南艺术大学博物馆学研究所合作,整合大台南地区一系列的博物馆、各级学校博物馆、地方文化产业博物馆等,构建"大台南地区博物馆群",通过集群的力量,构建合作联盟,合力推广文化产业,并落实乡土文化保存教育,推动博物馆行业的发展并促进整个大台南地区文化繁荣。

大台南地区博物馆群内的各博物馆并无行政上的从属关系,各博物馆之间主要以合作的形式来共同推动博物馆事业的发展。该博物馆群的近期目标主要就是推动博物馆之间高效有序的合作,以达到资源互补、合作共进的目的;就中长期而言,大台南地区博物馆群还希望能促成各博物馆共同举办大型活动来提升自身影响力,进而走向海外。目前,博物馆群正计划制作共同的网站并进行各种线上线下的联合营销;另外,也正在建立互助联盟机制,通过挖掘和整合各馆专长,形成优势互补,互惠互利,促进各博物馆的共同成长;开设博物馆专业人员培训课程及共同举办员工培训课程等也是博物馆群目前正在做的工作之一,利用整合之后相对丰富和多元的资源,使员工培训具有更高的质量和效率,从而为博物馆的可持续发展打下坚实的基础。

大台南地区博物馆群的各博物馆间并无行政上的从属关系,集群的形成更多的是为各博物馆提供一个合作共建的平台。在该平台中,成功大学博物馆是牵头组织者,在初期各种合作关系还未形成和成熟之前,起到制定规范和穿针引线的作用;当整个博物馆群发展成熟之后,群落内各博物馆便可以自由而高效地进行各种互动和合作,共同提升竞争力和影响力。

2.合作管理,发挥规模效应——意大利托斯卡纳博物馆群

在 20 世纪 90 年代末期,意大利托斯卡纳地区发展出高度集中的博物馆,地方政府为整合博物馆的服务和管理分享人力、技术、经济和组织资源,在《1999—2000 年文化政策计划》中,提出博物馆群的概念,并设计了相应的指导方针。这个计划强调建立主题型和地区型的博物馆群,以便在参观人数、设施、资产和服务上进行合作管理,经由博物馆的合作策略实现经济效益的同时,在文化机构间也能建立良好的关系。

意大利托斯卡纳博物馆群的合作,主要在于共同营销和联合销售门票的活动。从博物馆加入馆群的发展来看,有逐年增加的趋势。这些博物馆加入博物馆群,一方面可以获得补助金,另一方面也可以参加联合的活动,包括共同宣传和营销、共同参与文化项目和文化活动等;另外,还可以共同核发单一入场券,举办博物馆巡回展及改善服务质量等。总之,博物馆群的建立,可以形成规模效应,使博物馆运营成本降低的同时,改善运营效果。

二、博物馆集群的特点

博物馆集群有多种类型,不论何种方式的博物馆集群,旨在能形成资源集约化以及经济规模化,使博物馆能取得更长远的发展,发挥更大的价值。当然,不同集群方式在运营管理、合作方式等方面存在差别,它们各有所长,但不存在优劣之分,在不同的环境和背景下,可以选用不同的集群模式以达到最佳成效。

(一)统一行政体系的构建——后因性垂直管理模式

在后因性垂直管理模式中,经组织重整后资源得以适当地分配运用,并促使场馆的互动频繁,这种合作模式的成功主要取决于以下几方面因素:

各博物馆应同属于某一政府行政层级管辖。后因性垂直管理因牵涉博物馆组织的变更,博物馆间必须存在很强的网络关系,才可采用中央集权的管理方式,若博物馆间不属同一行政层级管辖或各馆的独立性很高,很难形成垂直型的博物馆系统。以英国利物浦博物馆系统为例,它是由原属地方政府管辖的各地方博物馆组合而成的。

后因性垂直模式涉及组织结构的改造,为明确各场馆在合作模式中的角色并提高场馆间的合作效率,该模式往往通过集约化的方式进行管理,使管理结构更富条理性、逻辑性和系统性,各场馆在同一管理框架体系下可以进行更为紧密的合作,使整个博物馆系统都能获得更好的发展。例如,德国博物馆岛的各场馆由普鲁士文化基金会进行统一的行政管理,各馆馆长由基金会任命,各馆具有一致的行政体系,从而使各博物馆的管理更加高效和统一,在博物馆资源的调配上也更加方便,从而有利于博物馆岛中各场馆的共同发展和成长。

(二)求同存异——先因性垂直管理模式

对于先因性垂直管理模式,由于一开始就有一个统一的行政体系做支撑,使各场馆的整

体风格趋于一致,有利于规模效应和品牌效应最大化。例如,古根海姆博物馆以连锁加盟经营的模式,使其博物馆品牌在全世界遍地开花,同时也使博物馆资源得到最大化利用,可谓一举两得。

当然,在这样的管理模式中,也要考虑下属各场馆间的差异性,以维持博物馆各自的特色。这一管理模式的优势在于其一开始就有统一的管理理念和价值观,各场馆在发展过程中有明确的目标;另外,在各种资源的调配上也非常高效便捷,从而为下属各博物馆的良好发展提供助力,也能帮助各场馆更好地彰显自身特色。在这样的管理模式下,博物馆的优势将会得到充分发挥。比如,英国科技馆群体中的各博物馆虽然以伦敦科学博物馆为统领,并实行统一的管理制度,但各分馆也会根据自己的主题和特色制订各具特色的方案,以彰显自身的优势,从而使每个馆都能得到充分和良好的发展。

(三)资源利用最大化——服务型水平合作模式

在服务型水平合作模式中,场馆间并无行政上的从属关系,但仍会有一些中心场馆起主导作用,这些中心场馆往往是区域内的大型公立博物馆。这类场馆具有比较丰富的经验及充裕的资源,通过资源与经验的扩散和传递,帮助其他场馆获得更好的发展。

这一模式要获得成功,中心场馆一方面要考虑网络间资源如何进行最充分的整合和调配,另一方面也要顾及网络间各种形态场馆的不同需求,从而让整个网络能获得健康有序的发展。新西兰蒂帕帕国家博物馆在进行资源扩散的过程中,就非常注重不同对象的特点,将合适的资源推广给合适的对象。

而在英国推出的"区域文艺复兴计划"中,往往会做以下几方面工作使网络得以良好的发展和运作。第一,推出特定的博物馆合作项目,促进区域内各博物馆的交流合作;第二,促成大型场馆与小型场馆进行合作,建立伙伴关系,使小型场馆在藏品维护、营销、展览规划等方面的发展需求能够得到满足。

(四)合作共赢——共享型水平合作模式

共享型水平合作模式较适合于那些水平相似、各具特色但又不属于同一行政部门管辖的各博物馆间的合作,它们中间不存在一个处于绝对优势的场馆起到统领的作用,但能通过彼此间的集聚,通过一些合作来推进博物馆共同的发展。横向整合的博物馆集群模式既能满足场馆间的合作需求,场馆间彼此又相对独立,因此,对这类场馆而言是一个不错的合作形式。

该模式具有自身独特的优势:首先,由于不存在主导者,因此,彼此之间的合作更加平等和自由,这就避免了组织权力纷争的问题,使整个合作能在互利共生的原则上开展;其次,各场馆形成这样一种共享的氛围,有利于相互之间的交流互动,让各成员可以更加了解对方,从而促成各种可能的交流，使彼此都获得更多发展的机会。例如，大台南博物馆群就以共同的大台南文化为纽带，共同合作进行文化营销，达到合作共赢的目的。

各种集群模式各有千秋，其中，后因性垂直管理模式将原本分散的管理系统整合为一，提高各场馆的运营管理效率；而先因性垂直管理模式则在一开始就有统一的管理体系，在保证各博物馆风格统一的同时，发展出自身鲜明的特点，使整个博物馆群体既和谐又多元；对于服务型水平合作模式，各馆之间并无隶属关系，使合作形式更为自由和开放，大馆对小馆资源输出以及小馆取得发展和进步后对大馆乃至整个行业的反哺是其特色所在；而共享型水平合作模式则更强调各场馆间的合作交流，通过优势互补，达到共同成长的目的。

第四节　中国博物馆集群化路径与运营理念

20世纪80年代以来的第三次产业革命，使人类从以产品制造和销售为核心的产品经济时代，进入到以提升智力服务为核心的服务经济时代。国外的许多博物馆已经在运营管理方面积累了许多的经验，无论是职能定位、机构设置、人员发展、社会资源的获得和集群运行机制等都有了较为成熟的运作案例。我国的博物馆发展在几十年的时间里已经有了一定程度的进步，但是随着民众越来越注重精神文化生活、博物馆面临着观众参观量日益上升、新媒体新技术的应用层出不穷等新问题，同时开始着手解决自身存在的一些问题，例如配套设施不完善，资源不能够满足需求，教育与娱乐的关系如何处理，研究与展示如何平衡，社会服务的质量如何提升等。我们试图从比较的角度，探索我国博物馆集群的可能路径，通过更大范围资源的互补与共享，来寻求博物馆可持续发展的道路。

一、中外博物馆运营管理差异

(一)博物馆职能

国外博物馆职能，国外不同博物馆的职能也存在多样性，但总的来说，仍然可以划分为3种：收藏职能、社会服务职能(展示、教育)和研究职能。

1.基本职能

①藏品征集：捐赠为主，购买为辅

国外博物馆藏品来源以捐赠为主、购买为辅。例如在加拿大维多利亚博物馆，亚洲部有藏品1.7万件，中国文物4000件，均为捐赠所得。甚至还有捐赠者向博物馆捐赠了价值500万美金的藏品，内容为500件金、银、青铜器和西夏出土文物。国外博物馆捐赠如此流行，除了社会风俗影响外,主要和其政府的政策倾向性有关。国外税收较高,政府鼓励有钱人赞助公益和慈善事业,可获免税或者减税待遇。虽然购买为辅,但是国外博物馆每年都有可观的专项经费用于购买藏品。

除了捐赠和购买之外,国外博物馆还会在研究的过程中同时进行藏品的收藏。他们会将实验之后的实验动物制作成标本送至博物馆收藏,以便让公众快速了解科学发展的最新进展。另外,除了我们一般意义上的社会历史类博物馆,最近在科技馆行业中也开始关注藏品收藏,目的在于反映科学发展脉络,从时间尺度上体现科学技术的发展进程。

②藏品保护:详细建档,科学保存

国外博物馆非常重视藏品的保护,对藏品的保护包括管理和修护。对每件藏品会建立详细的档案,档案内包括大量信息:藏品的出处(发掘、传世、购买或捐赠)、作者、尺寸、材质、技术和备注等。而且还通过存档照片、拍照记录,尽可能地对藏品进行信息化和影像处理。这份档案除了纸质版本,还有电子版本。另外,博物馆在藏品保护和修复方面也会投入很多财力和人力加以支持,很多博物馆建有专门的研究与修复中心。美国弗里克美术收藏馆就专门设有藏品保护部门。此部门由保护实验室和数字成像实验室组成,其职责就是保护博物馆里的所有文字、图片资料和数字资料,并研究新的保护技术与保护策略[1]。古根海姆博物馆也有一个实验室专门评估和监视时效性媒体作品的图片、视频、音频以及其他基于计算机的技术,以防技术淘汰以后藏品也跟着消失[2]。

③藏品利用:开拓渠道,分享藏品

在国外,博物馆被认为是一个为公众服务的机构,它所收藏的一切藏品都应该公开,因此,国外博物馆非常重视提高藏品的展出率,从各种层面上提供给观众多样的服务。例如,有些博物馆会开放库房,他们叫作"敞开心脏",让观众参观,并提供研究文献。又如,为了提高藏品利用率,有的博物馆还把文物借展与巡展作为一项重要的有偿服务。

同时,博物馆藏品信息化也是藏品能够被利用的重要途径。国外不少博物馆为了能最大限度地满足观众的不同需求,将藏品信息编辑成藏品数据库,方便观众远程查阅、浏览和利用,提高藏品的共享度。保存在美国马里兰国家健康医学博物馆的爱因斯坦的大脑切片目前已经被数字化,并制作成了应用于 iPad 平板电脑的爱因斯坦大脑图谱 app。这个 app 可以让神经科学家、研究者、教育工作者和其他对科学感兴趣的普通公众从微观细节上研究这位杰出的诺贝尔物理学奖获得者的大脑。

① 宋娴,胡芳,刘哲,庄智一.2014 新媒体与博物馆发展.上海:科技教育出版社,199-209
② 宋娴,胡芳,刘哲,庄智一.2014 新媒体与博物馆发展.上海:科技教育出版社,199-209

2.社会服务职能

①展览展示:定期更换,注重前置研究与媒体宣传

在举办陈设展览上,国外博物馆非常注重展前的前置研究和宣传工作,且展览定期更换,包括常设展览和临时展览。国外博物馆在展览策划上非常严谨,一个普通的临展,策划周期通常在2~3年。在确认展览主题前,博物馆通常会自己或委托专业咨询公司做充分的观众调查,主要是研究观众的喜好和需要,以及现在的和潜在的关注点,研究结果作为决策和下一步工作的参考。在布展阶段,博物馆会通过各种媒体进行大量宣传以吸引观众,并把参观量看作展览成功与否的一个重要标志。欧洲分布在布鲁塞尔、巴黎、莱顿、伦敦和斯德哥尔摩的5家自然历史博物馆组成了一个合作网络CASTEX,其宗旨是为提升公民科学素养而进行一些国际性合作项目。其中一个重要的任务就是围绕展览项目开展合作,他们的一个报告《欧洲巡展指南》就详细给出了从展览前期研究到选题立项、策划、开发、宣传、市场营销、评估等展览开发整个过程的指导。

②教育服务:以人为本,覆盖面广

国外博物馆无论规模大小、档次高低,工作重点都能围绕着观众及社会教育来进行,围绕着为人服务来展开,始终把人放在主要位置,注重发挥博物馆的社会效益。

国外博物馆的教育主要有4个方面,一是对外的面向公众的教育,二是对内的员工的教育,三是网络远程教育,四是面向特殊群体的教育。曼彻斯特博物馆就发明了一种可以供盲人和部分失明者触摸的叫作"Probos"的装置,使得用户通过触摸、语音和其他手势进行交流的学习变得更加容易。

此外,国外博物馆的教育中也分为4种类型:第一,现场讲解;第二,博物馆设置专门教室,博物馆可以与学校合作完成相关的教学任务,老师也可以带着学生直接到展厅进行开放式教学,形成学校的正规教育与博物馆非正规教育有机的结合;第三,博物馆有专门的家庭教育计划,欢迎父母带孩子共同参加活动;第四,博物馆举办各种教育活动、主题演讲和专题讲座等。

3.科研职能:重视研究,强调转化

国外的博物馆均设有专门的研究部门,研究人员数量也相当多,可以说是博物馆的核心。大英自然博物馆有超过300人的研究队伍,法国自然博物馆的研究人员达700人之多;美国国立自然博物馆的研究人员在100人以上,日本国立科学博物馆的研究人员数量在100人左右①。

---

① 上海科学传播与发展研究中心,上海科技馆.2014.全国自然科学类博物馆人才结构及队伍建设研究报告.94(未公开发表)

国外博物馆的研究人员涉及多个方面,如不同学科研究、教育研究、藏品研究等,在每个方面都有非常专业的人员作为支撑。隶属于纽约自然历史博物馆的海登天文馆,拥有工程设计人员、多媒体影视制作、科学教育、项目管理等多方面的人才,同时在他们的研究人员中有多位天文学家,专业资源十分丰富。该馆的影视制作工作室有来自馆内和馆外的30多名人员,包括导演、编剧、科学顾问、音乐制作、影视制作、动画、数字艺术、编辑、合成、管理等。可以说他们丰富的专业背景和强大的专业实力构建了一支强大的制作团队。

值得一提的是,国外的博物馆尤其重视研究成果与展览展示的转化,强调第一时间将科学研究的最新成果转化为博物馆中的展示内容或临展,展览设计人员与全球一流的科学研究人员保持非常紧密的联系,以提高他们自身对新知识新技术的敏感度。

(二)内部管理体制与机构设置

国外博物馆内部管理存在"趋同"的发展倾向,一般均为董事会制,就是普遍实行董事会领导下的馆长负责制。

董事会一般由政府部门提名聘请,私立博物馆由发起人自行约聘,或由社会团体推荐组成,其成员常常包括专家学者、社会名流、企业巨头、政府官员和律师。专家学者负责学术业务或技术性咨询指导,社会名流、企业家筹集资金或捐赠文物,政府官员及律师帮助协调博物馆与政府、社会人士、团体之间的工作,处理有关博物馆的法律问题。

董事会是博物馆最高权力机构,其主要职责是:决定博物馆的发展方向;筹集资金,组织基金会,核定预算;博物馆内重大业务问题的决策;任命馆长。馆长的主要任务是开拓财源,指导馆务,对内要有行政管理能力,对外要开拓本馆声望和信用,有广泛的社会联系,争取文物及财力资助。

国外博物馆内部组织机构设置分支较细,且分支下另设小的分支,且内部机构设置可根据需要由馆长随时调整。部门职位设置也具有一定的灵活性,可根据工作需要和经费状况进行调整。并且博物馆十分重视建立各种顾问和咨询性质的组织,广泛吸收社会各界知名人士参加,这些组织在博物馆筹款、经营、业务等方面发挥着重要作用。

(三)人员设置情况

1.国外博物馆的人员设置概况

不同国家的不同博物馆的人员配置情况都存在差异,因此在讨论国外博物馆的人员设置情况时,主要从国外博物馆一些具有特色的角度出发。

①人才选拔地域广泛、行业跨度大

国外博物馆往往是跨国家、跨城市、跨行业、跨部门选择人才,管理人员和业务人员的流动性非常大。馆长是博物馆的主要管理者,国外博物馆近年来非常注重馆长的经营管理能力。因此,在挑选馆长时,更是利用优厚的待遇从世界范围内吸纳最合适的人选,希望找到既有较高的业务能力、又有在企业等相关部门成功管理经验的馆长。如新近就任的美国大都会艺术博物馆馆长就是从全球选拔出来的法国人士。

②中层管理者优先从内部选择

馆长之外的中层管理人员原则上从内部提拔,在内部没有合适人选时,要进行公开招聘,这其中馆长的意见是决定性的。当业务部门内部需要专业人员时,一般是由业务部门自行物色人选和确定基本薪酬,然后由人事部门履行雇佣手续并确定其他福利待遇。

③辅助岗位以兼职人员为主

博物馆的辅助职位主要是行政、物业方面。在国外,这些职位多是非全职的,且比例非常大。如波士顿科学博物馆的临时雇员比例占员工总数的40%左右,曼彻斯特工业与科学博物馆的兼职人员数量占到全职人员的30%左右[①]。在国外博物馆中,业务部门采用临时工作人员和志愿者是普遍存在的一种现象,由人力资源部门统一安排。

④人员学历、素质高,专业领域覆盖广泛

国外博物馆职员普遍具有高学历和良好的业务素质,大多数是大学本科以上学历,硕士、博士等高学历者占到很大比例。业务领域高学历人员占的比例更高,业务主管基本上都有博士学位,且员工的专业领域覆盖面很广。

⑤薪酬体制因职务、岗位而异

国外博物馆的员工薪酬发放形式不同,高层人员实行年薪制,且多数薪水很高,可与大型企业高层管理人员的收入相媲美;业务人员和中层行政管理人员实行月薪制或者周薪制;还有按小时付酬的,如保安、清洁工、售货员、技工等。

⑥考勤机制灵活,激励机制完善

国外博物馆的考勤方式是填考勤单,且业务人员和行政人员实行不同的考勤制度,业务人员时间安排相对自由,行政人员则必须打卡。对员工的奖惩则有升职或者加薪等不同形式,正常情况下每年都有一定比例的加薪。而对工作表现欠佳或者行为不检的员工,可能被停工停薪几天至一周予以警告,如果仍然无效,则由人力资源部门、员工所在部门、博物馆律师共同决定是否辞退。

2.国内外博物馆人员设置比较分析

从国外博物馆人员状况的介绍可以看出国内外存在很大差别,相似之处甚少,主要差异

---

① 上海科学传播与发展研究中心,上海科技馆.2014.全国自然科学类博物馆人才结构及队伍建设研究报告(未公开发表)

见表7-5：

表7-5　国内外博物馆人员设置的差异

项目 ＼ 差异	国内	国外
馆长选拔	上级部门调任,或由上级部门在馆内优秀人员中选出	由其董事会在全世界范围内选拔馆长
中层选拔	由博物馆内提出人选,最终由上级机构决定任命,一旦上任,则能上不能下	馆长对此有绝对的权力,人员流动性强,对人员的奖惩明确严格,人员危机感强,工作积极性高
人员素质	总体素质水平一般,专业技术人才、研究性人才、科学传播类人才较缺乏	具有高学历和良好的业务素质
员工观念与社会地位	严重不自信,社会地位不高	与正规教育工作者拥有同样重要的社会身份地位

（四）财政状况

1.国外博物馆的财政状况

①设有专职部门筹集经费

国外博物馆和我国博物馆面临着同样困难的财政状况,甚至是更加严重。因为国外私人博物馆更多,即使是国立博物馆,国家下拨的资金额度也难以支撑博物馆所有运作经费,所以说筹款对于国外博物馆来说十分重要,甚至可以说是博物馆运作的生命支柱。对此国外博物馆多设有发展部或者称为开发、营销等部门,专门筹集资金,并且国外博物馆的董事会成员也有为博物馆筹集资金的义务。

②资金来源主要为捐赠与自筹

国外博物馆中,国立博物馆有国家相关部门下拨的博物馆专用经费,但是下拨额度有限,也需要自筹经费;其他非国有博物馆(即隶属于地方各级政府)的经费主要靠捐赠和基金以及自身筹款;而私人博物馆的经费完全由自己筹集。在捐赠经费中,主要有社会、公司和个人捐助;在自筹经费来源方面,国外博物馆的会员费是一笔不小的收入,再次是举办各种活动和特展的收入。而且公立博物馆一般都登记为慈善机构,享受各种税收上的特殊优惠。英国利物浦国立博物馆2013—2014年度的自筹经费达到150万英镑,这些收入来自博物馆培训项目、巡展,从信托及基金会获得的资金支持,从艺术与人文研究委员会等获得的支持。这些收入的金额高于国家财政拨款额度。为了应对国家财政缩减的状况,利物浦博物馆还将不断努力增加自筹收入。

2.国内外博物馆财政状况比较分析

面对博物馆资金紧张的现状,国内外博物馆都在努力通过不同方式寻求解决办法,尽量发挥博物馆应有的社会职能。通过比较,国内外博物馆财政状况的差异见表7-6:

表7-6 国内外博物馆财政状况的差异

差异 项目	国内	国外
筹款部门	很少博物馆有专门部门进行资金筹集	有专门部门负责筹资工作,董事会成员对筹款也有一定义务
财政状况	由政府按博物馆预算定期拨给,但不能满足博物馆开展业务的需求,所以仍须筹款	一部分经费来源也比较固定,这部分资金也需要博物馆相关部门不断经营以保证其来源,例如把发展会员和获得企业、集团、基金会的赞助作为日常工作来做
经费来源渠道	较单一,除了政府拨款很少有其他的固定性收入,即使有也是很少一部分	除了政府拨款,还有很大一部分是固定性的资金来源渠道,例如基金会扶持,不断增加会员费等都是不小的收入部分
筹款技术水平和经验	对于博物馆的市场运作不是很熟练,不懂得博物馆这种特殊机构向社会、企业和其他机构筹款的程序和技巧	已经有专门部门,进行职业性的策划,筹款经验和技巧丰富
人员专业和概念	缺乏有市场和筹款经验的专业人员,且观念较传统、落后,思想不积极,博物馆内部对筹款的重视程度不够	筹款方面的人员是必备的,多是在企业有相似工作经验的人员,其工作重要性不亚于其他任何部门,且都能受到博物馆高层管理人员的高度重视
会员组织	会员也交纳一定会费,但有会员的博物馆数量少、会员数量少、缴纳的会费少,对缓解博物馆经费的作用不大	有专门部门,如会员部,专门管理会员事务,会员的权利和义务也是相当的

二、中国现代博物馆集群化发展路径思考

近年来,随着社会发展与社会经济水平的提升,国家对博物馆的建设日益重视,民众也越来越注重自己的精神文化生活,对博物馆的参观热情日益高涨。然而,逐年增长的博物馆以及观众数量对博物馆的运营管理提出新的挑战;各种新技术和创新理念层出不穷,进一步

对博物馆的展示教育理念和知识传播渠道等提出了新要求;同时,博物馆自身的发展也遇到了诸多新问题,例如配套设施不健全、内容同质、职能同构性强而互补性差、人才缺失、资源缺乏、资金不足、创新能力不足等。

面对这些挑战,中国的博物馆界开始思考以集群化的方式解决当前面临的问题,例如,中国地质博物馆相继在贵州黄果树、辽宁本溪、江苏常州等地建立了9大分馆,汇集不同的地质类型展现给公众。2008年,在浙江天目山国家级自然保护区管理局投资下,浙江省自然博物馆建立了天目山分馆。中国的博物馆正在用实践去探索资源集聚、优势互补的方式,旨在提升博物馆的整体形象,使集群内的博物馆得到更高效和个性化的发展,从而更好地满足社会对博物馆的需求。然而,国内对于博物馆集群的探索仍处于起步阶段,还未形成系统的博物馆集群理论研究,亟待博物馆界对集群化发展进行更加深入的思考。因此,中国现代博物馆应抓住机遇,在充分了解国内外博物馆差异的基础上,建立符合中国博物馆发展规律和发展特点的集群化路径,通过集群化合作,更加高效地促进我国博物馆行业的整体繁荣与进步。

(一)集群化发展是现阶段我国博物馆发展的内在需要

博物馆的发展需要依赖于资源的聚集,例如专业的人才队伍、多元的展示技术、高效的运营理念、公益事业与市场运行并举的营销策略等,而这些资源既是博物馆未来发展的重要支撑点,也是博物馆之间以及博物馆与其他机构之间合作互惠的结合点。因此,集群化为这些资源的集聚提供了基础,成为当今博物馆发展的内在需求,主要表现在以下几个方面:

1.博物馆集群促进优质人力资源的流动

对于规模较小的场馆来说,优质人力资源的不足将会大大影响场馆的运作,这里的人力资源不仅仅包含正式编制的高层次管理人员、专业技术人员,还包括专家顾问、合作学者、志愿者等。在博物馆集群化的运作下,通过构建有效的、多层次的人力资源库,把人力资源共享的方式放在整个博物馆系统中来体现,实现场馆间的主体互动,人力资源的合理优化配置,从而促进集群内博物馆的共同发展。

2.博物馆集群促进场馆展示功能的优化

随着博物馆建设热潮的退去,如何维护场馆的运营,保持博物馆常开常新迫在眉睫。博物馆通过建立集群化的关系,推进藏品、展览、展示技术、教育项目等多维度的资源整合,实现展示资源的灵活调配,为集群内的场馆开拓新的展示理念和展示资源,从而实现博物馆的可持续发展,更好地发挥博物馆的公共职能。

3.博物馆集群促进营销管理能力的提升

纵观世界博物馆的发展,博物馆集群均被视为城市发展的催化剂和文化行销的典型。对于集群内的小型场馆来说,它缺少营销的资源,而大型场馆可以借由成熟的营销策略和先进的管理理念将其整合在自身的战略发展策略中，一并进行营销，一方面提高小型场馆的公众知晓度和参观量，另一方面也使得小型场馆在集群化的过程中汲取先进的营销、管理理念。而大型场馆也利用了集群的优势进行资源的整合，提升了运营能力和效率，实现群体化运作的规模效应，促进整个城市的文化发展。

（二）中国现代博物馆集群化路径思考

博物馆集群化运营并非一蹴而就，在借鉴国际先进经验的基础上，对于我国博物馆集群化运营路径，主要可分为合作网络构建、合作关系建立以及合作管理与评估 3 个步骤。在整个实施过程中，由核心场馆制订整体规划发展策略，资源优化组合、协调发展，以大馆带动中小博物馆，使博物馆发挥各自资源优势，求同存异，发挥整体整合功能。

具体而言，第一步，由核心场馆组织牵头，确定整个合作网络的整体目标，建立共识，为合作网络搭建整体架构并奠定合作基础；第二步，由核心场馆负责组织协调，与各场馆建立合作关系，切实开展各种合作并创造相应的价值；第三步，由核心场馆统筹安排，对整个合作网络的运营进行相应的评估，保持优势，改进不足，使整个网络能够持续健康发展。

1.合作网络的目标设定与共识的建立

此阶段为合作网络构建的准备阶段，主要进行合作网络的目标制订以及各合作伙伴之间的共识建立。

①目标设定

目标的设定主要由核心场馆组织牵头，并征询各相关场馆的意见和建议最终确定。目标主要包括合作网络本身的发展目标以及对整个城市发展的作用两个方面。

对于合作网络本身的发展目标，主要考虑核心场馆如何利用自身的影响力、经验和资源优势，通过沟通联络、协作运营，提高各场馆的综合能力。同时，在建立合作网络的目标时，要确认各馆的特性及差异，确保每个合作方在网络中都能发挥其专长，大家各司其职，实现共同的合作目标。

②建立共识

在确定了整个合作网络的目标之后，核心场馆应组织合作网络内各场馆进行共同的会晤，一方面，确保合作网络中的各方对该目标能够达成共识，只有各合作方对于形成博物馆合作网络有明确认同及达成共识，才能有效地启动合作机制，并进行有效而持续的合作；另一方面，也使各馆能尽快熟悉彼此，为后续合作的开展打下良好基础。

建立共识的过程是一个扫清障碍的过程，在合作之前或合作之初，各合作方之间往往会存在一定的隔阂，例如，场馆间不愿跨单位寻求合作意见和协助、成员对于资源共享有所保留、成员间不知道如何共享等。因此，只有各方充分沟通、彼此了解之后，整个合作网络才能真正开始进行有序的运作。

2.合作网络的关系建立与价值创造

在明确了合作网络的目标并且各方达成共识之后,此阶段要着手建立切实的合作关系,确保合作者持续参与的能力,并通过合作为整个合作网络创造相应的价值。

①建立合作关系

在合作关系的建立过程中,核心场馆应发挥其引领和统筹安排的作用,凭借自身的经验以及对其他各馆的了解,一方面通过自身与其他场馆的合作,促进小型场馆的成长;另一方面,在切实考虑各馆特色的前提下,积极促成各场馆之间的合作交流,并为这些合作提供相应的资源保障。另外,在合作过程中,也必定会存在一个磨合期,此时,核心场馆还应起到协调作用,以保证各种合作都能顺利地推行和开展。

②共创合作价值

合作网络构建的目的是希望发挥场馆集群的优势,通过场馆间的合作,创造出更大的价值。对于各场馆而言,共创的合作价值主要体现在人才队伍、运营能力、场馆营销等方面。

共建人才:基于各馆的实际需求,有计划地在场馆之间进行人力资源的互动,不论是人员交流、人才培训等,都以创造最佳的人力价值活动为目的,通过合作网络的交流,建立关系、相互了解并形成完善的人力资源网络。

提升运营:网络中各中小场馆通过向核心馆学习和咨询,获得更多运营经验,提升自身的运营能力;同时,核心馆可利用网络合作的优势进行资源的整合,提升整个合作网络的运营能力和效率,实现群体化运作的规模效应。

合作营销:联合营销不涉及组织间资源与架构的变革,是一种较为简单但又非常实用的合作方式。例如,馆间合作印制宣传品,增加彼此的曝光率,参观者可以借此熟知其他场馆,从而产生较好的联动效应。

3.合作网络的经营管理与评估

若要让合作网络能持续健康运行,对合作网络的经营管理以及评估必不可少,前者是对整个合作网络的维护,确保网络运行顺畅和进一步的发展;后者则能保证合作网络出现问题时,能及时被发现并做出相应的修正。

①合作网络的管理

合作伙伴关系的经营。合作网络成功的关键在于良好的伙伴关系,因此,在合作网络的管理过程中,各合作场馆之间的关系管理是非常重要的。应该充分考虑各场馆间的异质性,并按照各场馆的不同特点,制定相应的管理策略和方法,包括定期的会议、网络上的互动活动等,只有让合作网络中的博物馆相互熟悉,彼此默契,才能使合作顺利进行。同时,由于馆间的差异、规模不同及理念的差异等,要不断审视场馆间的合作是否顺畅,并及时做出相应的改变与调整。

合作内容的管理。对合作内容的管理主要包含两个方面:一方面是基于各场馆的特点、所拥有的资源以及发展的需求，为其寻找、推荐和制定适当的合作内容；另一方面是关注各馆的发展动态和整个合作网络的发展程度，在合适的时机拓展合作范围，加深合作的深度。总之，对合作内容的管理要确保整个合作网络得以可持续发展。

合作网络的评估。随着时间的推移，博物馆网络也将有所发展，相同的模式无法一直适用，而且，外部政策的改变也在很大程度上会影响合作网络的发展方向。因此，我们要对合作网络中的所有场馆现状及其对合作网络产生的影响进行定期的评估，审视可能妨碍促成合作的潜在障碍，根据评估结果适时调整合作网络的发展策略，使合作网络能可持续的发展。

（三）中国现代博物馆集群化发展的策略建议

放眼全球，开放与合作已经成为一种必然的发展趋势。博物馆作为社会的有机组成部分之一，也必须思考如何与时代发展相适应，找到适合自身发展的运营管理模式，加强相互之间的协作与融合，彰显自身在社会中的价值与作用。

1.建立管理体系，以理事会为最高领导机构

中国博物馆协会理事长宋新潮曾在《理事会制度：博物馆公共性的组织体现》一文中表示，中国博物馆建立理事会制度有利于激发博物馆的活力，推动公众和社会力量参与到博物馆的各项决策和建设中，进而促进博物馆公共职能的深度实现[①]。博物馆集群相对于单个博物馆是一个更复杂和庞大的组织，因此，我国博物馆在集群化的过程中，应充分利用理事会制度的优势，通过借鉴国外博物馆集群的先进经验，结合我国实际，建立以理事会为最高领导机构的集群管理体系。

2.完善机制建设，为集群化运营提供指导

博物馆集群化运营与单个场馆的运营情况并不相同，其涉及面更广，运营的方式更加复杂。若要更加高效地进行博物馆的集群化运营，首先应制定相应的运营机制，以此作为集群发展的基本原则。例如建立场馆加盟机制，确保加入到集群化运营的场馆数量，设立加盟准入标准，并履行相应义务；建立馆际互助机制，明确各场馆之间互相合作、资源共享的方式方法，形成优势互补，促使各场馆共同成长；建立协调沟通机制，使得集群的发展更加顺畅高效；建立合作推广机制，通过规模效应塑造良好的博物馆品牌，实现集群效应；建立人才联合培养机制，通过建立专家库、创办名师课堂、人员相互挂职等方式，切实促进博物馆人才的交流与培养。

3.循序渐进，逐步推进博物馆集群化建设

集群化运营对我国博物馆而言是一个新兴的概念，为确保我国博物馆集群的稳步有序

---

① 　宋新潮.2014-11-12.理事会制度：博物馆公共性的组织体现.人民日报.第 11 版

推进,应采取由点到面、由浅入深、逐步推进的方式进行博物馆集群化建设,确保博物馆集群的有序健康发展。具体而言,可以采取两步走的策略:第一步先从分散走向集中,在这一阶段,各博物馆主要达成初步的集群意向和集群框架,并通过一些具体的工作进行集群的试点,从而为博物馆集群的全面深入推进积累经验;第二步从集中走向集群,在这一阶段中,各博物馆真正在不同层面上建立起合作关系,整个博物馆群体形成一种关联和协作效应。

三、中国博物馆集群化运营理念设计

随着信息技术的不断发展和中国不同主题、不同行业、不同区域的博物馆数量的增加,中国的博物馆应逐步开始筹建博物馆合作网络,构建一个多层次、网络状的博物馆集群的运营共同体,增进各博物馆之间的相互联系,形成规模效应;促进资源要素的合理流动,实现集聚效应;加强合作协调发展,达到联动效应,以此促进我国博物馆事业的发展,推进区域乃至全国的文化大繁荣,进而展现出一个城市乃至一个国家良好的科学与人文底蕴。

(一)集群化运营架构体系

国外的研究和实践证明,一个博物馆集群首先要确定核心博物馆,核心博物馆可以为一个场馆,也可以是多馆合一的博物馆系统。一个执行力强的博物馆集群最好是一个以垂直管理模式为核心的水平合作网络,合作网络的核心为"多馆合一的核心博物馆系统"。此系统中也有一个核心场馆,由其对核心博物馆系统进行统一的垂直管理。核心博物馆系统与其他场馆建立水平合作网络,作为整个合作网络的主导者,通过与其他博物馆的合作与交流而形成利益共同体,以"大馆带小馆,推动行业发展"的形式,将自身的经验与资源进行辐射,促进周围各类博物馆的成长,继而形成一个有机的博物馆群。

博物馆集群与非营利性的行业协会(如中国自然科学博物馆协会)在推动区域范围内博物馆的发展方面有着异曲同工之妙,但这两种不同的组织形式又有着明显的区别。一方面,行业协会通过会员制的形式将该领域中的所有博物馆联系起来,会员共同享有权利,履行义务,互相之间不存在"核心馆"与"其他馆"的区别。而博物馆集群中,会有一个核心博物馆作为主导场馆,带动其他小馆共同发展。另一方面,行业协会始终代表全体博物馆的共同利益,其参与制订的行业标准和政策,适用于全体博物馆,而博物馆集群内部运行的规则和制度,仅在该集群内部产生效力。总的来说,行业协会在作用的发挥上更具有宏观性,而博物馆集群在运行效果的实现上执行力更强。在我国为数不多的科普行业协会中,中国互联网协会网络科普联盟(以下简称"科普联盟")是受中国科协指导、隶属于中国互联网协会的一个专业工作委员会,其重要职能之一就是整合我国网络科普资源,并推动与国内外的网络科普主体开展学术交流、协同合作和资源共享,形成规模效益。在实际管理的过程中,其功能的发挥主要体现在为该协会下的成员单位提供服务,协调互相之间的关系,起到桥梁和纽带

的作用。

(二)建立以理事会为核心的管理体系

2015 年 3 月 20 日,国务院颁布施行《博物馆条例》,在第三章第十七条中明确规定了"博物馆应当完善法人治理结构,建立健全有关组织管理制度",从具有法律意义的国务院规章条例的层面对我国博物馆治理结构给予了指导。中国博物馆协会理事长宋新潮曾在《理事会制度:博物馆公共性的组织体现》一文中表示,当前我国博物馆正处于快速发展的时期,如何不断提升博物馆的专业化水平和服务社会的能力,如何推动博物馆的体制机制改革,始终是社会各方关注的问题。2011 年,国家文物局曾发文要求"公共博物馆纪念馆要逐步实行理事会决策、馆长负责的管理运行机制"。2013 年党的十八届三中全会明确提出:"推动公共图书馆、博物馆、文化馆、科技馆等组建理事会,吸纳有关方面代表、专业人士、各界群众参与管理。"在推进博物馆集群化的进程中,我们应该借鉴国外博物馆集群的经验,充分结合我国的实际情况,确立理事会作为博物馆集群管理体系中的决策层,占据核心地位。

1.理事会的组成

理事会通常由政府有关部门、事业单位、服务对象和其他利益相关方的代表组成。如果是直接关系公众切身利益的博物馆,本单位以外人员的理事要占多数。同时,理事会还需要根据博物馆的规模、职责、任务和服务对象等方面的特点,在兼顾公平和效率的基础上,合理确定理事会的构成和规模。

2.理事会的职能

理事会的职能包括:在博物馆集群体系中充当决策和监督机构,按照法律法规、国家有关政策和本单位的章程开展工作,接受政府监督和社会监督,同时负责博物馆的发展规划、财务预决算、重大业务、章程拟订和修订等事项,按照有关规定履行人事管理等方面的职责并监督该博物馆的运行。

3.理事会与博物馆的关系

博物馆的管理层向理事会负责,其作为理事会的执行机构,应当由博物馆的负责人(馆长)及其主要人员组成。管理层按照理事会的决议自主履行日常业务管理、资产管理和一般工作人员管理的职责,定期向理事会报告工作。在博物馆集群体系中,为保证运行的有效性,需要明确一个核心馆,该核心馆的馆长在理事会的指导下组织开展整个博物馆集群的业务工作。

博物馆理事会制度在国外已经积累了多年的经验,而在我们国内仍然需要因地制宜地逐步探寻适合我们的路径。在博物馆集群化过程中建立理事会制度,使得我国的博物馆系统逐渐实现"去行政化"成为可能,进一步体现博物馆的专业化与职业化,为实现其决策管理的民主化、科学化提供制度保障。基于此,公众对于博物馆的价值认同感也将逐步建立,并将真正发挥公共文化机构的作用。

(三)博物馆集群的管理模式

博物馆集群的管理需要在理事会决定的基础上,在核心馆馆长及相关部门的统筹安排下,使博物馆集群的各个博物馆在教育、研究、宣传和营销推广等方面实现联动呼应,有效产生丰富多样性的活动。通过各场馆之间的有效合作彰显各馆特色的同时,实现多馆协同发展,体现博物馆集群的最大效益。

1.集约管理,充分共享资源

博物馆集群要实现资源有效整合,提高管理效能,提升服务质量,就需要建立集约化的管理方式,使得管理结构更富条理性、逻辑性和系统性,各馆充分共享所有的人力、物力、财力以及各种社会资源。

2.从点到面,促进场馆联动

集群内各博物馆之间的合作不能仅仅停留在概念层面上的整合,而应该注重各馆之间在实质层面上的互动,真正体现多个场馆的叠加效应。从具体的点出发,例如推出多馆联动的临展、科普活动和人员交流,以点带面,推动营销、宣传等多条线多方位联动,提升行业的水平,扩大集群的综合影响力。

3.求同存异,保留创新空间

博物馆集群并非要取代原有场馆的特性,而是应该保留各个场馆自身的特色和发挥想法的空间,这样才能在高效的管理模式下,充分发挥各场馆的优势和特点。因此,在博物馆集群的管理过程中,要充分考虑各个场馆之间的差异性,保留创新的空间,在机构设置、人事管理、展览设计、教育策划、科学研究等方面彰显各自的特色,并在集群的系统中不断放大。

(四)博物馆集群的经营理念

从单体的博物馆到多馆的集群化运营,成功的关键是场馆的经营模式是否可行、战略是否清晰、组织体系是否完善、核心业务流程是否合理、管理模式是否高效、组织文化是否催人上进。因此,博物馆集群的经营理念需要在有共同的价值追求的基础上,呼应不断创新的科学传播技术,追踪科普文化产业的发展趋势,找准行业发展的新形态,从而探索集群化共同体发展的理念,使得经营的最终落脚点落在"传播科学知识,满足公众需求,场馆实现可持续发展"上,实现馆的发展与国家科普事业发展的战略协同、科普资源的优化配置、市场效益与社会效益的双赢。当下,博物馆集群化经营的理念应主要表现在3个方面:

1.呼应公众个性化需求,探索新技术经营新模式

以数字化、网络化、智能化为标志的信息技术革命使得科学传播变得无比高效、充满乐趣;云计算、大数据等现代信息技术的应用使得泛在化、精准化、交互式的科普服务成为现

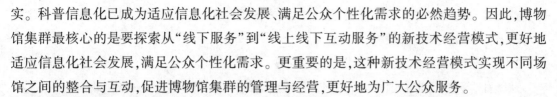

实。科普信息化已成为适应信息化社会发展、满足公众个性化需求的必然趋势。因此，博物馆集群最核心的是要探索从"线下服务"到"线上线下互动服务"的新技术经营模式，更好地适应信息化社会发展，满足公众个性化需求。更重要的是，这种新技术经营模式实现不同场馆之间的整合与互动，促进博物馆集群的管理与经营，更好地为广大公众服务。

2.催化科技成果转化，探索跨界融合服务新形态

当前，积极谋划建设全球科技创新中心，成为许多国家和地区应对新一轮科技革命挑战和增强国家竞争力的重要举措。因此，博物馆的集群发展也应该紧扣这样一个社会发展的大背景，思考如何通过构建创新联动格局激发创意，主动服务科技成果转化，如何从"服务业"转向"制造业+服务业"的跨界融合服务新形态，实现科技与文化的有机融合，不断满足人民群众日益增长的文化需求，为实施创新驱动发展战略、建设具有全球影响力的科技创新中心营造良好的创新文化氛围，在跨界中实现更好的发展。

3.推动科普产业发展，探索多元产品新业态

国家科普"十二五"规划明确提出，要着力培养和引导公众的科普需求，促进科普产品市场化运作，努力开拓科普市场。作为城市文化核心之一的博物馆，应该积极参与培育和发展科普产业，探索从"单一服务"到"多元化产品和服务"的新业态，充分发挥高校科研院所、民间机构、企业研发中心等组织的作用，逐步建立公益性科普事业与经营性科普产业并举的体制机制，推动科普产品的研发、生产、集散和服务，在科普文化产业链条上实现博物馆集群化的可持续发展，从而推动城市科技与经济的发展，优化城市产业结构、提升区域创新能力和核心竞争力，提升市民的科学素养，营造良好的创新氛围和社会环境。

（五）博物馆集群的运作模式

博物馆集群的经营过程主要分为"资源获得—品牌塑造—价值创造"3个阶段，其中，资源获得是经营的前提，品牌塑造是经营的核心，而价值创造则是经营的最终目的。这3个环节是相辅相成、互为影响的。集群化的运作使得博物馆有充足的资源保障，自然有利于品牌的塑造，而良好的品牌形象使场馆得以彰显自身价值；反过来，场馆若创造出巨大价值，则是对自身品牌形象进一步的彰显，而优质的品牌形象将进一步吸引丰富有用的资源，从而使得整个集群的发展更加顺畅。如此，整个经营过程便形成一个良性循环。

当前，国家正在积极建立"政府引导、社会参与、市场推动"的社会化科普机制，在这样的社会背景下，博物馆的集群发展应该通过更高效开放的运作，进一步彰显其社会价值和经济价值，实现以下两个转变：

1.工作机制：实现从行政化向社会化的转变

改变过多依赖行政化手段推动博物馆发展的模式，逐步引进、丰富社会细胞和市场元素，在场馆基础建设、传媒网络构建、文化产业培育等方面，建立健全政府引导、社会参与、共

同受益的社会化运作体系和工作模式,充分发挥各类社会组织的作用,调动企业、社会共同参与科普的积极性和主动性。

2.资源配置:实现从分散化向集聚化的转变

兼顾社会公众诉求和国家发展需求,坚持点面结合,处理好竞争与合作、政府与市场、事业与产业、短期与长期的关系,调动企业、高校、院所、社会民间组织等各种力量的积极性和能动性,强化部门协同、场馆联动、条块结合,切实提高核心场馆配置资源的能力,促进资源的共建共享共用,形成多元化投入、集聚化配置的资源开发格局和博物馆集群发展的合力。

参考文献

[1]田园主编.室内陈设艺术与环境装饰[M].北京:清华大学出版社.2014.

[2]孙淼著.中国艺术博物馆空间形态研究[M].北京:文化艺术出版社.2013.

[3]故宫博物院编.故宫博物院十年论文选 2005—2014 年[M].北京:故宫出版社.2015.

[4]张绮曼,潘吾华主编.室内设计资料集 2 装饰与陈设编[M].北京:中国建筑工业出版社.1999.

[5]浙江文物年鉴编委会编.浙江文物年鉴 2013 版[M].杭州:浙江古籍出版社.2016.

[6]郭振山,薛明主编.设计学研究第 3 辑[M].石家庄:河北美术出版社.2015.

[7]蔡劲松主编.大学博物馆的当代转型[M].北京:民族出版社.2014.

[8][美]吉诺韦斯,[美]安德列编.博物馆起源早期博物馆史和博物馆理念读本[M].南京:译林出版社.2014.

[9]俄军主编.我眼中的博物馆[M].兰州:甘肃人民美术出版社.2016.

[10][美]爱德华·P.亚历山大(Edward P.Alexander)著.美国博物馆创新者和先驱[M].南京:译林出版社.2016.

[11]博物馆发展论坛组委会编.博物馆发展论丛 2012 年[M].北京:北京燕山出版社.2013.

[12]吴云一著.新博物馆学语境中的当代博物馆建筑设计[M].上海:上海人民出版社.2016.

[13][法]戈特朗编.博物馆建筑与空间设计[M].沈阳:辽宁科学技术出版社.2014.

[14]湖北省博物馆协会,湖北省博物馆汇编.湖北博物馆年鉴 2013 年[M].武汉:湖北人民出版社.2014.

[15]北京数字科普协会主编.数字博物馆发展新趋势[M].北京:中国传媒大学出版社.2014.

[16]王小明,宋娴著.重构与发展博物馆集群化运营研究[M].上海:上海科技教育出版社.2015.

[17]陕西省文物局编.千年帝都　物聚万代　西安博物馆漫步(上)[M].西安:陕西旅

游出版社.2012.

[18]刘鹏著.缪斯之约欧美艺术博物馆智识体验[M].上海:同济大学出版社.2016.

[19]唐琳著.现代博物馆讲解艺术[M].上海:中西书局.2014.

[20]张礼智编.陕西博物馆学百年论文集[M].西安:三秦出版社.2014.

[21]《博物馆学研究》丛书编委会编.博物馆学论文集[M].西安:陕西人民出版社.2006.

[22]李淑萍,宋伯胤选注.博物馆历史文选[M].西安:陕西人民出版社.2000.

[23]盛一原,吕美丽编著.永康锡雕馆[M].杭州:浙江摄影出版社.2014.

[24]秦臻著.博物空间北京城[M].北京:清华大学出版社.2016.